应用型高等教育财经类专业“十三五”规划教材
应用型本科高校市场营销专业创新教材系列

商务谈判

罗 琪 主 编

上海财经大学出版社

图书在版编目(CIP)数据

商务谈判/罗琪主编．—上海：上海财经大学出版社，2017.8
（应用型高等教育财经类专业“十三五”规划教材）
ISBN 978-7-5642-2802-6/F・2802

Ⅰ.商…　Ⅱ.①罗…　Ⅲ.①商务谈判-高等学校-教材
Ⅳ.①F715.4

中国版本图书馆 CIP 数据核字(2017)第 189555 号

□ 责任编辑　徐　超
□ 联系信箱　1050102606@qq.com
□ 封面设计　张克瑶

SHANGWU TANPAN
商　务　谈　判
罗　琪　主　编

上海财经大学出版社出版发行
（上海市中山北一路 369 号　邮编 200083）
网　　址：http://www.sufep.com
电子邮箱：webmaster @ sufep.com
全国新华书店经销
上海叶大印务发展有限公司印刷装订
2017 年 8 月第 1 版　2017 年 8 月第 1 次印刷

787mm×1092mm　1/16　12 印张　307 千字
印数：0 001—3 000　定价：37.00 元

前言

谈判作为人类的一种社会活动，古今中外普遍存在。谈判是社会需要和社会交流的产物。当今社会就是一个巨大的谈判桌，不管你喜不喜欢、愿不愿意、接不接受，你都是一个谈判者，可以说谈判无处不在，无时不有。另一方面，随着我国经济一体化进程的加快，越来越多的企业展开了各种商务活动，为了达成各种交易、获取经济利益，商务谈判是一种重要的媒介和手段，在经济贸易活动中发挥着重要的作用。因此，学习如何进行商务谈判是十分重要的。

本书尽量淡化枯燥的谈判理论，突出应用性的主旨，将诸多谈判案例贯穿于全书始终——各章先以开篇案例引出主题，正文中连续穿插相关案例佐以分析，结尾以案例点明主题、归纳要点，提出问题与思考。全书吸收了商务谈判的最新理论和实践研究结果，以扎实理论、突出应用、培养技能为目标，涵盖了商务谈判实践环节中的主要内容，深入浅出，案例丰富，体现"学以致用"的原则。

全书分为理论篇、程序篇和实务篇，共9章。理论篇包括商务谈判概述、商务谈判的思维和心理；程序篇包括商务谈判的准备、商务谈判的过程；实务篇包括商务谈判策略、商务谈判技巧、破解商务谈判僵局、商务谈判签约和商务谈判礼仪。全书有节奏地将读者引入各种商务谈判情景之中，期望达到持续激发读者学习兴趣、强化对商务谈判策略的理解和沟通技巧掌握的目的。

本书的特点是应用性强，具体编写特点如下：

1. 紧密结合课程教学的需求，教材内容体系完整，重点突出，注重将商务谈判的理论知识和实训内容结合在一起，具有较强的针对性。

2. 案例丰富。本书在理论知识精讲的基础上，配有大量的案例，从企业的角度很好地诠释了商务谈判相关的理论知识。

3. 结构合理。每一章都有学习的重难点要求和开篇案例，章末附有本章小结和实践案例分析，便于读者自我检查学习效果。

本书可作为高等院校和高职高专的管理类、经济类专业及其他专业的商务谈判课程的教材；也可以用于从事贸易、金融、投资等商务活动的谈判工作者。

本书主要由罗琪负责全书的结构设计和编写以及最后的定稿工作。本书的第一章到第八章由罗琪编写，第九章由何云倩编写。本书在编写过程中，参考了有关的书籍和资料，十分感谢这些书籍和资料的作者！本书在写作过程中也得到了上海财经大学出版社编辑的支持和帮助，在此也表示衷心的感谢！

由于作者水平有限，书中难免存在不足之处，敬请读者批评指正。

罗琪

2017年6月

前言

目 录

程序篇

实务篇

理论篇

第一章　商务谈判概述

本章重难点

1. 了解商务谈判的概念和特点；
2. 掌握商务谈判主体和客体的基本内容；
3. 了解商务谈判的基本原则；
4. 掌握商务谈判理念的基本内容。

引入案例

在比利时某画廊曾发生过这样一件事：一位美国商人看中了印度画商带来的三幅画，标价均为2 500美元。美国商人不愿出此价钱，双方各执己见，谈判陷入僵局。终于，那位印度画商被惹火了，怒气冲冲地跑出去，当着美国人的面把其中的一幅字画烧掉了。美国商人看到这么好的画被烧掉，十分心痛，赶忙问印度画商剩下的两幅画愿意卖多少价钱，回答还是2 500美元，美国商人思来想去，拒绝了这个报价，这位印度画商心一横，又烧掉了其中一幅画。美国人只好乞求他千万别再烧掉最后那幅画。当美国人再次询问这位印度画商愿以多少价钱出售时，卖主说："最后这幅画只能是三幅画的总价钱。"最终，这名印度画商手中的最后一幅画以7 500美元的价格拍板成交。

在这个故事里，印度画商之所以烧掉两幅画，目的是刺激那名美国商人的购买欲望，因为他知道那三幅画都出自名家之手，烧掉了两幅，那么，物以稀为贵，不怕他不买剩下的最后一幅。聪明的印度画商施展这一招果然灵验，一笔生意得以成功。而那名美国商人是真心喜欢收藏古董字画的，所以，宁肯出高价也要买下这幅珍宝。

中国自古就有"财富来回滚，全凭舌上功"的说法。在现代商业活动中，谈判已是交易的前奏曲，谈判是销售的主旋律。可以毫不夸张地说，人生在世，你无法逃避谈判；从事商业经营活动，除了谈判你别无选择。然而尽管谈判天天都在发生，时时都在进行，但要使谈判的结果尽如人意，却不是一件容易的事。怎样才能做到在谈判中挥洒自如、游刃有余，既实现己方目标，又能与对方携手共庆呢？从本章开始，我们来一起走进谈判的圣殿，领略其博大精深的内涵，解读其运筹帷幄的奥妙。

第一节 商务谈判的概念和特征

一、谈判的概念

为了更好地认识谈判和提高实际谈判的效率，我们首先应该搞清楚什么是谈判。这个问题也是谈判研究者们需要回答的基本问题。参考有关谈判的重要文献可发现，不同专家学者对于谈判的定义和理解是不一样的。

英国谈判协会会长、著名律师杰勒德·I.尼伦伯格(Gerard I.Nierenberg)在《谈判的艺术》(*The Art of Negotiating*)一书中指出："谈判的定义最为简单，而涉及的范围却最为广泛，每一个要求满足的愿望和每一次要求满足的需要，至少都是诱发人们展开谈判过程的潜因。只要人们为了改变相互关系而交换观点，只要人们为了取得一致而磋商协议，他们都是在进行谈判。"

英国谈判专家 P. D. V.马什(P. D. V. Marsh)在他的《谈判合同手册》一书中从经济贸易角度给谈判下了个定义：所谓谈判(或称交易磋商)是指有关贸易双方为了各自的目的，就一项涉及双方利益的标的物在一起进行洽商，通过调整各自提出的条件，最终达成一项双方满意的协议，这样一个不断协调的过程。

法国谈判学家克里斯托夫·杜邦在他的《谈判的行为、理论与应用》一书中给出关于谈判的定义：谈判是使两个或数个角色处于面对面位置的一项活动。各角色因持有分歧而相互对立，但他们彼此又互为依存。他们选择谋求达成协议的实际态度，以便终止分歧，并在他们之间(即使是暂时性地)创造、维持、发展某种关系。这是从社会关系的角度给出的解释。

我国经济法律工作者杜玉庆从法律角度分析：经济谈判中的"谈"，法律用语讲就是"要约"和"承诺"。双方用国家规定的法律、政策和道德，论证自己的观点，说服对方，最终形成统一的意见。用文字将这些统一的意见记录下来，再通过履行一定的手续形成协议。

但是到目前为止，国内外尚无关于谈判的统一和权威的定义，各位谈判专家和学者分别从各个不同角度解释了谈判的概念和观点。虽然在表述上有所区别，但在本质上是相同的。谈判作为协调各方关系和获得各自利益的重要手段，广泛应用于人们的社会生活、经济、军事、外交、科技等各个领域。由于在不同领域中谈判的主体、客体、谈判的议题、法则等有所不同，这样就形成了如政治谈判、外交谈判、军事谈判、商务谈判、公关谈判、人际谈判等各种不同类型的谈判，本书主要是围绕商务谈判展开分析和研究。

我们根据归纳总结出商务谈判的定义：人们为了协调彼此之间的关系，满足各自的需要，通过协商而争取达到意见一致的行为和过程。

案例窗口

美国通用汽车是世界上最大的汽车公司之一，早期通用汽车曾经启用了一名叫罗培兹的采购部经理，他上任半年，就帮通用汽车增加了净利润20亿美元。他是如何做到的呢？

汽车是由许许多多的零部件组成的，其大多数是外购件。罗培兹上任的半年时间里只做一件事，就是把所有的供应配件的厂商请来谈判。他说，我们公司信用这样好，用量这样大，所以，我们认为，现在要重新评估价格，如果你们不能给出更好的价格，我们打算更换供应的厂商。就这样谈判下来之后，罗培兹在半年的时间里就为通用省下了20亿美元！

在市场经济条件下，各个经济实体间有大量的经济往来，面对大量的交易活动，企业间需要进行商务谈判，以便约束双方的交易行为。

二、谈判的特征

谈判作为社会的一种行为，具有以下5个特点。

1. 谈判是“给”与“取”兼而有之的一种互惠过程

谈判中，谈判双方既从对方有所得又要做到互惠互利。但是，如是单方面的“给”或单方面的“取”，都不能看作是谈判。

2. 谈判是“合作”与“冲突”兼而有之的一种互动过程

谈判一般是建立在双方有某种需求而又期望得到实现的基础上。例如，买方希望卖方提供货物以满足消费等需求，而卖方则需要出售货物来获得利润。因此，为了促成双方的交易，谈判双方在谈判过程中必须具备一定程度的合作性。同时，谈判双方又都希望协议对自己更为有利，这样谈判的双方在谈判中又存在着一定的利益冲突。任何一种谈判都具有一定程度的合作与一定程度的冲突。

3. 谈判是人际关系的一种特殊表现

参与谈判的各方是出于某种利益而结成一种短暂的、动态的关系体，不同于一般人际关系（血缘、师徒、邻里、同乡等）所具有的稳定性、持久性。

4. 谈判的各方地位平等、独立

谈判各方无论大小、强弱，在谈判桌上地位都应平等，任何一方都不能凌驾于另一方之上，而应尊重其独立、平等的人格及地位，才能友好协商、谋求一致。

5. 谈判无特定规律可循

著名谈判专家尼伦伯格参加了无数谈判，其认为没有任何两个谈判是完全一样的，即便是相同交易内容的谈判由于其他因素的不同，如环境、人员的不同，谈判的过程与结局也大相径庭。

第二节 商务谈判的主体和客体

一、商务谈判的主体

（一）主体资格

商务谈判活动进行之前，谈判一方应对谈判另一方的主体资格进行审查，从而使各自所进行的谈判活动从一开始就建立在一个有合法保证的基础之上。

谈判者的主体资格，是能以自己的名义参与谈判并承担后果。与此相对应，谈判主体不合格是指谈判者本身不具备参与谈判的资格，既不享有谈判的权利，又不能履行谈判的义务，更不能承担谈判后果。

(二)主体地位

主体地位如何,直接影响谈判双方在谈判中谁能掌握主动权和达到谈判的目的。居于主导与强势地位的谈判方,往往在谈判中盛气凌人,掌控谈判的进程与结果。反之,居于被动与弱势地位的谈判方,一般在谈判中则表现为唯唯诺诺,受人摆布,听之任之,难以主宰谈判的进程与结果,更多的是接受对方的提议。当然,谈判的弱者在特定的情况下或认清谈判形势后,或反戈一击,扭转谈判的弱势地位,或干脆退出谈判。因此,谈判者在谈判之前、之中,要结合谈判对方情况,预计或重新审视彼此的主体地位情况,以便采取相应的谈判策略与技巧,实现预定的谈判目标。

二、商务谈判的客体

(一)商务谈判的客体

商务谈判客体是指谈判涉及的交易或买卖的内容,也称谈判议题、谈判标的,是谈判的起因。在谈判过程中,谈判标的是核心,其对谈判的影响是深远的。谈判标的的多样性以及在交易中的复杂性,造成谈判的难易程度不一样,谈判层次也不同。不了解谈判标的,就很难了解谈判的实质。在商务谈判中,商务谈判的标的几乎没有什么限制,类别十分广泛。可以买卖的有形、无形产品都可以作为谈判标的。有形的标的包括所有的固态、液态、气态物体。无形标的包括文化、艺术、服务、知识、高技术等。

(二)商务谈判背景

商务谈判背景是指谈判所处的客观条件。任何谈判都不可能孤立地进行,而必然处在一定的客观条件之下并受其制约。因此,谈判背景对谈判的发生、发展、结局均有重要的影响,是谈判不可忽视的要件。谈判背景主要包括环境背景、组织背景和人员背景三种。客观存在的谈判环境会给当事人在谈判过程中带来一定的影响,甚至可以为谈判者实施谈判策略提供条件。

第三节　商务谈判的分类

一、商务谈判的种类

商务谈判根据不同的依据可以划分为不同的类型,仔细了解商务谈判的类型可以很好地理解和掌握商务谈判的内容和特点。表1－1列示了商务谈判的主要种类。

表1－1　商务谈判的主要种类

分类标准	谈判类型	概　念	特　点
参加谈判人数的规模	个体谈判	是指谈判双方各出一名代表的谈判方式。	是最简单的谈判,也是最复杂的谈判。
	集体谈判	是指每一方都派出两个或两个以上谈判人员参加协商的谈判形式。	能发挥集体智慧,适用于大多数正式谈判。

续表

分类标准	谈判类型	概念	特点
参加谈判的利益主体的多少	双边谈判	是指只有两个利益主体参加的谈判。	谈判关系及谈判内容简单。
	多边谈判	是指有两个以上利益主体参加的谈判。	谈判关系及谈判内容错综复杂。
谈判进行的地点	主场谈判	对谈判的某一方来说,如果谈判是在其所在地进行,即为主场谈判,他就是东道主。	占尽东道主之优势。以逸待劳,环境熟悉,资料充足,可直接请示领导。
	客场谈判	与主场谈判相对应,对谈判的另一方来讲,他就是客场谈判,他就成了宾客。	车马劳顿,深入异地,须带足各种资料,做足各种准备,与上级领导沟通比较困难。
	中立场谈判	如果谈判在双方所在地以外的其他地点进行,即为中立场谈判。	双方心理上感觉更为公平,有利于缓和双方的关系,但会给双方都带来准备上的不便。
谈判双方所采取的态度	让步型谈判/“软式”谈判	即谈判者随时做出让步达成协议,回避一切可能发生的冲突,追求双方满意的结果。	谈判者不是把对方当作敌人,而是当作朋友;他们的目的不是要获取胜利,而是要达成协议。
	立场型谈判/“硬式”谈判	即参加者把谈判看作是意志力的竞赛和搏斗,认为在其中态度越强硬者,最后的收获也越多,于是采取强硬态度,力求压制对方,以实现谈判目标。	谈判者把注意力集中于如何维护自己的立场,否定对方的立场,忽视去寻找能兼顾双方利益的解决办法;他们的目的不是要达成协议,而是要获取胜利。
	原则型谈判/价值型谈判	即谈判者在注意与对方保持良好人际关系的同时,建议和要求双方尊重对方的基本需要,寻求双方利益上的共同点,积极设想各种使双方都有收获的方案。	谈判者不像让步型谈判那样只强调双方的关系而忽视利益的收获,也不像立场型谈判那样只坚持本方的立场,不兼顾双方的利益,而是竭力创造双赢。
谈判展开的方式	纵向谈判	是指在确定谈判的主要问题后,逐个讨论每一问题和条款,讨论一个问题,解决一个问题,一直到谈判结束。纵向深入,只有谈妥前一个问题之后,才依次讨论下一个问题。	程序明确,复杂问题简单化,但稍显死板,一旦陷入僵局无法深入。适用于规模小、业务简单,特别是双方已有合作历史的谈判。
	横向谈判	是指在确定谈判所涉及的主要问题后,开始逐个讨论预先确定的问题,在某一问题上出现矛盾或分歧时,就把这一问题放在后面,讨论其他问题,如此周而复始地讨论下去,直到所有内容都谈妥为止。	议程灵活,方法多样,利于发挥谈判者的创造力、想象力,更好地运用谈判策略与技巧,寻求变通的解决方法。适用于大型谈判、多边谈判。
谈判的具体内容	一般商品买卖谈判	是指买卖双方就买卖的商品本身的有关内容,比如数量、质量、货物的运输方式、交货时间、价格条件、支付方式方法以及交易过程中双方的权利、义务和责任等问题进行的谈判。	这类谈判在商务谈判中占有很大的比重,是企业商务活动中较为重要的一部分。
	工程项目谈判	是指项目方就某一个大型项目的建设,对外寻求合作伙伴的一种谈判方式。	是最复杂的谈判之一,不仅内容广泛,而且一般还涉及多个利益主体。多采用公开招标的方式来选择自己的谈判对手。

续表

分类标准	谈判类型	概　念	特　点
谈判的具体内容	技术贸易谈判	是指有偿的技术转让，即通过买卖方式，把某种技术从卖方转给买方的行为。	谈判内容主要包括转让技术的形式、内容、质量规定、使用范围、价格条件、支付方式以及转让中所承担的一些权利、责任和义务等问题。
	资金谈判	是指资金借贷谈判和投资谈判。	谈判内容主要包括货币及其兑换汇率、利率、贷款期限、保证条件、宽限期限和违约责任等。
	租赁业务谈判	是指从其他公司租用机器和设备而进行的谈判。	谈判内容主要包括机器设备的选择、交货情况、维修保养责任、租期到后的处理、租金的计算方法以及支付方式、租赁期内租赁者的责任、权利和义务关系等。
	劳务合作谈判	是指谈判双方就劳务合作相关事宜所进行的谈判。	主要谈判内容包括劳务提供的形式、内容、时间、劳务的价格、计算方法、劳务费的支付方式以及双方的权利、责任和义务关系等。

一般商品买卖谈判的主要谈判内容：标的、品质、数量、包装、价格、交货、支付、检验、不可抗力、解决合同争议。

二、主要商务谈判类型介绍

（一）国内商务谈判和国际商务谈判

根据谈判的地区范围划分，可以分为国内商务谈判和国际商务谈判。

1. 国内商务谈判

国内商务谈判是国内各种经济组织及个人之间所进行的包括商品购销谈判、商品运输谈判、仓储保管谈判、联营谈判、经营承包谈判和财产保险谈判等。国内商务谈判的双方都处于相同的文化背景中，避免了由于文化背景的差异可能对谈判产生的影响。由于双方语言相同，观念一致，所以谈判的主要问题在于怎样协调双方的不同利益，寻找更多的共同点。

2. 国际商务谈判

国际商务谈判是指本国政府及各种经济组织与国外政府及各种经济组织之间所进行的商务谈判。国际商务谈判包括国际产品贸易谈判、补偿贸易谈判、各种加工和装配贸易谈判、现汇贸易谈判、技术贸易谈判、合资经营谈判、租赁业务谈判和劳务合作谈判等。不论是从谈判形式，还是从谈判内容来说，国际商务谈判远远比国内商务谈判复杂得多。这是由于谈判者来自不同的国家，在不同文化背景下产生了不同的语言、信仰、生活习惯和价值观念，言行规范、道德标准乃至谈判的心理都有着极大的差别，而这些因素极大地影响了谈判过程。

（二）商品贸易谈判和非商品贸易谈判

1. 商品贸易谈判

商品贸易谈判是指商品买卖双方就商品的买卖条件所进行的谈判。它包括农副产品购销谈判和工矿产品购销谈判。农副产品购销谈判是指以农副产品为谈判客体，明确当事人权利和义务关系进行协商。农副产品的范围很广，瓜果、蔬菜、粮食、棉花、家禽都属于农副产品的范围。这些商品是人们生活的必需品，而且是某些工业生产不可缺少的原材料。工矿产品的购销谈判是联系产、供、销各个环节，沟通全国各个部门，活跃经济的最基本形式。

2. 非商品贸易谈判

非商品贸易谈判是指除商品贸易之外的其他商务谈判，包括工程项目谈判、技术贸易谈判、资金谈判等。

工程项目谈判是指工程的使用单位与工程的承建单位之间的商务谈判。技术贸易谈判是指对技术有偿转让所进行的商务谈判。技术贸易谈判供需双方就有关技术和设备名称、型号、规格、技术性能、质量保证、培训、试生产、验收等问题进行商谈。资金谈判是资金供需双方就资金借贷或投资内容所进行的谈判。

（三）一对一谈判、小组谈判和大型谈判

根据谈判者数量的多少，商务谈判可以分为一对一谈判、小组谈判和大型谈判。

1. 一对一谈判

项目小的商务谈判往往是“一对一”式的。出席谈判的各方虽然只有一个人，但并不意味着谈判者不需要做准备。“一对一”谈判往往是一种最困难的谈判类型，因为双方谈判者只能各自为战，得不到助手的及时帮助。因此，在选择谈判人员时，一定要选择有主见，决断力、判断力强，善于单兵作战的人。谈判者多、规模大的谈判者，有时根据需要，也可以在首席答辩之间安排这种“一对一”的磋商模式，协商一些关键问题或者敏感问题。

2. 小组谈判

小组谈判是一种常见的谈判类型。一般较大的谈判项目，情况比较复杂，各方有几个谈判人员同时参加谈判，各人之间有分工、有协作，取长补短，各尽所能，可以大大缩短谈判时间，提高谈判效率。

3. 大型谈判

国家级、省（市）级或重大项目的谈判，都必须采用大型谈判，由于关系重大，有的会影响国家的国际声望，有的可能关系到国计民生，有的直接影响地方乃至国家的经济发展速度、外汇平衡等，所以在谈判全过程中，必须充分准备，不允许存在丝毫破绽、半点含糊。为此，就必须为谈判班子配备阵营强大、拥有专业谈判技术的高级专家顾问团或咨询团、智囊团。这种类型的谈判程序严密、时间较长，通常分成若干层次和阶段进行。

（四）软式谈判、硬式谈判和原则式谈判

按谈判中双方所采取的态度划分，可分为软式谈判、硬式谈判和原则式谈判。

1. 软式谈判

软式谈判又称友好型谈判，是指谈判者设法避免冲突，强调互相信任、互相让步，以达成互相满意的协议，为将来进一步扩大合作打好基础为目的的商务谈判。在谈判中出现分歧时，常以友善的言语提出建议，或在有利于大局的情况下尽量做出妥协，避免与谈判对手摊牌。软式谈判的一般做法是提议、让步、信任对方、保持友善、保持友好、发展关系以及为了避免冲突对抗而屈服于对方。实际的商务谈判中，采取这种谈判方法是极少数的，一般只适用于定期的业务来往，合作关系非常友好的双方或为了长远利益的谈判。

2. 硬式谈判

硬式谈判也称立场型谈判。谈判者把谈判看成一场意志力的竞赛，认为在这种谈判中，立场越强硬的人，最后获得的就越多。采取这种谈判方式的人往往把注意力投入到如何维护自己的立场、加强自己的地位等方面，处心积虑地要压倒对方。硬式谈判的双方如果都采取强硬的态度和方针，必然会导致双方关系紧张，增加谈判时间和成本，降低谈判的效率，结果使谈判陷入僵局。即使一方屈服于对方而被迫让步签订协议，其内心会非常不满。因为在这场谈判中，屈服者的需要没能得到应有的满足，会导致其在以后合同履行中的消极行为。因为迫使对方屈服一方只注意维护自己的利益而否定对方的利益，这显然忽视了谈判的真实意义，最终也不能解决问题。从谈判的价值评判标准来看，硬式谈判没有真正的胜利者。

3. 原则式谈判

原则式谈判又称价值型谈判，是指谈判双方将对方作为合作伙伴而不是敌人，谈判的出发点和落脚点均建立在公正的利益目标上，友好而高效地取得各方均感满意的谈判结果的商务谈判。原则式谈判要求谈判双方尊重对方的基本需要，寻求双方合作共同点。当双方的利益发生冲突时，则坚持运用公平、公正的原则做出最后的判断。这样既可以实现自己的利益目标，又可以兼顾对方的利益需求。原则式谈判强调通过谈判取得经济上和人际关系上的双重价值，是一种既理性又富人情色彩的谈判，是目前商务谈判者普遍追求的谈判形式。

第四节　商务谈判的原则

一、合作原则

历来谈判学家争论的焦点是谈判各方究竟是竞争者还是合作者？我们认为：无论是何种谈判，即使是政治、军事谈判，各方都应是合作者，而非竞争者，不能是敌对者。20 世纪 70～80 年代，发达资本主义国家，劳资关系截然对立，水火不容。工资的增加就意味着企业利润的减少。工会找管理者毛病，资方制裁工人。人们谈判是为了满足需要，建立和改善关系，是一个协调行为的过程，这就要求参与协商的双方进行合作和配合。如果没有双方的谅解与让步，就不会达成最终的协议，双方的需要都不能得到满足，合作关系也无法建立。如果把谈判纯粹看成是一场比赛或一场战斗，非要论个输赢，往往会使谈判破裂。

二、谋求互利选择原则

谈判破裂的重要原因之一就是双方为维护各自利益，互不相让，使谈判陷入僵局或是破裂。但是，双方的根本利益是否一定对立、冲突这是值得深思的。虽然谈判双方在同一事物上往往有不同利益，但是在利益选择上可以有多种途径。传统的谈判观念是零和游戏，现代谈判则认为每一方有各自利益，且并不完全对立。谈判的一个重要原则：协调双方利益，提出互利选择。在谈判结束时所签订的合同中，谈判双方的权利与义务符合互利对等的原则。

案例窗口

在南非，温和派的白人想废除种族歧视法。有一次他们在一个全是白人的议会中通过了一些很好的民主法案。可是在实施中却遭到了黑人的抵制，在接下来的运动中让黑人自己提出意见，结果与原来的法案相类似，但却得以顺利实施。这说明黑人对待法案的态度与白人召开议会没有黑人代表参与的事件联系起来，黑人真正要的是平等决策自己命运的参与权。

三、人事分离原则

把对人，即谈判对手的态度和对所讨论的问题的态度分开。所谓对事不对人。这往往是很难做到的，尤其在谈判不顺利，一方所为或要求令对方极度不满时易人事混淆。谈判双方把要解决的问题搁置一边，把怨气发泄到谈判者个人身上，相互攻击，充满敌意。其结果是谈判无法继续进行，甚至双方关系从此破裂。

例如买方购进几台设备，在安装调试中发生故障。卖方维修了几次，效果仍不理想。谈判时买方说："你们卖给我们的设备有问题，技术不过关。你们交付这种已经淘汰的陈旧设备，维修服务也不负责，让人难以接受。我们要求退货和赔偿！"再来看另一种说法："我们从你们那购进的设备，已经出现了三次大故障。看起来，设备还不能投入生产，一天要损失上万元，那么，我们是退掉设备，还是更换主要部件，还是采取其他补救措施？"显然第二种说法更能解决问题。

四、坚持客观标准原则

谈判过程中意见分歧、利益冲突时刻存在，谈判的任务就是清除或调和彼此的分歧，达成协议。"没有分歧就没有谈判"，买方希望价格低一些，卖方希望价格高一些，双方都希望在谈判过程中获得利益再大一点。这些分歧都是客观存在的，是无法消除的。谈判的根本目的就是协调和消除双方的分歧，获得双方都满意的结果，坚持客观标准就是解决的方法之一。在谈判过程中坚持使用客观标准有助于双方的和睦相处，冷静又客观地分析问题，使谈判在和谐的气氛中愉快又顺利地进行。

案例窗口

在一个固定价格的土建项目中，就地基问题，业主与承包商各执己见，承包商认为地基4米就足够了，而业主认为至少6米。承包商说，"我用钢筋结构来做房顶，地基没有必要做那么深"。业主这时不肯让步。如何才能保证房屋坚固并且说服业主呢？承包商可以用一些有关的安全标准来进行讨价还价。业主这时可能这样说："哦，也许我是错的，4米的地基就可以了；但我所坚持的是地基要坚实牢固，深度要足以使房子能安全。"政府对此类土地的地基有没有安全标准？这一地区的其他建筑物的地基深度如何？这一地区的地震风险有多大？遵循一些客观的标准来解决这一地基深度问题，很可能就是谈判的出路。

五、不卑不亢原则

在商务谈判中，对对方人员既要予以尊重、热情招待、周到服务，又要讲究国格、人格，落落大方，绝不能卑躬屈膝，更不能靠贿赂来联系感情。凡涉及我国对外商务活动的政策法令及国家根本利益的原则问题时，要寸步不让。但又要避免简单粗暴，一定要以不卑不亢的态度，从实际出发，耐心反复说明立场，以争取对方接受。对一些非原则性的问题，则可以在不损害我方根本利益的前提下，必要时做出某些让步。

第五节　商务谈判的内容

商务谈判是商业事务的谈判，包括商品买卖、工程承包、咨询服务、中介服务、技术转让、合资合作等方面的谈判。商务谈判的内容根据商务谈判的类型不同而各有差异。下面将分别介绍商品贸易谈判、技术贸易合作谈判和劳务合作谈判这三种。

一、商品贸易谈判的内容

商品贸易谈判的内容是以商品为中心的。它主要包括商品品质、数量、包装、运输、保险、商品检验、价格、货款结算支付方式以及索赔、仲裁和不可抗力等条款。

1. 商品品质

商品品质是指商品的内在质量和外观形态。它往往是交易双方最关心的问题，也是洽谈的主要问题。商品品质取决于商品本身的自然属性，其内在质量具体表现在商品的化学成分、生物学特征，及其物理、机械性能等方面；其外在形态具体表现为商品的造型、结构、色泽、味觉等技术指标或特征。

2. 商品数量

商品交易的数量是商务谈判的主要内容之一。确定买卖商品的数量，首先要根据商品的性质，明确所采用的计量单位。商品的计量单位，表示重量的单位有吨、千克、磅；表示个数的单位有件、双、套、打等；表示面积的单位有平方米、平方英尺等；表示体积的单位有立方米、立方英尺等。在国际贸易中，由于各国采取的度量衡不一样，同一计量单位所代表的数量也各不相同，因而要掌握各种度量衡之间的换算关系。在谈判中明确规定用哪一种度量衡制度，以免造成误会和争议。

3. 包装

在商品交易中，除了散装货、裸装货之外，绝大多数商品都需要包装。包装具有宣传商品、保护商品、便于储运、方便消费的作用。商务谈判人员为了使双方满意，必须精通包装材料、包装形式、装潢设计、包装标志等问题，以便做出明确规定。

4. 运输

在商品交易中，卖方向买方收取货款是以交付货物为条件的，所以运输方式、运输费用以及交货地点依然是商务谈判的重要内容。

(1)运输方式。商品的运输方式是指将商品转移到目的地所采用的方法和形式。以运输工具进行划分，运输方式有公路运输、水路运输、铁路运输和管道运输等；以营运方式来划分，可分为自运、托运和联运等。目前，在国内主要采用铁路运输、公路运输、水路运输和自运、托运等，对外贸易中主要采用海运、航运、托运和租运等。

(2)运输费用。运输费用的计算标准有：按货物重量计算、按货物体积计算、按货物件数计算、按商品价格计算等。

(3)装运时间、地点和交货时间、地点。这些不仅直接影响是否按时收到货物，满足需求投放市场，回收资金，还会因交货时空的变动引起价格变动从而造成经济效益的差异。谈判中应对运输条件、市场需求、运输距离、运输工具、码头、车站、港口、机场等设施，以及货物的自然属性、气候条件做综合分析；明确装运、交货地点和装运、交货的截止时间。

5. 保险

货物保险的主要内容有贸易双方的保险责任，具体明确办理保险手续和支付保险费用的承担者。

6. 检验

商品检验是对交易商品的品种、质量、数量、包装等项目按照符合规定的标准进行检查或鉴定。通过检验，由有关检验部门出具证明，作为买卖双方交接货物、支付货款和处理索赔的依据。合同中商品检验涉及的主要内容有：商品检验权、检验机构、检验证书、检验时间、检验地点、检验方法和检验标准。

7. 价格

商品价格的谈判是商务谈判中最重要的内容，价格高低直接影响着贸易双方的经济利益。商品价格是否合理是决定商务谈判成败的重要条件。商品的价格是根据不同的定价依据、定价目标、定价方法和定价策略来制定的，商品价格的构成一般受商品成本、商品质量、成交数量、供求关系、竞争条件、运输方式和价格政策等多种因素的影响。谈判中只有深入了解市场情况，切实注意上述因素的变化情况，才能取得谈判的成功。

8. 结算支付方式和时间

在商品贸易中，货款的结算与支付是一个重要问题，直接关系到交易双方的利益，影响双方的生存与发展。在商务谈判中应注意货款结算支付的方式、期限、地点等。国内贸易货款结算方式分为现金结算和转账结算。现金结算即一手交钱一手交货，直接以现金支付货款的结算方式。转账结算是通过银行在双方账户上划拨的非现金结算。非现金结算有两种方式：一种是先货后款，包括异地托收承付、异地委托收款、同城收款；另一种是先款后货，包括汇款、限额结算、信用证、支票结算等。根据国家规定，各单位之间的商品交易，除按照现金管理办法外，都必须通过银行办理转账结算。这种规定的目的是为了节约现金使用，有利于货币流通，加强经济核算，加速商品流通和加快资金周转。转账结算可分为异地结算和同城结算。前者的主要方式有托收承付、信用证、汇兑等，后者的主要方式有支票、付款委托书、限额结算等。

9. 索赔、仲裁和不可抗力

商品交易中，买卖双方常常会因彼此的权利和义务引起争议，并由此引起索赔、仲裁等情况的发生。

(1)索赔。索赔是一方在认为对方未能全部或部分履行职责时，向对方提出赔偿的要求。引起索赔的原因除了买卖一方违约外，还有由于合同条款规定不明确，合同某些条款的理解与另一方不一致而认为对方违约等。一般来讲，买卖双方在洽谈索赔问题时应洽谈索赔的依据、索赔期限和索赔金额的确定等内容。

(2)仲裁。仲裁是双方当事人在谈判中磋商约定，在本合同履行过程中发生争议，经协商和调解不成时，自愿把争议提交给双方约定的第三者(仲裁机构)进行裁决的行为。在仲裁谈判时应洽谈的内容有仲裁地点、仲裁机构、仲裁程序规则和裁决的效力等。

(3)不可抗力。又称人力不可抗力，通常是指合同签订后，不是由于当事人的疏忽过失，而是由于当事人所不可预见，也无法事先采取预防措施的事故，如地震、水灾、旱灾等自然原因或战争、政府封锁、禁运、罢工等社会原因造成不能履行或不能如期履行合同的全部或部分。在这种情况下，遭受事故的一方可以据此免除履行合同的责任或推迟履行合同，另一方也无权要求其履行合同或索赔。洽谈不可抗力的内容主要包括不可抗力事故的范围、事故出现后果和发生事故后的补救方法、手续、出具证明的机构和通知对方的期限。

二、技术贸易谈判的基本内容

（一）技术贸易的种类

技术商品是指那些通过在生产中的应用，能为应用者创造物质财富的具有独创性的用来交换的技术成果。技术贸易的种类主要有专利、专有技术、技术服务、工程服务、商标、专营权等。

（二）技术贸易谈判的基本内容

技术贸易谈判包括技术服务、发明专利、工程服务、专有技术、商标和专营权的谈判。技术的引进和转让，是同一过程的两个方面。有引进技术的接受方，就有供给技术的许可方。引进和转让的过程，是双方谈判的过程。技术贸易谈判一般包括技术类别、名称和规格，即技术的标的。最基本内容是磋商具有技术的供给方能提供哪些技术，引进技术的接受方想买进哪些技术。

1. 技术经济要求

因为技术贸易转让的技术或研究成果有些是无形的，难以保留样品作为今后的验收标准，所以，谈判双方应对其技术经济参数采取慎重和负责的态度。技术转让方应如实地介绍情况，技术受让方应认真地调查核实。然后，把各种技术经济要求和指标详细地写在条款上。

2. 技术的转让期限

虽然科技协作的完成期限事先往往很难准确地预见，但规定期限还是很有必要的，否则容易发生纠纷。

3. 技术商品交换的形式

这是双方权利和义务的重要内容，也是谈判不可避免的问题。技术商品交换的形式有两种：一种是所有权的转移，买方付清技术商品的全部价值并可转卖，卖方无权再出售或使用此技术。这种形式较少使用。另一种是不发生所有权的转移，买方只获得技术商品的使用权。

4. 技术贸易的计价、支付方式

技术商品的价格是技术贸易谈判中的关键问题。转让方为了更多地获取利润，报价总偏高。引进方不会轻易地接受报价，往往通过反复谈判，进行价格对比分析，找出报价的不合理成分，将报价压下来。价格对比一般是比较参加竞争的厂商在同等条件下的价格，同等或相近技术水平商品的价格。价格水平的比较主要看两个方面，即商务条件和技术条件。商务条件主要是对技术贸易的计价方式、支付条件、使用货币和索赔等项进行比较。技术条件主要是对技术商品供货范围的大小、技术水平的高低、技术服务的多少等项进行比较。

5. 责任和义务

技术贸易谈判中技术转让方的主要义务是：按照合同规定的进度，进行科学研究工作，在限期内完成科研成果或样品，并将经过鉴定合格的科研成果报告、试制的样品及全部科技资料、鉴定证明等交付委托方验收；积极协助和指导技术受让方掌握科技成果，达到协议规定的技术经济指标，以收到预期的经济效益。技术受让方的主要义务是：按协议规定的时间和要求，及时提供协作项目所必需的基料，拨付科研、试制经费，按照合同规定的协作方式提供科研、试制条件，并按接收技术成果支付酬金。技术转让方如完全未履行义务，应向技术受让方退还委托费或转让费，并承担违约金。如部分履行义务，应根据情况退还部分委托费或转让费。延期完成协议的，除应承担因延期而增加的各种费用外，还应偿付违约金。所提供的技术服务，因质量缺陷给对方造成经济损失的，应负责赔偿。如由此引起重大事故，造成严重后果的，应追究主要负责人的行政责任和刑事责任。

三、劳务合作谈判

劳务合作谈判是关于某一具体劳动力供给方所能提供的劳动者的情况和需求方所能给劳动者的有关生产环境条件和报酬、保障等内容所进行的谈判。基本内容有：劳动力供求的层次、数量、素质、职业、工种、技术水平、劳动地点（国别、地区、场所）、时间、劳动条件、劳动保护、劳动工资、劳动保险和福利等。

第六节　商务谈判的模式

一、现代互惠型谈判模式

互惠型谈判模式是近年来谈判者普遍采用的谈判模式，谈判中，甲乙双方首先认定自身的需要和对方的需要，然后与对方共同探寻满足双方需要的各个可行途径。最后，决定是否接纳其中的一个或几个途径，从而达成令双方都满意的协议。

二、PRAM 谈判模式

成功的商务谈判是指在与对方保持良好人际关系的前提下，以富有效率的方式来实现谈判目标，以满足自身的需要。PRAM 模式则告诉了我们如何进行一场成功的商务谈判。所谓 PRAM 模式，是指谈判由四个部分构成：

（1）制订谈判的计划（Plan）；

（2）建立关系（Relationship）；

（3）达成双方都能接受的协议（Agreement）；

（4）协议的履行与关系的维持（Maintenance）。

PRAM 谈判模式的四个部分，实际上是进行谈判的四个步骤，它们是相互联系的，前一个步骤为后一个步骤打下了基础，从而实现循环，形成一个连续不断的过程。PRAM 谈判模式把谈判也看作一个连续不断的过程，本次交易的成功将会导致今后交易的不断成功。如果谈判双方都能按照该模式坚持走下去，那么必然能到达成功的彼岸。

第七节　商务谈判的理念

一、一个中心

商务谈判活动的开展是紧紧围绕一个中心展开的，即商务谈判的需要。马斯洛需求层次理论指出人的需要有五个层次：（1）生理的需要是人们最基本的需要，是对维持和发展人类生命所必需的外部条件的需求。（2）在生理需求得到满足以后，人们接着就要考虑安全，即寻找安全保障。（3）在生理与安全需要得到满足以后，人们对感情的需要就占了主导地位。（4）获得尊重的需要是人们希望实现自己的潜在能力，取得成就，对社会有较大贡献，能够得到别人尊重的欲求。(5)自我实现的需要，是指人们希望从事与自己的能力相适应的工作，实现自身的价值，成为一个与自己能力相称的人。

商务谈判也是一个满足需要的过程，认识和理解的需要，在谈判中具体表现为按自己的认识和理解出发去思考，去谈判。需要和对需要的满足是谈判进行的基础，谈判者的需要满足状况及其对不同层次、不同类型需要的认识，决定着谈判行为。

谈判需要的发现可以通过提问、陈述、倾听、观察去发现。

二、两种利益

首先，人们谈判是为了改变现状或协商行动。其次，在谈判中应明确双方不是对手、敌手，而是朋友、合作的对象。在商务谈判中谈判者要坚持合作互利的原则，要坚持从满足双方的实际利益出发，发展长期的贸易关系，创造更多的合作机会。在商务谈判过程中也要具备诚挚与坦率的态度，贯彻实事求是的作风。

三、三种方针

(1)谋求一致的方针；

(2)皆大欢喜的方针；

(3)以战取胜的方针。

四、四项原则

(一)扩大总体利益

扩大总体利益原则要求谈判双方致力于共同利益、整体利益，将商务谈判双方的关系看成是一种战略合作关系，并期望这样的战略合作能创造出优于双方简单相加的业绩。

(二)提供多种选择方案

1. 影响产生选择方案的因素

(1)早熟的判断。

(2)寻求单一的答案。

(3)固定的分配模式。

(4)认为“对方的问题应该对方自己解决”。

2. 寻求多种方案的途径

(1)将方案设计与方案评价分开。

(2)扩大选择的范围。

(3)寻求共同利益。

(4)让对方易于决策。

3. 多种选择方案谈判技巧

(1)不要在一棵树上吊死；在做出决定之前尽可能多想几个解决方案。

(2)要使自己获得利益，必须要有让对方也得到利益的方案才行。

(3)借助于专家的力量去探讨、构想切实可行的方案。

(4)追求双赢的结局。

(5)退而求其次，如果难以达成期待的协议，可以提出低标准或低层次的方案，以增加能够达成协议的方案数目。

(三)对事不对人

(1)理解。

(2)情绪。

(3)沟通。

(四)坚持客观标准

在谈判中坚持使用客观标准有助于双方和睦相处,冷静而又客观地分析问题,有助于双方达成一个明智而又公正的协议。由于协议的达成是依据通用的惯例和公正的标准,双方都感到自己的利益没有受到损害,因而会有效、积极地履行合同。

案例窗口

20世纪40年代,美国电影明星珍·拉塞尔与制片商休斯签订了一份价值100万美元的雇用合同。当时拉塞尔因为自己日常开支有一些困难,于是要求休斯按时付款。到了年底,拉塞尔找休斯履行合同,休斯说他没有现金,要她等一等。在这个时候,拉塞尔首先想到的是合同具有法律性,但休斯资金周转不灵又是事实。如果诉诸法律,对双方都没有任何好处。后来,拉塞尔想出妙策,以双方的共同需要、共同利益作为出发点,经过双方协商,修正合同,签订了有利于双方的协议,即雇用金由1年付清改为20年付清,每年5万美元。这样,拉塞尔就有了每年5万美元的稳定收入,不必为日常开支所困扰,而休斯也因此缓解了资金周转的困难。

拉塞尔考虑了双方的利益,做了必要的让步,最后保证了自己的利益。这是她明智的地方,也是她成功的关键。由此可见,在谈判过程中,不要只追求眼前利益,而要立足于长远,从互惠互利的原则出发,方可促使可能失败的谈判走向成功。

五、五种风格

常用的谈判风格类型有合作型、妥协型、顺从型、控制型、回避型。

六、六种战略

常用的商务谈判战略有:(1)不让步战略。(2)不再让步战略。抵制不再让步战略的方法与抵制不让步战略的方法相同。这些对策包括:与其高层领导拉关系以改变对方的态度;不理会对方的要求,就如正在进行可让步的交涉;少做提供多提要求,以改变实际价格;终止谈判;披露最新信息;创造事实;制订双方都胜的方案;加入新的议题;造成僵局或制造意外情况;以及诉讼。(3)仅为打破僵局而让步战略。决定采用为打破僵局而让步的战略应该与决定采用不让步战略一样格外谨慎小心。该战略也许有必要同时运用一些在介绍不让步战略时提及的微妙方法,这样可以使对方感到好受一些。(4)以小的系列让步实现高的现实性期望(HRESSC)战略。HRESSC是指那种把高的现实性期望和小幅度的系统让步结合在一起的战略。(5)让步在先战略。(6)解决问题战略。解决问题是一种旨在订立一项程序性协议的战略,其目的在于解决已被确认的共同问题。

案例窗口

HRESSC 谈判战略的运用

某机械公司谈判会议上，买方起先提出向卖方支付25 000美元。在经过 45 分钟的讨价还价之后，买方同意把价格提高42 000美元，但是，卖方拒绝了这一提议，并要求将价格升至50 000美元。

买方客观地估算，如果付款期限超过 2 年，她就能以先前42 000美元的报价购买50 000美元的货物。

于是，买方就放弃了原先的报价，并以 2 年以上的付款期限为条件接受了50 000美元的价格。

假设该延期支付的价格让步比 42 000 美元的即期支付对卖方更有利，则买方就可以获得无须立即付款的让步，而卖方则因此获得一份满意的协议。

一般情况下，买方的谈判活动按以下的顺序进行：在一系列提议被卖方拒绝后，可以就第二档中的各种让步向卖方再行提议，而不必无可奈何地同意全额支付50 000美元。

七、七种逻辑

商务谈判过程是谈判各方为实现各自的利益目标而说服对方的一个思维过程。逻辑是思维的工具，也是表达论证和辩谬的工具。在商务谈判中，正确地运用逻辑方法是取得谈判成功的保证。商务谈判中的逻辑方法如下：比较法、抽象法、概括法、分析法、综合法、归纳法和演绎法。

八、八种力量

谈判实力是能力、经济力量、产品的质和量、社会影响、权力等的综合反映。双方谈判实力的强弱差异决定了谈判结果的差别。对于谈判中的每一方来说，谈判实力都来源于八个方面，就是 NOTRICKS。

- N 代表需求(Need)。
- O 代表选择(Options)。
- T 代表时间(Time)。
- R 代表关系(Relationships)。
- I 代表投资(Investment)。
- C 代表可信性(Credibility)。
- K 代表知识(Knowledge)。
- S 代表技能(Skills)。

总之，在商务谈判中，谈判者应该善于利用“NOTRICKS”中的每种力量。

本章小结

谈判作为协调各方关系和获得各自利益的重要手段，广泛应用于人们的社会生活、经济、军事、外交、科技等各个领域。谈判的定义：人们为了协调彼此之间的关系系，满足各自的需要，通过协商而争取达到意见一致的行为和过程。

谈判作为社会的一种行为，具有以下5个特点：(1)谈判是“给”与“取”兼而有之的一种互惠过程；(2)谈判是“合作”与“冲突”兼而有之的一种互动过程；(3)谈判是人际关系的一种特殊表现；(4)谈判的各方地位平等、独立；(5)谈判无特定规律可循。

商务谈判是商业事务的谈判，包括商品买卖、工程承包、咨询服务、中介服务、技术转让、合资合作等方面的谈判。商务谈判的内容根据商务谈判的类型不同而各有差异。

谈判者的主体资格，是能以自己的名义参与谈判并承担后果。与此相对应，谈判主体不合格是指谈判者本身不具备参与谈判的资格，既不享有谈判的权利，又不能履行谈判的义务，更不能承担谈判后果。商务谈判的主体包括参加谈判的人员和谈判议题，这是商务谈判活动的必要因素。商务谈判客体是指谈判涉及的交易或买卖的内容，也称谈判议题、谈判标的，是谈判的起因。在谈判过程中，谈判标的是核心，其对谈判的影响是深远的。谈判标的多样性以及在交易中的复杂性，造成谈判的难易程度不一样，谈判层次也不同。

商务谈判的原则分为四点：合作原则、谋求互利选择原则、人事分离原则、坚持客观标准原则。

商务谈判的理念就是：一个中心，两种利益，三种方针，四项原则，五种风格，六种战略，七种逻辑，八种力量。

关键词

商务谈判主体　商务谈判客体　商品贸易谈判　技术贸易谈判　劳务贸易谈判　商务谈判理念

课后习题

1. 什么是商务谈判？其特点是什么？
2. 商务谈判的基本原则是什么？
3. 简述商务谈判的几种主要类型。
4. 构成商务谈判的基本要素是什么？
5. 商务谈判理念的核心内容是什么？

案例分析

欧洲A公司代理B工程公司到中国与中国C公司谈判出口工程设备的交易。中方根据其报价提出了意见，建议对方考虑中国市场的竞争性和该公司第一次进入市场，认真考虑改善价格。该代理商做了一番解释后仍不降价并继续坚持说其委托人的价格是如何合理。中方对其条件又做了分析，代理人又做解释，一上午下来毫无结果。中方认为其过于傲慢固执，代理人认为中方毫无购买诚意且没有理解力，双方相互埋怨之后，谈判不欢而散。

案例讨论：

1. 欧洲代理人进行的是哪类谈判？
2. 构成其谈判的因素有哪些？
3. 谈判有否可能“不散”？若可能“不散”欧洲代理人应如何谈判？

第二章　商务谈判的思维和心理

本章重难点

1. 了解商务谈判思维的概念及五种类型；
2. 了解商务谈判的心理特点，掌握商务谈判心理的表现形式；
3. 了解商务谈判中人员性格类型、特点及主要对策；
4. 了解知觉现象的概念以及知觉的积极作用；
5. 掌握谈判的心理禁忌与挫折预警机制。

引入案例

科恩是美国一位著名的谈判大师，他的谈判生涯富有传奇色彩。有一次，他同妻子去墨西哥市，他们正在马路上观光，妻子突然碰了一下科恩的胳膊说："科恩，看到那边有什么东西在闪光。"科恩说："唉，不，我们不去那儿。那是一个旅游者的商业区。如果你想去那个商业区的话，你去吧，我在旅馆里等你。"

科恩的妻子一贯是不听劝说、独立自主的人，于是挥手再见，一个人去了。科恩穿过人潮，在相距很远的地方看见一个真正的当地土著人。当科恩走近之后，看到他在大热天里仍披着一件毛毯披肩，实际上他披了好几件，并叫卖着："1 200比索。""他在向谁讲话呢？"科恩问自己，"绝对不是向我讲，首先，他怎么知道我是个旅游者呢？其次，他不会知道我在暗中注意他，甚至在潜意识里想要一件毛毯披肩。"科恩加快脚步，尽量装出没有看见他的样子，甚至用他的语言说："朋友，我确实敬佩你的主动、勤奋和坚持不懈的精神，但是我不想买毛毯披肩，请你到别处卖吧，你听懂我的话吗？""是。"他答道。这说明他完全听懂了。科恩继续往前走，只听背后有脚步声。他一直跟着科恩，好像他们系在一条链子上了。他一次又一次地说道："800 比索！"科恩有点生气，开始小跑。但他紧跟着一步不落，这时，价格已降到 600 比索了。到了十字路口，因车辆阻塞了马路，科恩不得不停住了脚步，土著人仍唱着他的独角戏，"600 比索……500 比索……好吧，400 比索，怎么样？"当车辆过去之后，科恩迅速穿过马路，希望把他甩在路那边，但是科恩还没来得及转身，就听到他笨重的脚步声和说话声了，"先生，你胜利了！只对你，200 比索。""你说什么？给我一件，让我看看。"科恩说。

第一节　商务谈判的思维

人的思维过程，从思维形式来说，就是运用概念进行判断、推理、论证的过程。在这过程中，概念是思维的出发点，并由它组成推理，再由推理组成论证。这 4 个逻辑范畴既是谈判思维过程的 4 个环节，也是谈判思维的 4 个基本要素。商务谈判思维是商务谈判前的准备阶段的思维活动与谈判过程中的临场思维活动的总称。成功的商务谈判对双方来说，亦是正确的、合理的思维结果。

一、商务谈判思维的概念

1. 概念

概念是反映事物的本质和内部联系的思维形式。在谈判中，概念是抓住论题本质及其内部联系的基础。如果概念混淆则抓不住对方的实际弱点，还会使谈判失去方向。若在任一论题展开之前，先从概念入手，那么谈判双方则可在同一事物上寻找解决办法或方案。

2. 判断

判断是对客观事物的矛盾本性有所断定的思维形式，其主要作用在于它的认识功能。这种动态断定的思维有 4 个对立统一的方面：同一与差异、肯定与否定、个别与一般、现象与本质。在商务谈判中，这 4 个对立统一的思维判断无处不在。

3. 推理

推理是在分析客观事物矛盾运动的基础上，从已有的知识中推出新知识的思维方式。推理的形式有类比、归纳和演绎。推理的类比形式最典型的运用，是谈判准备工作中的“比价材料”的准备。出口商要研究国际市场同类商品的价位，进口商也要研究同类商品的市场价位，以便做出自己方案的判断。推理的归纳形式，是谈判者在做某个议题或某个阶段的小结时最常见的手法。可以用归纳把谈判双方零散的观点廓清，以对双方立场予以判断，也可以用它把自己的论述予以理清，断定一下自己的结论。推理的演绎形式，就是谈判者从一般性的前提出发，通过推导即“演绎”，得出具体陈述的过程。这要求谈判人员的思维保持严密性和一贯性，才能得出正确的结论。

二、商务谈判中的思维类型

1. 散射思维

散射思维是从多个角度对谈判议题进行全方位的理性确认的思维方式。它的具体方法是对有关信息进行筛选、过滤、加工、整理和鉴别，筛除与谈判内容无关的信息，留下与谈判密切相关的可靠信息。散射思维贵在多角度出击，消除思维死角，使论题各部位暴露在谈判桌上，以便各个击破，促进谈判的成功率大幅度提高。例如谈判原材料销售问题。一上谈判桌，对方单枪匹马对你方好几个人，而且让你方在门外等候多时。你该采取什么对策呢？从散射思维角度看，需要思考该人在公司中的地位、权力的大小，该公司是否还有其他谈判者，谈判态度是否认真，议程是否完整，是否表达全部核心观点等问题。这种散射思维的目的在于从表面现象尽快掌握商务谈判可能的势，同时也利于采取相应的对策，使谈判有尽可能大的进展。优秀的谈判者在运用散射思维方式时善于转移思路，犹如快捷变频的雷达，随心所欲更换频率使思路畅通。若做不到流畅地转移，思路就会呆滞，谈判桌上就会出现思维的死角，从而让对手有喘息的机会，进而影响谈判效果。

2. 超常思维

超常思维是超越常规、打破思维定势，用不同于一般思维的方式进行思考的思维形式。在谈判实践中，人们常常有这样的感觉，困难不是来自于对方实力的威胁，而是自己谈判思路的枯竭或是感觉到谈判对手咄咄逼人的思维攻势。在对手快捷的思维攻击下，你如果只应答就会发现自己十分被动，处处受制于人。而此时，超常思维便是进攻和防卫最有效的谈判武器。运用超常思维，可以超出对手的想象力，能有效控制谈判局面甚至使对方立刻接受你的方案。超常思维具有不同于一般性或逻辑性思维的特点。与超常思维相对的思维方式是常规思维，可以通过一个例子来体会它们之间的区别。如两个人过河，眼前有一条河，常规思维认为自然要有桥，无桥则无路，思考如何建桥；超常思维一看建桥有难度，便考虑其他办法，如乘船等。因此常规思维可能会使人陷入思维的死角，从而使谈判陷入僵局，而超常思维则会使思维相互摩擦而产生思维的火花，结出谈判的累累硕果。

3. 跳跃思维

跳跃思维指在谈判中把事物发展过程的某些内容跳跃过去，而迅速抓住自己想要说明的问题的思维方式。这种思维方式由于能在复杂的事物或大量的信息中迅速抓住问题的本质，因而被谈判者普遍采用。跳跃思维的心理基础是找到要害并一举成功，无论是在说明问题还是反击对方时，运用这种思维方式均能取得有利的效果。

4. 逆向思维

逆向思维指从与对手立场及议题结果对立的角度思考、判断、推理的思维方式。逆向思维是一种违反常规思维的思维方式，是一种强迫性的思维方式，主要手段是反问、否定、反证，既可用于进攻，又可用于防守。在商务谈判中运用逆向思维容易发现一些在常规思维条件下不易发现的问题，利用这些问题可以作为讨价还价的条件或筹码。

5. 快速思维

快速思维指思维的速度快、结论快、反应快。商务谈判中的快速思维主要针对讨论的问题快速地应答或反击，其对象或为某一枝节，或为某一主体，其作用不在于说服对手，而是动摇谈判对手的意志。与散射思维不同的是，快速思维可能体现在全方位，也可能仅在于某一点或某一线。快速思维的特点是无论捕捉什么论题，均使思维的羽翼快速启动，迅速有效地攻击对手的某一论点，绝不等铺天盖地的信息都收到后再还击。

案例窗口

世界上第一位女大使柯伦泰，曾任苏联驻挪威全权贸易代表。当时，苏联急需食品，委托她与挪威商人谈判购买鲜鱼事宜。挪威商人想趁机大捞一把，谈判时开价很高，柯伦泰则竭力与对方讨价还价，谈判出现僵局。后来，柯伦泰主动让步，慷慨地说："好吧！我同意你们提出的价格。如果我的政府不批准这个价格，我愿意用自己的工资来支付差额。但是，我的收入有限，自然要分期支付，可能要支付一辈子了。如果你们同意的话，就这么决定吧！"挪威商人听了她的话，个个面面相觑，他们无论如何也想不到柯伦泰会说出这样的话，他们被她的一片爱国之心感动了。最后，一致同意将鲜鱼的价格降到最低。

第二节 商务谈判的心理

心理学家认为，人的心理既包括人的各种心理活动，如认识、情感、意志等，也包括人的心理特征，如需要、动机、气质、性格等。而从心理学的角度看，尽管人类的行为看起来错综复杂，但却是可以预测、可以理解的。西方心理学认为，在人的行为中有各种各样的可预测因素，并有着可认识的内在规律。

商务谈判虽然千变万化，商务谈判者错综复杂，但仍可以用商务谈判心理去分析、判断对方的内心世界，洞察商务谈判的各种可能性，从而在商务谈判中占据主动地位。商务谈判心理是指在商务谈判活动中谈判者的各种心理活动，它是商务谈判者在谈判中对各种情况、条件等客观现实的主观能动的反映。譬如，当谈判人员在商务谈判开始时与谈判对手会晤，对方彬彬有礼，态度诚恳，易于沟通，就会对对方有好的印象，对谈判取得成功抱有希望和信心。反之，如果谈判对手态度狂妄、盛气凌人，就会给谈判人员留下坏的印象，从而对谈判的顺利开展产生不利影响。

一、商务谈判心理概念

（一）个体心理

谈判者欲在谈判中掌握谈判的主动性，就必须了解人的一般心理特征，而人的一般心理特征主要表现为个性、情绪、态度、印象和知觉等方面。

1. 个性

人的性格是在社会生活中逐渐形成的，它往往决定着人对现实的态度、意志和情绪。因此，人的性格对商务谈判结果的影响极大。在商务谈判中，对谈判者性格的分析，主要是分析其性格是内向还是外向，处事容易感情冲动还是始终能够从容不迫，决策是当机立断还是小心谨慎，行为是积极主动还是消极被动，等等。

2. 能力

人的能力是人的心理素质和技能的综合反映，具体表现为体能、知识、技能、性格和教养等。能力有个体差异，能力直接影响行为的效率和结果。在商务谈判中，谈判者需要有较强的个体综合能力和群体协调能力，二者缺一不可，而群体协调能力往往又必须以个体综合能力（应变能力、语言表达能力、分析判断、合作协调等）作为基础。

3. 素质

一个人的素质是一个人体能和教养水平的综合体现，是他从事一切活动的基本条件。一个人的反应能力、思维方式、行为方式、洞察力、语言表达能力等在很大程度上取决于人的基本素质。

4. 情绪

心理学告诉我们，人时时刻刻都在进行着喜、怒、哀、乐的体验，该种体验是人对客观事物看法的一种本能反应，此种反应称为情绪。情绪具有肯定和否定的性质。有经验的谈判者在谈判过程中不但能够控制自己的情绪，而且还能有意识地调动和控制对方的情绪。也就是说，谈判者要善于驾驭双方的情绪。

5. 态度

所谓态度，是指人心理上对其接触的客观事物所持有的看法，并以各种不同的行为方式表现出来的状态。因此，态度包含了心理成分和行为动机。态度通常包括认识、情感和意向三个要素。所谓认识，是指带有评价意义的感知，它在商务谈判中表现为对谈判条件以及对方言行的理解与感觉。所谓情感，是指一个人对其所接触的对象的情绪与体验。情感在商务谈判中，表现为对谈判事项的重视程度和兴趣程度。所谓意向，是指一个人对其所接触的对象的反应倾向，也称行为的准备状态，它直接作用于谈判的结果。

6. 印象

所谓印象，是指人对其接触的对象所形成的感性认识。其中，最初的印象对人们以后的行为将产生极大的影响。因此，作为一个谈判者应特别注意与新客商接触之初的言行举止，要设法使自己给对方留下良好的第一印象。要想给对方留下良好印象一般须做到：友好、合作、诚挚、认真、不卑不亢。

7. 知觉

所谓知觉，是指人的大脑对直接作用于感觉器官的人或事物的整体反应。当某人的知觉与其所接触的客观事物一致时，表明此人对其所接触到的客观事物的认识是全面的。人的知觉的产生要受其知识、技能、需求、客观环境和主观心理素质的制约，而谈判者知觉的好坏则会直接影响谈判的进程和结果（需了解对方的经历、专业、兴趣等，然后针对对方专长发表内行的意见，并适当纠正对方知觉上的偏差）。

（二）群体心理

所谓群体，是指由两个以上的个体组成，为实现共同的目标，遵守共同的规范而相互联系、影响和配合的个体组合体。群体介于组织与个体之间。影响商务谈判过程的主要因素是群体效能。

所谓群体效能，主要是指群体的工作效率和工作效益。群体效能并非个体效能的总和，群体效能与个体效能相比，既可以产生放大效应，也可以产生内耗效应。谈判者必须明确影响群体效能的各种因素，尽量克服内耗效应的出现。一般来说，影响谈判中群体效能的因素主要有：群体成员的素质、群体成员的结构、群体规范、群体的决策方式（个人决策、群体决策）、群体内的人际关系。

二、商务谈判心理的特点

与其他的心理活动一样，商务谈判心理有其特点和规律性。一般来说，商务谈判心理具有内隐性、相对稳定性、个体差异性等特点。

1. 内隐性

商务谈判心理的内隐性，是指商务谈判心理藏之于脑、存之于心，别人是无法直接观察到的。尽管如此，由于人的心理会影响人的行为，行为与心理有密切的联系，因此，人的心理可以反过来从其外显行为加以推测。例如，在商务谈判中，对方作为购买方对所购买品在价格、质量、售后服务等方面的谈判协议条件都感到满意，那么在双方接触中，谈判对方会表现出温和、友好、礼貌、赞赏的态度反应和行为举止；如果很不满意，则会表现出冷漠、粗暴、不友好、怀疑甚至挑衅的态度反应和行为举止。掌握这其中的规律，我们就能较为充分地了解对方的心理状态。

2. 相对稳定性

商务谈判心理的相对稳定性，是指人的某种商务谈判心理现象产生后往往具有一定的稳定性。例如，商务谈判人员的谈判能力虽然会随着谈判经历的增多而有所提高，但在一定时间内却是相对稳定的。正是由于商务谈判心理具有相对稳定性，我们才可以通过观察分析去认识它，而且可运用一定的心理方法和手段去开展商务谈判的工作。

3. 个体差异性

商务谈判心理的个体差异性，是指因谈判者个体的主客观情况的不同，谈判者个体之间的心理状态存在一定的差异。商务谈判心理的个体差异性，要求人们在研究商务谈判心理时，既要注重探索商务谈判心理的共同特点和规律，又要注意把握不同个体心理的独特之处，更有效地为商务谈判服务。

三、商务谈判心理的类型

(一)需要与谈判

商务谈判是一种人际交往，因此，许多社会学家、心理学家、商业理论家以及许多工商界、金融界的企业家都在思考和探索其规律和心理方面的理论依据。按英国人比尔·斯科特的意思，即“对实际从事贸易洽谈工作的人们来说，最重要的理论之一，是马斯洛需要层次理论”。人类有着种种复杂的需要，需要和对需要的满足是谈判的共同基础和动力。如果不存在尚未满足的需要，人们便不会进行谈判。谈判的前提是谈判双方都要求得到东西；否则，一方会对另一方的要求充耳不闻，双方也就不会有任何讨价还价的谈判发生。掌握“需要层次”理论，能使我们找出与谈判双方相联系的需要，使谈判者懂得如何选择不同的方法去适应、抵制或改变对方的动机。了解每一种需要及其相关的动机，选择最佳方法。谈判中所针对的需要越是基本，就越有可能取得成功。

1. 较好地掌握和运用需要层次理论，可以为满足谈判者高层次的需要提供条件

马斯洛的需要层次理论从商务谈判方面来看，其物质性的需要是金钱、资产等方面的需要，精神性的需要是尊重、公正等方面的需要。与谈判对手进行谈判，应注意对方的物质方面的需要，但同时也不能忽视对方的尊重、独立自主、平等方面的需要，在商务谈判中力求做到以下几点。

(1)必须较好地满足谈判者的生理需要。谈判者的生理需要并不是进行谈判的直接动力和原因，但却直接关系着谈判成功与否。对谈判者而言，如果最基本的、最起码的生理需要都得不到很好的解决，他一边进行谈判一边还要考虑如何来解决中午的吃饭问题、晚上睡觉的地方，那么，这个谈判是很难顺利进行下去的，谈判结果也就可想而知了。

(2)尽可能地为商务谈判营造一个安全的氛围。在这里，安全既包括谈判者的人身财产安全，更重要的是谈判内容本身的保密安全。谈判者人身、财产方面安全的保证，是谈判者全身心投入谈判活动并积极促成谈判的必要保证。在不能很好保证人身、财产安全的地区，商务谈判往往无法顺利进行，这主要是因为在安全需要无法满足的情况下，对商务谈判的需要就不那么强烈和重要了。这一点，对一些对安全需要比较敏感的谈判者而言，意味着谈判可能无法继续下去。例如，一个是经济效益良好、生产蒸蒸日上的企业法人代表，一个是负债累累、濒临倒闭的企业法人代表，他们同时找一家银行协商借贷，很显然银行会把钱借给经济效益好的企业，因为它的条件使银行对所贷出的款项回收得到保障，如果把钱贷给濒临倒闭的企业，银行必然要对贷出的资金承担更大的风险。

(3)在进行谈判的过程中，要与对手建立相互信任、融洽的谈判气氛。就谈判活动本身而

言，它是满足人们社会需要的一种典型活动，是为了满足人与人之间的交往、友情、归属问题的。诚然，谈判的双方是有矛盾的、对立的。但这并不意味着谈判者就要互相怀疑、不信任，这样只会使谈判进入僵局，事态变糟。经验告诉我们谈判双方建立相互信任、依赖的关系，可以使他们联合起来，共同处理不可避免的问题。

(4)在谈判时要使用谦和的语言和态度，注意到谈判对手的尊重和自尊。

案例窗口

美国想购买墨西哥的天然气，双方进行谈判。美国希望以便宜的价格购买，美国能源部长拒绝承认美国石油工会与墨西哥所达成的涨价协议，是因为美国人认为，当时没有其他买主，这笔买卖只有美国人愿意与墨西哥人做，所以，认为对方将会同意降低价格出售。但是墨西哥不仅渴望以较高价格出售天然气，而且期望得到美国的尊重，并强烈希望受到公正、平等的待遇。双方虽经历多次磋商，美方仍然不放弃高压政策，以致引起墨西哥人极大的愤慨，他们决定为了维护尊严，即使把天然气烧掉，也不愿意低价卖给美国，导致这场交易完全失败。其实，墨西哥人需要的不仅仅是提高天然气价格，他们同时还要求平等地位、受到尊重的需要，而美国人恰恰忽略了这一需要，使谈判以失败而告终。

2. 谈判中需要的存在

需要是谈判活动的动力和目的，但它绝不是纯粹的、单一的。为了进一步了解影响谈判进行和最后结果的各种需要，可以将其划分为两类，一类是谈判的具体需要，另一类是谈判者的需要。

(1)谈判的具体需要。这类需要是产生谈判的直接原因和谈判所要达到的第一目的。这类需要相对比较具体，可以协商调整的幅度比较小。例如某企业实行计算机化管理，要购进40台计算机，该企业对40台计算机的需要构成了此次谈判，买回计算机是谈判的目的。这类需要是要通过谈判得到满足的，否则，谈判本身也就不存在了。

(2)谈判者的需要。谈判者的需要并不是谈判的动力和目的，但它却直接影响着谈判的进行和结果。谈判者是谈判活动的当事人和直接操作者，其需要虽然不是谈判的目的，却通过对当事人行为活动的影响决定谈判结果。这里的需要主要是指谈判者的生理、安全、社交、自尊和自我实现的需要。在具体的谈判活动中，表现最强烈、影响大的主要是社交的需要、权力的需要和成就的需要(即自我实现的需要)。

3. 谈判中需要的发现

所有谈判都是在人与人之间进行的。无论是两个人为一笔小生意谈价钱，大企业为合同谈条件，还是国与国之间为签订一项条约而谈判。在上述每一种场合中，都是个人与个人直接打交道。问题的关键是弄清楚他们有哪些需要，包括他们的个人需要和他所代表的某个团体的需要。

(1)适时提问。获得信息的一种手段就是提问。提问是表达思想的窗口。在适当的场合可以向对方提问，例如，你希望通过这次谈判得到什么，你期待的是什么，你想要达到什么目的等问题。通过这种直截了当的试探，除了能得到相关信息，还能发现对方的需要，知道对方追求的是什么，并能以此来主导谈判进程。在谈判中适当的提问，是发现需要的一种手段。但在提问中应该注意三个问题：提出什么问题，如何表达问题，何时提出问题。此外，这些问题在对方身上产生什么反应，也是一个重要的考虑因素。

审时度势地提问容易立即引起对方的注意，保持双方对讨论的议题的兴趣，并按照我方的意愿主导谈判的方向。通过提问题使对方回答你所想了解的信息，发现对方的需要。

(2)恰当陈述。巧妙的提问，能够揭示某种激起强烈反应的隐蔽的假设。在这种情况下，最好是简短地说一句“我理解你的感受”，这种陈述可以避免对抗。因为这是在告诉对方，你已经注意到了他的意见，理解他的观点，并认为他的看法是有道理的。同时这也是告诉对方，你已经洞察了他的心思，所以你能揣摩对方的想法。在谈判处于僵持不下的境况时，最好直截了当地说“我们最多只能做到这一步了”。这一陈述表明对对方的认识和理解。在这种情况下你也可以说：“我认为，如果我们能妥善解决这一问题，那么这个问题也不会有多大的麻烦。”这一陈述明确表示愿意做出让步，这就有利于谈判的进行。这种陈述，心照不宣地传递了信息，既维护了自己的立场，又暗示了适当变通的可能。除了提问和陈述，发现需要自始小心聆听对方吐露的每个字词，注意他的措辞，选择的表达方式，他的语气，他的声调。所有这些，都能为你提供线索去发现对方一言一行背后隐藏的需要。

(3)注意观察。为了了解对方的意愿与需要，不仅要注意聆听对方的言辞，而且要注意观察对方的举止。例如，在一次气氛友好的会谈中，对方往椅背上一靠，粗鲁叉起双臂，你马上会意识到，麻烦发生了。举止非常重要，其传达着许多微妙的意思，有着种种心理上的含义和暗示。要注意观察对方的举止，从而发现其思路，掌握谈判的脉络。

4. 需要与谈判策略

英国谈判学会会长杰勒德·I. 尼伦伯格也提出了“谈判的需要理论”，他认为，任何谈判都是在人与人之间发生的，他们之所以要进行谈判，都是为了满足人的某一种或几种“需要”，这些“需要”决定了谈判的发生、进展和结局。他把谈判行为中的人的需要、人的动机和人的主观作用，作为核心理论，指出“需要”和对“需要”的满足是谈判的共同基础，要是不存在尚未满足的需要，人们就不会进行谈判。谈判的前提是“谈判双方之间都要求得到某种东西，否则，他们就会彼此对另一方的要求充耳不闻，双方也就不会有讨价还价发生了”。比如，两个人为买卖一宗地产讲价钱，工会和资方为签订一项新合同争得失等。这些都是为了满足需要而进行的谈判。把谈判者的基本需要理论用于实际，归纳出 6 种类型的谈判策略或方法。按照使谈判成功的控制力量的大小排列，这 6 种策略如下所述。

(1)谈判者顺从对方的需要。

谈判者在谈判中站在对方的立场上，设身处地为对方着想，从而使谈判获得成功。需要的层次越高，谈判成功的难度就越大，谈判者对谈判能否成功控制力也越小。如果谈判者只为谈判对方的重要需要着想，对方为使自己生存下去必然对谈判欣然许诺，一拍即合。如果谈判者为对方高层次的需要着想，那么由于谈判对方对高层次需要的迫切性小于生理性需要，谈判成功的难度就会增加。

(2)谈判者使对方服从其自身的需要。

这种类型策略的谈判，双方都得到利益，每一方都是胜者。例如，营业员普遍对顾客使用这种策略，采取种种策略满足客户需要，从而更好地推销商品。

(3)谈判者同时服从对方和自己的需要。

这是指谈判双方从彼此共同利益出发，为满足双方的共同需要进行谈判，采取符合双方需要与共同利益的策略。这种策略在商务谈判中被普遍运用于建立各种联盟，共同控制生产或流通。例如，美国四家企业为了确保其电气设备的高额利益，他们建立联盟，固定产品价格，操纵市场，控制竞争，就是这种谈判类型。

(4)谈判者违背自己的需要。

这是指谈判者为了争取长远利益的需要,抛弃一些眼前或无关紧要的利益和需要而采取的一种谈判策略。谈判者为了达到某种目的而不惜损害自己的需要,这并不是错误的行为,而是出于深思熟虑的实现预期目标的有效谈判手段。例如,有时候企业为了吸引顾客购买或者大量购买,会在价格上进行打折或实施优惠价格来吸引顾客,从而为企业获取长期更大的利益做准备。

(5)谈判者损害对方的需要。

这是指谈判者只顾自己的需要和利益,不顾他人的需要和利益的一种谈判策略。在谈判中采用这种策略的一方往往处于强者的主动地位,但更多的情况是导致谈判破裂。

(6)谈判者同时损害对方和自己的需要。

这是谈判者为了达到某种特殊的目的,抛弃谈判双方利益需要的办法。这也是一种"自杀"的办法。例如,商品交易中,竞争双方展开价格战,双方都愿意冒着亏损的风险竞相压低价格,以求打败对手,此类场合采取的就是这种策略。

(二)性格与谈判

性格是个性特征中的核心特征,是足以支配一个人的个性中核心心理特征的独特表现。有人认为,性格是个性的核心。这话一点也没错。很多人把性格定义为对现实的稳固态度及与之相适应的行为方式。人们的理智、情感和意志方面的特征也可以构成性格,但不是性格本身。性格是一个人的自然素质的基础上,在社会实践活动中形成、变化和发展的。由于具体的生活道路不一样,每一个人的性格会有不同的特征。

心理学上对性格有很多的划分法,常见的有内倾型和外倾型两类分法。外倾型性格一般表现为比较开朗、活跃、充实、善于交际;而内倾型则表现为忧郁、反应缓慢、不善于交际。事实上,在实际生活中很少有人完全是外倾型或完全属于内倾型,不过人和人之间的性格差别是极大的,有的甚至截然对立。

1. 权力型

权力型谈判者的根本特征是对权力、成绩狂热地追求,以对人和谈判局势施加影响为满足。为了取得最大成就、获得最大利益,他们不惜一切代价。在多数谈判场合中,他们想尽一切办法使自己成为权力的中心,我行我素,不给对方留下任何余地。一旦他们控制谈判,就会充分运用手中的权力,向对方讨价还价,逼迫对方接受条件。他们时常抱怨权力有限,束缚了他们谈判能力的发挥。更有甚者,为了体现他们是权力的拥有者,他们热衷于追求豪华的谈判场所、舒适的谈判环境和隆重的场面。

权力型谈判者的第一个特点是敢冒风险,喜欢挑战。他们不仅喜欢向对方挑战,而且喜欢迎接困难和挑战。因为只有通过接受挑战和战胜困难,才能显示出他们的能力和树立自我形象。一帆风顺的谈判会使他们觉得没劲、不过瘾。只有经过艰苦的讨价还价,调动他们的全部力量获取成功,他们才会感到满足。

权力型谈判者的第二个特点是急于建树、决策果断。这种人求胜心切,不喜欢、不容忍拖沓、延误。他们在要获得更大权力和成绩的心情驱使下,总是迅速地处理手头的工作,然后着手下一步的行动。因此,他们拍板果断、决策坚决。对大部分人来讲,决策是困难的过程,往往犹豫、拖延、难以决断。这类人正好相反,他们对决策毫不推脱当机立断、充满信心。

对付这类谈判对手,必须首先在思想上有所准备,针对这类人性格特点寻找解决问题的突破口。正像这种人的优点一样,他们的弱点也十分明显:①不顾及冒险代价,一意孤行;②缺乏必要的警惕性;③对细节不感兴趣,不愿陷入琐事;④希望统治他人,必须是谈判的主导者,不能当配角;⑤易于冲动,有时控制不住自己。针对他们的弱点,可以采取以下的对策。

要在谈判中表现出极大的耐心,以柔克刚,即使对方发火甚至暴跳如雷,也一定要沉着冷静,耐心倾听,不要急于反驳。如果你冷眼旁观,效果会更好,因为对方就是想通过这种形式来制服你。如果你能承受住,他便无计可施甚至还会对你产生尊重、敬佩之情。努力创造一种直率的并能让对方接受的气氛。

2. 说服型

在谈判活动中,最普遍、最有代表性的人是说服型的人。在某些情况下这种人比权力型的更难对付。后者容易引起对方的警惕,但前者容易让人忽视。

说服者的第一个特点是具有良好的人际关系,他需要被人赞扬和欢迎,他们也喜欢帮助别人,会主动消除交际中的障碍。

说服者的第二个特点是处理问题绝不草率盲从,三思而后行。他们对自己和对方的面子都竭力维护,绝不轻易做伤害对方感情的事。在许多场合,即使不同意他人的提议,也不会直截了当地拒绝,总是想方设法说服对方或陈述他们不能接受的理由。

要辨别此类人的需要和弱点是十分困难的。这是因为他们把自己隐藏在外表之下,工于心计,说话谨慎,不露锋芒,外表和蔼,他们比较随和,善于发现和迎合对手的兴趣,在不知不觉中把人说服。总之,他们的弱点并不是十分明显。要认识这类人,必须透过表面现象分析其本质。他们的性格可能潜藏着这样的弱点:①过分热衷与对方搞好关系,忽略了必要的进攻和反击;②对细节问题不感兴趣;③不能长时间专注于单一的具体工作,不喜欢单独工作等。

3. 执行型

执行型的人在谈判中并不少见。他们最显著的特点是对上级的命令和指示以及事先计划好的工作坚决执行,全力以赴,但没有自己的见解和主张,缺乏创造性,维持现状是他们最大的愿望。

执行型的人的另一特点是追求工作安全感。他们喜欢安全、有秩序、没有太大波折的谈判。他们不愿接受挑战,不喜欢挑战的人。在处理问题时,往往寻找先例,如果某一问题,以前是用 A 方法处理的,他们就绝不会采用 B 方法。这类人很少能在谈判中独当一面,缺少构思能力和想象力,决策力也很差。

这种性格的人喜欢照章办事,适应能力较差。他们需要不断地被上级认可、指示。特别是在比较复杂的环境中,面对各种挑战,他们往往不知所措。

这类人的弱点概括起来就是不喜欢挑战和创新,不愿意单独谈判,更无法适应复杂的谈判局面。

4. 疑虑型

怀疑多虑是这类性格的人的典型特征。他们对任何事都持怀疑、批评的态度,每当一项新建议拿到谈判桌上来,即使是对他们有明显的好处,只要是对方提出的,他们就会怀疑、反对,千方百计地探求他们所不知道的一切。这种性格类型的另一特点是犹豫不定,难以决策。他们对问题考虑慎重,不轻易下结论。

在关键时刻,如拍板、签合同、选择方案等问题上,不能当机立断,老是犹豫反复,拿不定主意,担心吃亏上当,结果常常贻误时机,错过达成更有利的协议的机会。

(三)知觉与谈判

1. 首要印象

在知觉认识中,一个最常见的现象就是第一印象决定人们对某事的看法。这在心理学上被称为“首要印象”。当我们与某人初次见面时，有时会留下比较深刻的印象甚至终生难忘。许多情况下，对某人的看法、见解、喜欢与不喜欢，往往来自于第一印象。如果第一面印象良好，很可能就会形成对对方的肯定态度，否则，很可能就此形成否定的态度。

正是由于首要印象的决定作用，比较优秀的谈判者都十分注重双方的初次接触，力求给对方留下深刻印象，赢得对方的信任和好感，以增加谈判的筹码。

2. 晕轮效应

晕轮是指太阳周围有时出现的一种光圈，远远看上去，太阳好像扩大了许多。晕轮效应是指人对某事或某人好与不好的知觉印象会扩大到其他方面。最典型的是，如果一个人崇拜某个人，可能会把其看得十分伟大，其缺点也会被认为很有特点，而这些缺点出现在其他人身上，则不能忍受。这种晕轮效应就像太阳的光环一样，把太阳的表面扩大了，这是人们直觉认识上的扩大。

晕轮效应既有积极的一面，也有消极的一面。如果谈判的一方给另一方的印象比较好，那么他提出的要求和建议都会引起对方积极的响应，他们要求得到的东西也容易得到满足。如果能引起对方的尊敬或更大程度上的崇拜，那么，他就会具有威慑力量，完全掌握谈判的主动权。但如果给对方的印象不好，这种晕轮效应就会向相反的方向扩大。

3. 先入为主

这是指人们习惯于在没有看到结论之前就主观下结论。常见的，比如不等某人说完当然地认为对方就是这个结论。先入为主直接影响人们的知觉认识，影响人们的客观判断。这是由于人们日常活动的经验、定向思维和习惯作用的影响。

四、谈判的心理禁忌与挫折预警机制

(一)谈判的心理禁忌

在谈判过程中，必须避免出现的心理状态：信心不足、热情过度、不知所措。在谈判过程中，应该针对这些不同的心理禁忌，找到克服的方法。

1. 与权力型对手谈判的禁忌

权力型对手以取得成功为满足，对权力与成功的期望很高，对友好关系的期望则很低。同这类人谈判，可让其负责谈判程序的准备，以满足他的权力欲，让他第一个陈述，从而使他觉得自己获得了某种特权。但是要注意控制整个谈判的进程。

与这类谈判者谈判的禁忌是，不让他插手谈判程序的安排；不要听取他的建议让他轻易得手；不要屈服于他的压力。

2. 与进取型对手谈判的禁忌

进取型对手以对别人和对谈判局势施加影响为满足。这类人的特点是，对成功和与对方保持良好关系的期望一般，对于权力的期望也一般。这类人能够与对方建立友好关系，能有力控制谈判过程，对成功的期望是只要他带回去的结果能使自己的上司和同事满意就行了，在必要情况下会做出让步，达成一个勉强满意的交易，而不愿意使谈判破裂。

与这类人谈判的禁忌是：试图去支配他、控制他、压迫他做出过多的让步，并提出相当苛刻的条件。

3. 与关系型对手谈判的禁忌

关系型对手以与别人保持良好的关系而感到满足，他们对成功与保持良好关系的期望很高，对权力的期望很低。

同这类人谈判的禁忌是:不主动进攻;对他让步过多;对他的热情态度掉以轻心。

4. 与迟疑型对手谈判的禁忌

这类人的心理特征:(1)不信任对方。没有特殊的理由,只是怕受骗上当。怀疑是他们保护自己的一种手段。如果要令他们相信,就要拿出确凿的证据。(2)不让对方看透。(3)极端讨厌被说服。

与这类人谈判的禁忌:在心理上和空间上过分接近他;强迫他接受有明显倾向性的观点;喋喋不休地说服、催促他做出决定,不给予他充分考虑的时间。

5. 与唠叨型对手谈判的禁忌

这类人的心理特征是:①具有强烈的自我意识,内心深处都有不堪一击的弱点。②爱刨根问底。坚持自己的看法,好与人争辩。③好驳倒对方。④心情较为开朗。并没有多少心机。

禁忌:有问必答,这样会没有尽头;和他辩论,即使在道理上能胜他,但买卖依然不能成交;表现出不耐烦;胆怯,想开溜。

6. 与沉默型对手谈判的禁忌

这类人的心理特征:(1)不自信。由于不善言辞,生怕被别人误解或被小看,这类人常常闷闷不乐,具有自卑感。(2)想逃避。他们对于说话一事感到麻烦,从来不会因没有说话而感到不自在,自然而然地以听者自居。他们表现欲差,不愿在人多的场合出头露面,对事物的认识依赖直觉,对好恶反应极为强烈。(3)行为表情不一致。当他面带微笑时,可能内心正处于一种焦虑和不耐烦的心态。(4)给人不热情的感觉。这些人看似态度傲慢,其实内心深处也有一种愿为人做些事情的想法。

禁忌:不善察言观色;感到畏惧;以寡言对沉默;强行与之接触。

(二)商务谈判心理挫折的预警机制

1. 心理挫折的含义

一个人在做任何事情时都不可能是一帆风顺的,总会遇到这样那样的问题和困难,这就是平常所说的挫折。而心理挫折不同于平常所说的挫折,心理挫折是人们的一种主观感受,它的存在并不能说明在客观上就一定存在挫折或失败,也就是说心理挫折的存在并不一定意味着客观挫折的存在。反过来,客观挫折也不一定对每个人都会造成挫折感,因为每个人的心理素质、性格、知识结构、背景、成长环境等都不相同,因此他们对同一事物的反应也就各不相同。例如,在商务谈判中,当谈判双方就某一问题争执不下时,形成了活动中的客观挫折,对此,人们的感受是不同的。有人感到了困难,反而激起他更大的决心,要全力以赴把这一问题处理好;有人则感到沮丧、失望乃至丧失信心。

所谓心理挫折,是指人在追求实现目标的过程中遇到自感无法克服的障碍、干扰而产生的一种焦虑、紧张、愤懑或沮丧、失意的情绪性心理状态。在商务谈判中,心理挫折会造成人的情绪上的沮丧、愤怒,会引发与谈判对手的对立和对谈判对手的敌意,容易导致谈判的破裂。

2. 心理挫折对行为的影响

心理挫折虽然是人的内心活动,但它却对人的行为活动有着直接的、较大的影响,并且通过具体的行为反应表现出来。对绝大多数人而言,在感到挫折时的行为反应主要有以下几种。

(1)攻击。

在人们感到挫折时,生气和愤怒是最常见的心理状态,这在行动上可能表现为攻击,诸如,语言过火,情绪冲动,易发脾气,挑衅动作等。例如,一个人去一家不二价商店买东西,非让老板给她降价,老板不同意,她就挑出商品的瑕疵硬要老板降价,这时老板被激怒,说出一些过激的话,“你买就买,不买就算了”“我不卖了,你到别的地方买去”,甚至做出一些过激的动作,如推搡等。攻击行为可能直接指向阻碍人们达到目标的人或物,也可能指向其他的替代物。

(2)退化。

退化是人在遭受挫折时所表现出来的与自己年龄不相称的幼稚行为。如像孩子一样哭闹、耍脾气,目的是威胁对方或唤起别人的同情。

(3)畏缩。

畏缩是人受到挫折后失去自信,消极悲观,孤僻离群,易受暗示,盲目顺从的行为表现。在这时,人的敏感性、判断力都会下降,最终影响目标的实现。如一位刚毕业的律师与一位有名的律师打一场官司,那么这位刚毕业的律师很容易产生心理挫折,缺乏应有的自信,在对簿法庭时,无论是他的谈判力,还是思辨能力,甚至语言表达能力都会受到影响,这实际上就为对手的胜利提供了条件。

(4)固执。

固执是一个人明知从事某种行为不能取得预期的效果,但仍不断重复这种行为的表现。在人遭受挫折后,为了减轻心理上所承受的压力,或想证实自己行为的正确,以逃避指责,在逆反心理的作用下,往往无视行为的结果不断地重复某种无效的行为。这种行为会直接影响谈判者对具体事物的判断、分析,最终导致谈判的失败。

3. 心理挫折对商务谈判的影响

在商务谈判中,无论是什么原因引起的谈判者的心理挫折,都会对谈判的圆满成功产生不利的影响。任何形式的心理挫折、情绪激动都必然分散谈判者的注意力,造成反应迟钝、判断能力下降,而这一切都会使谈判者不能充分发挥个人潜能,从而无法取得令人满意的谈判结果。

4. 商务谈判心理挫折的预警机制

在商务谈判中,不管是我方人员还是谈判对方人员产生心理挫折,都不利于谈判的顺利开展。因此,谈判者对商务谈判中的客观挫折要有心理准备,应做好对心理挫折的防范和预警,对我方所出现的心理挫折应有有效的办法及时加以化解,并对谈判对手出现心理挫折而影响谈判顺利进行的问题有较好的应对办法。

(1)加强自身修养。

一个人在遭受客观挫折时能否有效摆脱挫折,与他自身的心理素质有很大关系。一般来说,心理素质好的人容易对抗、弱化或承受心理挫折;相反,心理素质差的人当遇到挫折时,则很容易受挫折的影响,产生心理的波动。因此,一个优秀的谈判者往往通过不断加强自身的修养,提高自身的应变能力。

案例窗口

著名的戴维营和平协议是一个由于美国前总统卡特的耐心而促成谈判成功的经典案例。为了促成埃及和以色列的和平谈判,卡特精心地将谈判地点选择在戴维营,尽管那里环境幽静、风景优美、生活设施配套完善,但卡特总统仅为谈判者安排了两辆自行车的娱乐设备,晚上休息,住宿的人可以任选三部乏味的电影中的一部看。住到第 6 天,每个人都把这些电影至少看过两次了,他们厌烦得近乎发疯。但是接下来的每天早上 8 点钟,埃及总统萨达特和以色列总理贝京都会准时听到卡特的敲门声和那句熟悉而单调的话语,“您好!

我是卡特,再把那个乏味的题目讨论上一天吧。"正是由于卡特总统的耐心,到第 13 天,萨达特和贝京都忍耐不住了,再也不想为谈判中的一些问题争论不休了,这就有了著名的戴维营和平协议。

(2)做好充分准备。

挫折可以吓倒人,但也可以磨炼人。正确对待心理挫折的关键在于提高自己的思想认识,在商务谈判开始之前,谈判者应做好各项准备工作,对商务谈判中可能出现的各种情况事先应做到心中有数,这样就能及时有效地避免或克服客观挫折的产生,减少谈判者的心理挫折。

(3)勇于面对挫折。

常言道:"人生不如意事常八九。"对于商务谈判来说也是一样,商务谈判往往要经过曲折的谈判过程,通过艰苦的努力才能达到成功的彼岸。商务谈判者对于谈判中所遇到的困难,甚至失败也要有充分的心理准备,提高对挫折打击的承受力,并能在挫折打击下从容应对不断变化的环境和情况,为做好下一步工作打下基础。

(4)摆脱挫折情境。

相对于勇敢地面对挫折而言,这是一种被动地应对挫折的办法。遭受心理挫折后,当商务谈判者无法再面对挫折情境时,可通过脱离挫折的环境情境、人际情境或转移注意力等方式,让情绪得到修补,使之能以新的精神状态迎接新的挑战。如失意时回想自己过去的辉煌。

(5)适当情绪宣泄。

情绪宣泄是用一种合适的途径、手段将挫折的消极情绪释放排泄出去的办法。其目的是把因挫折引起的一系列生理变化产生的能量发泄出去,消除紧张状态。情绪宣泄有直接宣泄和间接宣泄两种形式,直接宣泄有大哭、大喊等形式;间接宣泄有活动释放、找朋友诉说等形式。情绪宣泄有助于维持人的身心健康,形成对挫折的积极适应,并获得应对挫折的适当办法和力量。

本章小结

商务谈判是谈判人员彼此交换思想,展示实力、心理与个性的一种活动。了解商务谈判人员的思维模式和心理有助于顺利实现谈判目标,帮助谈判人员灵活有效地处理好各种复杂的谈判问题。

商务谈判中的思维是商务谈判前的准备阶段的思维活动与谈判过程中的临场思维活动。商务谈判思维类型有散射思维、超常思维、跳跃思维、逆向思维、快速思维五种类型。

商务谈判的心理与其他的心理活动一样,有其特点和规律性。一般来说,商务谈判心理具有内隐性、相对稳定性、个体差异性等特点。商务谈判的心理涉及谈判者的需要、个性及知觉等问题。

商务谈判的需要就是谈判者的客观需要在头脑中的客观反映,包含五个层次。谈判者应该根据不同的层次需要采取相应的谈判方法。性格和气质是个性心理重要的组成部分,对商务谈判人员的行为有着重要的影响,谈判人员需要在谈判过程中认清自己和他人的个性特征,有针对性运用谈判策略。知觉是对客观事物属性整体的反应,在谈判中有首要印象、晕轮效应和先入为主的作用。

商务谈判过程中会不可避免地出现心理挫折,谈判人员会产生焦虑、紧张、愤怒或沮丧的心理状态。谈判者应该正确认识心理挫折带来的困扰，建立起心理挫折预警机制，积极应对心理挫折。

关键词

谈判思维　需要　动机　性格　知觉　心理挫折　预警机制

课后习题

1. 商务谈判思维具有哪几个特点？
2. 商务谈判心理的概念是什么？其特征是什么？
3. 马斯洛的需要层次理论在商务谈判中如何运用？
4. 什么是商务谈判心理挫折？如何防范和处理商务谈判心理挫折？

案例分析

一天，美国陆军部长斯坦顿来到林肯的办公室，气呼呼地告诉林肯，一名少将用侮辱的话指责他，而那名少将所说的并非真有其事。林肯并没有安慰斯坦顿，而是建议斯坦顿写一封内容尖刻的信回敬那位少将。“必要的话，你可以狠狠地骂他一顿。”林肯说。斯坦顿立刻写了一封措辞激烈的信，然后拿给林肯看。“对了，就这样。”林肯高声叫好，“要的就是这种效果！好好教训他一顿，真写绝了，斯坦顿。”当斯坦顿把信叠好装进信封里时，林肯叫住他，问道：“你想干什么?”斯坦顿有些摸不着头脑：“寄出去呀。”“不要胡闹。”林肯大声说，“这信不能发，快把它扔到炉子里去。凡是生气时写的信，我都是这么处理的。这封信写得好，写的时候你已经消了气，现在感觉好多了吧，那么就把它烧掉，如果还没有完全消气，就接着写第二封吧。”

案例讨论：

案例里林肯总统运用了什么心理来打消斯坦顿的怒气？这种心理缓解方法如何运用在商务谈判中？

程序篇

第三章　商务谈判的准备

本章重难点

1. 掌握谈判准备阶段各个环节的主要内容；
2. 了解不同层次的商务谈判目标；
3. 掌握商务谈判信息收集的基本方法和技巧；
4. 掌握组建商务谈判队伍的方法；
5. 掌握制订谈判计划的内容与方法；
6. 了解不同的谈判方式。

引入案例

麦当劳作为全球最大的快餐巨头，在全世界拥有三万多家餐厅，大量的食品和复杂的供应链条，却能在各个环节保证食品的安全、质量与卫生。这里面到底拥有什么样的秘诀呢？麦当劳在选择供应商方面有一整套严格可行的标准，这个标准是全球统一的，麦当劳的供应商必须是行业专家，即在其精通的领域，无论是产品质量控制还是经营管理都必须是行业的佼佼者。

麦当劳要与上海怡斯宝特面包生产公司建立长期合作关系，于是派一名高级食品监督人员带队与其谈判。该食品技术监管人员为了不负使命，为工作做了充分的准备工作，他查找了大量有关该公司生产面包的资料，花了很大的精力对国内市场上面包公司的行情及上海这家公司的历史和现状、经营情况等了解得一清二楚。掌握了足够的资料后，该监督人员开始了与怡斯宝特公司的谈判。麦当劳谈判人员面对这种情况，随即列举了与国内各公司的成交价格，在大量确切数据面前怡斯宝特公司的谈判人员目瞪口呆，不得不让步，终于以 90 万美元达成协议。

谈判开始，该公司一开口就对第一年的合作订金要价 100 万美元，且不松口。但麦当劳不同意，坚持出价 90 万美元。到了这种僵局，怡斯宝特表示价格已经到了他们的极限，如果麦当劳坚持压价，该公司将不愿继续谈下去了，把合同往麦当劳谈判人员面前一扔，说："我们已经做了这么大的让步，贵公司仍不能合作，看来你们对这笔交易没有诚意，这笔生意就算了，期待下次能合作"。麦当劳谈判人员对此并未有急切挽留的表现，该食品监管人员闻言轻轻一笑，把手一伸，做了一个优雅的请的动作。怡斯宝特谈判方果真走了。一同进行谈判的麦当劳的其他人对此突发状况有些着急，甚至开始埋怨该食品监管人员不该抠得这么紧，表示公司已经准备同怡斯宝特签订合同，这样把对方逼走完全破坏了公司的发展计划。该食品监管人员说：“放心吧，他们会回来的，这还只是他们的谈判策略。根据我们的前期调查同样的合同成交价格，去年他们同另外一家快餐厅建立合作首批面包订金只有 85 万美元，即使有涨幅，也不应过高。”

果然不出所料，一个星期后怡斯宝特又回来继续进行谈判了。谈判员向怡斯宝特点明了他们与另一家快餐厅的成交价格，怡斯宝特又愣住了，没有想到眼前这位谈判人员如此精明，于是不敢再报虚价，只得说：“现在物价上涨得厉害，比不了去年。”麦当劳谈判人员说：“每年物价上涨指数没有超过 6%。一年的时间价格涨多少算算就知道了。”怡斯宝特被问得哑口无言，在事实面前，不得不让步，最终以 90 万美元达成了这笔交易。

从案例中来看，商务谈判最关键的一点在于对对方信息进行充分的收集整理，用大量客观的数据给对方施加压力。从收集的内容可看出，麦当劳谈判代表不仅查出了怡斯宝特与其他快餐食品公司的谈判价格，也设想到了对方可能会反驳的内容并运用相关数据（例如 6%）加以反击援引，对客观标准做了恰到好处的运用。真可谓做到了中国古语所说，“知己知彼，百战不殆”。在前期准备阶段，麦当劳谈判代表做好了以下几项准备工作：从资金、技术、生产、市场等几个方面，对采购项目进行全方位综合分析，主要包括预算、需求、生产、市场、风险等，分析收集、整理对方信息，做到准确、详尽、全面。尤其是价格因素，价格是谈判的焦点，无论是买方，还是卖方，谈判的核心最终要集中到价格上，所以在谈判的前期准备过程中，应该对谈判对应的商品的价格走势做一个清楚了解，要对谈判对方的商业信息进行充分的了解。反之，怡斯宝特在谈判中并没有实现自己最理想的谈判目的，重要原因可能是：没有认清谈判对象的位置。怡斯宝特凭借其技术的优势以及多次进行相类似交易的大量经验，轻视对手，谈判前就没有做好信息收集工作，于是在谈判中步步在对方大量信息面前陷于被动，一开始就丧失了整个谈判的主动权。

第一节　谈判准备阶段概论

商务谈判过程一般可分为 4 个阶段，即准备阶段、开局阶段、实质性谈判阶段、谈判终局阶段，如图 3—1 所示。本节主要讨论的是商务谈判的准备阶段。

准备阶段又被称为商务谈判的分析阶段。在这个阶段中，商务谈判人员需要对谈判双方的各种情报信息进行分析，以便于己方进入到正式谈判阶段后，可以达到知己知彼的程度。此阶段的工作要点是：利用可以取得的途径尽量获取信息，对信息进行组织、思考并对整体谈判形势做出判断，最终形成这次谈判的具体执行方案。

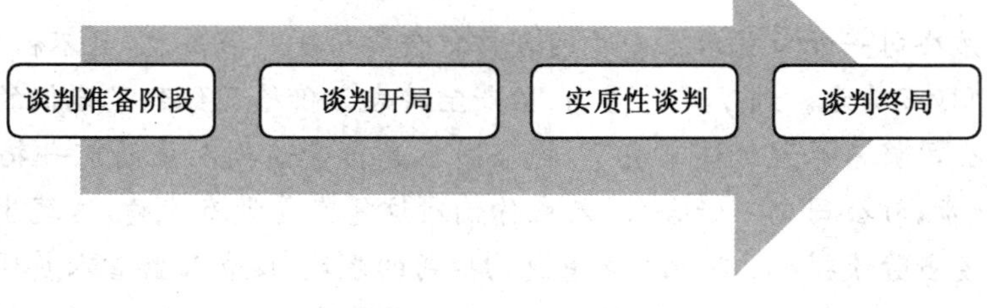

图 3—1　谈判的 4 个阶段

一、制定谈判目标

如何确定谈判的目标，怎样评估谈判对手的经验、想法、目标等，都是在谈判之前需要进行准备的。谈判目标的确定，是指对谈判所要达到的结果的设定，是谈判的期望水平，也是商务谈判的核心。任何商务谈判，都是围绕着商务谈判需要达到的目标展开的，从谈判策略的选择到实施，最终都是为了实现预定的谈判目标。因此，在谈判准备过程中，首先要确定谈判目标。

谈判目标正确与否，在很大程度上决定了谈判的得失成败。而制定一个切实可行的谈判目标很大程度上依赖于充分的前期调查准备。谁在前期准备阶段拥有信息上的优势，能够了解谈判对手真正的需要，就有可能在谈判中占据优势地位。

商务谈判是具有明确目标的商务活动，前期充分的谈判准备可以保证谈判过程在有理、有序、有节的情况下始终围绕谈判目标来展开，而这一切都必须要有谈判资料和信息作为准则和尺度，否则，任何的谈判过程都无法被有效地加以控制和协调。比如说，在技术性产品的国际商务谈判中，如果对方对于谈判标的物的国际相关标准、适用法律文本、装运技术参数等准备得非常充分，就可以在谈判中适时地把话题引导到国际标准层面、国际法律层面、装运技术层面来谈，而如果我方对于这些信息准备得不是很充分，就很有可能让对方在谈判中占据主动。

商务谈判是一个相互沟通和磋商的过程，但是由于每次的谈判对象都可能不一样，每次涉及的标的物都会不同，每次具体的谈判内容和细节也会不同，谈判双方不可避免都会产生互相猜疑和不信任的因素。只有设立合理的谈判目标，才能发现谈判机会，捉住达成协议的契机，使谈判从无序到有序，促成协议的达成。

（一）商务谈判目标概念

商务谈判目标是指商务谈判方向和将要达到的目的。任何商务谈判都是以目标的实现为导向的。所以，商务谈判前期准备工作有一项很重要的内容，就是确定谈判的总体目标。与此同时，大家应该明白商务谈判是一种双赢的游戏。所以，在设定商务谈判目标时，不能够只做利己考虑，须知“与人方便，与己方便”，考虑自己利益的同时，也必须考虑到商务谈判对方的利益，这样的目标才是全面的。

在商务谈判的准备阶段，首先要进行的就是自我评估，商务谈判的主体首先要理清三个方面的问题：其一，是确定自己谈判的总体目标，即同对方谈判的方向和思路；其二，是应调查和评估己方以及对方的底线；其三，明确如果一旦谈判无法达到目标后，己方的替代选择方案是什么。

（二）商务谈判总体目标的内容

1. 商务谈判的四种结果

一场谈判的过程中可能会出现很多意想不到的情况，可是，就谈判结果而言，最多只会出现四种结果，如图 3—2 所示。

赢：按照我们自己设定的条件达成协议；

和：双方各让一步，或许这一步并不对称，但只要我们没有觉得牺牲太大，就可以算是“和”；

输：按照对方设定的条件达成协议；

破裂：一拍两散，没有达成任何协议。

特别需要强调的是，我们这里所讲的输赢，是以“每一回合”为标准的。一次正式的谈判可能是由很多个谈判项目构成的，而围绕在每一个谈判项目上的谈判结果我们都可以称为“一个

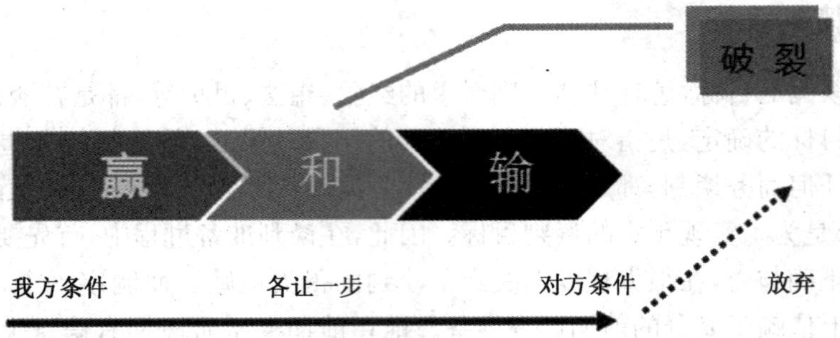

图 3－2 谈判的四种结果

回合”。最终的谈判结果一定是由这样多个回合的结果产生的。

2. 总体谈判结果的设定

总体谈判结果是由整个商务谈判中各个回合的结果组成。因而，商务谈判总体结果的设计应当是各个回合有输有赢，总体结果达到自己的要求。

在商务谈判之前，一定要根据自己的实力大小以及谈判项目的难易程度，进行分析，预测性排列一下各个回合的“赢”“和”“输”“破裂”的先后顺序。有的时候“赢”可能是放在首位的；有时候则以“和”为贵；有时候“不以一时的胜负为英雄”，所以把“输”摆在第一优先位置；有时候想挫对方的锐气，或者看看有没有更好的机会，所以，可以选择“先破裂看看”。

案例窗口

肯尼·罗杰斯(Kenny Rogers)在其代表歌曲《赌徒》(The Gambler)中把谈判唱得再好不过了。这首歌讲的是在赌桌上进行的高风险谈判，其中歌词如下：

你必须懂得何时跟进，
懂得何时认输，
懂得何时放弃，
懂得何时摊牌。

请简要分析你对于这首歌的看法。

(三)谈判项目目标的设计

在总体的谈判目标确定以后，接下来的商务谈判准备活动就是以总体谈判目标为指导，分别确定每一个谈判项目的底线目标、预期目标、最优目标以及替代选择方案。

1. 谈判目标三层次

在谈判项目的目标设计上，通常会由三个层次的目标构成，即底线目标、预期目标、最优目标，我们通常把这三个层次的目标称为谈判目标三层次。

(1)最低限度目标。又可以称为商务谈判底线目标，是商务谈判者必须达到的目标。对商务谈判者来说，底线目标毫无讨价还价的余地，宁愿商务谈判破裂，也不会放弃。底线目标是谈判者根据自身主观和客观的多种因素，经过多方考量，合理制定的一个最低利益标准。底线目标的确定，可以为谈判者创造良好的应变心理环境和思想准备。在商务谈判中，作为买方的底线即其愿意为获得该产品而付出的最高代价，作为卖方的底线是指其愿意为销售该产品收取的最低代价。

(2)预期目标。预期目标是指根据本方的实际情况，经过多方面的评估与分析，期望通过谈判而可以达到的客观需求。在商务谈判中，双方都认为通过谈判可能可以达成预期目标，所以，商务谈判双方都会竭尽全力，科学运用各种策略，力争实现。预期目标的设定要求尽量地量化指标，并详细分解到具体谈判项目上。

(3)最优期望目标。谈判者希望通过谈判达成的上限目标，对谈判自己这一方最有利的理想目标，它在满足一方的实际需求之外，可能还能获得额外的利益。这种目标带有很大的策略性，在谈判中一般很难完全实现，尽管如此，我们也不应忽略该目标的构建，理由有二：一方面它可以作为谈判中的筹码，用以换取对自己有利的其他条件，起到交易作用；另一方面它又有迷惑对手的烟幕弹作用，对己方的其他谈判目标起保护作用。

2. 备选方案的设计

备选方案，又被称为“谈判协议的最佳替代方案”(Best Alternative to A Negotiated Agreemen)，其英文缩写为BATNA，已成为该策略的专有名词，主要是指在达不成协议的情况下可以实现商务谈判目标的其他方案。

在商务谈判中，不要只想到一种预备方案。应该把在商务谈判结果无法使你满意的情况下，所有可能的备选方案都设计好，并展列出来。在BATNA的进程表(见表3－1)中，即使你认为有些备选项没有多大价值或不太符合实际也要把它列出来，因为，以后根据实际情况还可以去编辑筛选这些备选项，但如果没有列出来全部的可能方案，一旦遇到特殊情况，则商务谈判的结果就会又不一样了。

表3－1　　BATNA进程表

1. 什么是你的BATNA？识别你的最好的选择。如果谈判无法达成协议时，列出你的备选方案：
(1) (2) (3) 审核以上方案，哪个备选方案最好？
2. 如何改进BATNA？考虑：
其他供应商/合作者/用户中，你有其他更好的安排吗？
有什么方法能解除或改变当前糟糕的局面吗？是什么？应如何？
3. 如果成功地改进，写出“新”BATNA：

一个有力的替代方案可以提升你的谈判地位，因为当你在谈判中拥有足够的选择时，就拥有谈判中的某些力量；相反，如果替代方案较弱或者没有，那么你的谈判地位也会随之降低，甚至连拒绝对方要求的勇气都会没有，更可怕的是对方一旦发现了这一情况，那么你将失去平等对话的机会。

在强化替代方案的同时也要尽可能地了解对方的替代方案，如果获得关于对方替代方案的信息，那将给你的谈判带来极大的帮助。了解对方的信息可以通过多个渠道获取。比如在主流媒体的相关文章中、近五年发布的年度报表中、该公司合作的上下游企业及该公司的内部员工等。

值得注意的是，谈判目标是 BATNA 进程表中最重要的部分，主要用来体现你在这次谈判中的总体思路，一般可以给自己设计三种目标：最优目标、预期目标、最低承受目标，每种目标可以对应一种谈判方向。当然，谈判目标要具体设定谈判的项目有哪些、优先谈判的项目是什么以及备选项是什么。

(1)谈判项目。一般是指你在这次谈判中主要会涉及的一些谈判内容。商务谈判中常见谈判项目包括：产品价格、产品数量、发货时间、付款方式、仓储费用、产品质量、折扣、处罚条款、支持服务。

(2)优先项。主要是指在所列出的谈判项目中，你对其重视程度的排列顺序。也就是说，如果你觉得这个谈判项目的目标是必须要实现的，且绝对不能退让，那么在优先项中就为①，其次就是②，依次类推。对于对方的优先项排列，也是同样的道理，当然主要是站在对方的角度，充分分析对方信息后得出排列顺序。

另外要重点提醒，在优先项的排列顺序上一定要和你的谈判目标相匹配。

(3)替代项。主要是指在这个谈判项目上，你准备用来交换的条件。也就是上面所强调的 BATNA，填好了这个项目，你在谈判中就会有更多的选择。

(4)范围。范围主要分为最好、最差以及我方目标三个部分。最好就是指我方在这个谈判项目上的上限目标，而最差则是指底线目标。我方目标则一般是指结合自己总体谈判目标确定的最佳目标。

第二节　商务谈判信息准备

商务谈判是一个双向互动的过程，也是人们运用资料和信息获取所需利益的一种活动。信息准备是商务谈判准备的重要一环。掌握充分适用的有关信息资料，是实现商务谈判目标的重要保证。

一、商务谈判信息收集

(一)己方信息

己方信息收集的重点在于准确评估自己的实力，具体包括：

(1)经济实力的评价。经济实力包括当前形势及环境状况、产品状况、财产状况、销售状况、采购状况、经营场地及设备、广告策略、服务项目等。经济实力可以从经济组织的计划、经营、财务、履约等方面进行评价，掌握己方经济实力评价的信息，在商务谈判中能发挥己方的优势，有备无患，当对方在谈判中提出有关问题时能做到心中有数，从容应对。

(2)谈判策略与目标。谈判策略与目标包括此项谈判己方的最大让步限度、最高的目标、实现目标的最佳方案和预备方案、商务谈判的策略和准备使用的战术措施等。

(3)谈判者的心理准备。商务谈判者必须做好充分的心理准备。一是要有遇到强硬对手的心理准备。二是要有进行“马拉松”式谈判的心理准备。在设计谈判方案时应尽量多考虑一些困难，把谈判过程考虑得复杂一些，把谈判时间考虑得长一些。三是要有谈判破裂的心理准备，以便应付各种突然的变化，事先预备好多种应对各种变化的备选方案。

(4)谈判的有关资料。对本次谈判的资料要在谈判前进行充分的搜集、整理和分析；同时必须携带谈判中可能需要的各种资料，包括产品目录、产品样本等。

(二)对手信息

在商务谈判进行前，我们应该充分知晓对手。因此，我们必须使用各种手段，包括使用各种方法，去了解对手。在充分信息的基础上，全面、重点分析谈判对手的弱点，包括他需求上的弱点，谈判人的弱点，谈判队伍之间的弱点等。

"充分知晓，全面分析"必须建立在信息对称的基础上。因此，要求在进行对手评估前，进行充分的情报收集，以达到对手评估的信息要求。对于对手的情报收集，情报来源可以是多方面的，情报收集的手段可以是多种多样的。我们可以通过各种各样的调查方法来获取对方的资料：

(1)资料调查法。利用对方提供给你的一些资料，比如商品目录、企业情况简介、产品说明书等，还可以通过网络收集信息的方式来配合调查。

(2)直接调查法。由谈判人员直接、间接地接触谈判对象用以获取有关情况和资料的一种方法。比如可以向那些曾经和对方有过交往的人进行了解，也可以直接和对方进行联系，也可是非正式的初步接洽。

(3)直接购买法。当购买的产品数量较大的时候，有时候可以采用先小批量购买的方式直接了解对方产品的情况。

在商务谈判准备阶段，要对商务谈判对手进行分析。通过各种渠道，尽可能地去了解和掌握谈判对手的性格、爱好、特点，了解他们的职业背景、经历及处理问题的风格与方式等。当然，如果有机会，你甚至可以到谈判对手的家里，到他的工作场所去看看。可以看一看他办公室桌子的整洁程度，整洁的办公桌可能会说明这个人的条理性非常好；如果杂乱无章，也有可能说明这个人的条理不强。同时，也可以侧面了解他喜欢看哪些书籍，经常阅读哪些杂志等。这是我们在评估对手的时候需要做的，而要做到这些必须要进行非常细心和长期的情况收集。

在将个人信息收集比较全面的情况下，我们可以填写谈判对手个人情况分析表(见表3—2)。

表3—2　谈判对手个人情况分析

了解谈判者的个人情况	目　的
对手曾经参加过谈判吗？	如果你有经验而他没有，如果他有经验而你没有，如果大家都没有经验或者大家都有经验是四种不同的谈判方法。
对手之间有什么分歧？	如果对手团队中有分歧，那真的要祝贺你，它是一个你需要特别注意并加以利用的地方。
他们所准备的资料是否充分？	如果不充分，是谈判态度导致的，还是个人能力造成的。
对手是否有能力和威信达成他们的目标？	如果是有，一定要注意不要在谈判中被他引导了。
来参加的人是否有做出决定的能力？	如果没有决定权力，毫不犹豫地要求换人；如果有决定权力但优柔寡断，想办法帮帮他。
对手在压力下是否会速战速决？如果给他足够的压力，他会不会在压力下跟自己签合同等？	如果答案是肯定的，那么一定要给他不断且足够的压力。

结合所收集到的谈判对手的特定资料，结合一般人可能做出的符合规律的反应，就大体可以预测到对方在谈判桌上的表现。如果在商务谈判中能充分利用这种分析的工具，就有可能制定正确的谈判策略，掌握谈判的主动权。

案例窗口

由中方12名不同专业的专家组成的代表团，去美国采购约3 000万美元的化工设备和技术。美方为达成协议，自然想方设法要令中方满意，其中有一项是送给中方每人一个纪念品。纪念品的包装很讲究，是一个漂亮的红色盒子，红色是中国人喜欢的颜色，代表着发达。可是当中方专家高兴地按照美国人的习惯当面打开盒子时，每个专家的脸色却显得很不自然——盒子里是一顶高尔夫帽，但颜色却是绿色的。

美国商人的原意是：签完合同后，大伙去打高尔夫。但他们哪里知道，“戴绿帽子”是中国男人最大的忌讳。最终合同中方没和他们签。

（三）谈判资格审核

在正式的商务谈判前，必须了解对方公司是否具有谈判的资格。如果事先对对方公司毫无了解，谈判将会面临很大的风险，所以首先要从对方公司的合法资料入手，调查对方的资信情况、资金情况、财务情况，从而判定对方的谈判实力，减少谈判的意外风险。

1. 对谈判对方主体资格的审查

谈判对方公司主体资格是否合格是谈判展开的前提，若这个前提得到保证，就可以避免因谈判的主体不合格而导致谈判失败。在谈判中，谈判主体不合格通常有以下几种情况：不具备此次谈判所规定的法人资格；没有谈判所必需的行为能力（包括经济实力不够、经营范围不符等）；没有代理权或者超越代理权。

为了避免因谈判主体不合格而导致的损失，应在谈判开始前通过直接或者间接的途径，审查对方的主体资格。一是要求对方提供必需的证件或材料，包括法人资格的证件、资信方面的证件、代理人方面的证明材料等；二是要求对方提供涉及履约能力的各种设备、技术等证明。

2. 对谈判对方公司的资信情况的审查

对对方的资信进行审查，确认对方的资信是否合格，是谈判的前提条件，如果是对外商务谈判更加要重视这一点。资信审查主要包括对对方的注册资本、收支状况、销售状况、资金状况、公司的经营历史、产品在市场上的声誉以及同其他公司企业之间的交易关系等进行考察。只有在对对方资信审查确认合格之后，才能有针对性地制定我们的谈判策略。

通过调查以下内容可了解对方公司的商业信誉情况：

（1）产品质量与竞争对手相比较是否更符合市场需求；

（2）技术标准是否更能适应消费者需要；

（3）产品的技术服务是否提供及时；

（4）商标及品牌信誉度如何。

（四）市场信息

商务谈判的市场信息是指与谈判有关的市场行情方面的信息，具体有以下几个方面：

（1）市场分布。市场分布情况包括有关商品购销的市场分布、地理位置、运输条件、市场的配套设施和相关的政策法规等。

（2）市场需求。市场需求情况包括有关商品的市场容量、消费者的数量及构成、消费的需求特点、需求的波动情况、商品的需求趋势、用户的要求等。

(3)市场供给。市场供给情况包括商品的生产状况、可供市场销售的商品量、商品的库存情况、运输能力及变化、商品的进出口情况、替代产品的情况等。

(4)市场销售。市场销售情况包括有关商品的市场销售量、市场份额、销售价格、商品的寿命周期、经销途径、促销措施与效果等。

(5)市场竞争。市场竞争情况包括竞争对手的数量、竞争产品的质量和成本、竞争对手市场占有率和营销策略、竞争对手的销货渠道和采购途径等。

案例窗口

20 世纪 80 年代我国光冷加工的水平较低,为改变这种状况,国家决定为南京仪表机械厂引进联邦德国劳尔(LOH)光学机床公司的光学加工设备。

南京仪表机械厂的科技情报室马上对劳尔公司的生产技术进行了情报分析。在与劳尔公司谈判时,劳尔公司提出要对我方转让 24 种产品技术,我方已对劳尔公司的产品技术进行了研究,准备从 24 种产品技术中挑选出 13 种引进,因为这 13 种产品技术已经足以构成一条先进完整的生产线。同时我方也根据对国际市场情报的掌握提出了合理的价格。最终我方既买到了先进的设备,又节约了大量的外汇。事后劳尔公司的董事长 R. 柯鲁格赞叹道:"你们这次商务谈判,不仅使你们节省了钱,而且把我们公司的心脏都掏去了。"在谈判前为谈判做好充分的准备,做好情报的收集、分析和整理工作,在谈判中往往能够占有主动,游刃有余,获得成功。

第三节 组建商务谈判团队

一、商务谈判团队含义

商务谈判团队是指在商务谈判中,己方根据商务谈判的需要组建的一个组织,在谈判中紧密协作并相互负责的一小群人成为组织成员,全体成员拥有共同的目的、绩效目标以及工作方法,且以此自我约束。商务谈判团队可由各种不同角色的成员组成,彼此之间的工作内容交叉程度高,相互间的协作性强。依成员工作性质、能力形成不同的各种角色,参与团队内各项决定和解决问题等事务,以提高团队谈判能力,最终达成商务谈判目标。基本上,个人成员是商务谈判团队的基本单位,其成员能力要求具有互补性,形成异质性团队(heterogeneous team),其效果较佳,因为,团队内可从不同观点讨论,激发更有创意或独特的问题解决方式。

商务谈判有时是一个人的战斗,有时是一场群体间的交锋。在一些复杂的谈判项目中,单凭谈判者个人的丰富知识和熟练技能,不足以应付复杂的谈判局面,所以要选择合适的人选组成谈判班子与对手谈判,谈判团队成员在专业知识结构、性格等方面最好要有互补性,从而便于在谈判中解决各种专业问题时能驾轻就熟,同时,团队成员能够较好地处理公对公、私对私的关系,谈判团队的构成应该有助于提高谈判效率,可以在一定程度上减轻主谈人员的压力。

二、谈判团队的规模

谈判团队的规模多大才比较合适,没有统一的规定,应该视具体情况而定。商务谈判可分为单人谈判与多人参加的集体谈判(小组谈判)。

单人谈判优点很多,但在较为复杂的谈判中,它的不足就暴露出来了,因此,多人谈判(小组谈判)就成了必不可少的。它可以满足谈判中多学科、多专业的需要,取得知识结构上的互补与整体上的优势。

单人谈判的优点是:(1)避免对方攻击实力较弱成员;(2)避免多人参加谈判时内容不协调;(3)谈判者可独自当机立断采取对策。单人谈判的缺点是:(1)担负多方面工作,对付多方面问题,可能影响工作效果;(2)单独决策,面临决策压力较大;(3)无法在维持良好的谈判形象的同时扮演多种角色,谈判策略运用受限制。

小组谈判的优点是:(1)集思广益,更好策动对策;(2)多人参与,有利于掌握谈判主动权;(3)弱化对方进攻,减轻己方压力;(4)有利于工作衔接。小组谈判的缺点是:(1)队伍组建本身有难度;(2)小组成员间不便协调。

在许多人参加谈判的情况下,如何确定谈判小组成员的人数是一个关键问题。谈判专家一般认为人数以不超过四个人最为理想,这是因为:

(1)谈判小组的工作效率。谈判是一种高度紧张、内部复杂多变的活动,人数多、意见多就会造成很难协调的局面,从大多数谈判情况来看,工作效率比较高时的人数规模在四人左右。

(2)有效的管理幅度。现代管理通常认为,在复杂多变的环境中,管理的跨度不宜太宽。三到四人的管理跨度便于负责人对谈判过程实施监督,对谈判小组成员进行协调,也有利于互相之间的信息沟通与配合。

(3)谈判所需要的专业知识范围。在大型商务谈判中,会涉及许多专业知识,但并不意味着具备各种专业知识的人都需要同时参加谈判。因为,谈判的不同阶段需要的专业知识是不一样的,所以只要在不同的技术细节上,选择不同的专家加入就行。

总之,无论什么样的商务谈判,其谈判团队的组成规模必须符合和满足既能胜任谈判,又能获得高效率与便于控制的要求。

三、谈判者应具备的素质

作为一个团队,必须有合理的组织结构,才能发挥最大的效用。要使谈判小组各成员能够高效率地工作,谈判小组应该选择具备专业素质、个人素质、领导素质的成员。因此,作为一名优秀的谈判人员,各种专业素质的提高是很有必要的。

1. 谈判者的心理素质

在商务谈判过程中会遇到各种阻力和对抗,也会发生突变,谈判者只有具备良好的心理素质,才能承受住各种压力和挑战,取得最后的成功。谈判者需要具备的心理素质有崇高的责任心、合作的诚心、果断的决心、足够的耐心、必胜的自信心和强烈的自尊心。

2. 谈判者的专业知识

谈判是人与人之间利益关系的协调磋商过程,在这个过程中,合理的学识结构是讨价还价、赢得谈判的重要条件。出色的谈判者,应具备丰富的知识,要求谈判者既具备广博的综合知识,又有很强的专业知识,以便在商务谈判中应变自如。

(1)基础知识。商务谈判的基础知识包括自然科学和社会科学知识,一方面要掌握贸易理论、市场营销等必备的专业知识,还要对心理学、经济学、管理学、财务学等学科有所涉猎。在谈判中,只有具备扎实的各类基础知识,才能适应复杂的谈判。

(2)专业知识。专业知识就是指谈判技巧相关的知识,包括谈判的基本程序、原则、方法以及在谈判不同阶段使用不同的谈判技巧。

(3)法律知识。参与商务谈判的人员一定要熟悉相关的法律条款和法规，避免在谈判过程中因为不合法而产生无法履约的行为。主要包括商法、民法、合同法、国际运输法、保险、专利法、商标法、税法、知识产权法等。

(4)人文知识。随着经济全球化的不断发展，在商务谈判活动中，免不了要和来自不同国家、不同地区、不同民族的商务人员打交道。因此，在现代商务活动中，要了解、尊重和迎合谈判对方的各种不同的风俗习惯、礼仪礼节等情况，否则就会闹笑话。

有一个例子，法国盛产葡萄酒，外国的葡萄酒要想打入法国市场是很困难的，然而四川农学院留法研究生李华博士经过几年的努力，终于使中国的葡萄酒奇迹般地打入了法国市场。可是，葡萄酒在中国香港转口时却遇到了麻烦。港方说，按照土酒征 80%关税、洋酒征 300%关税的规定，内地的葡萄酒会按洋酒征税。面对这一问题，李华在与港方的谈判中吟出了一句唐诗："葡萄美酒夜光杯，欲饮琵琶马上催。"并解释说中国唐朝就能生产葡萄酒了。唐朝距今已有1 300多年了，英国和法国生产葡萄酒的历史比中国晚几个世纪，怎么能说中国葡萄酒是洋酒呢？一席话驳得港方有关人员哑口无言，只好将中国葡萄酒按土酒征税。

3. 谈判者的综合能力

谈判者除具备基本的知识结构外，还要能将知识转换成能力。商务谈判者的综合能力，指谈判者驾驭商务谈判这个复杂多变的"竞技场"的能力，是谈判者在谈判桌上充分发挥作用所应具备的主观条件。这些综合能力包括洞察力、应变能力、社交能力、决策能力、语言表达能力、情绪控制能力、开拓创新能力。

四、谈判团队内的角色分工

商务谈判中，有时是单兵作战，更多的是多人作战。特别是一些比较大的项目，需要很多人参加商务谈判。那么，商务谈判队伍中需要哪些人，每一个人所承担的角色是什么？在谈判的准备阶段要商量好。在商务谈判中一般存在 5 种角色。

1. 首席代表

任何谈判小组都有首席代表即主谈人，他主要负责调动谈判资源。首席代表应该由具有专业水平的人员担任，但首席代表不一定是谈判小组中职位最高的。首席代表的责任是在谈判的某阶段，或针对某一个或几个方面的问题，由他为主进行发言，阐述我方的立场和观点，安排谈判小组中的其他人尽自己的职责，需要时召集相应人员加入谈判之中，此外裁决与专业知识有关的事宜，比如决定是否有足够的财力支持公司并购的投标。

2. 白脸

白脸实际上是扮演老好人的角色，在谈判双方意见分歧较大，陷入僵局，或者谈判进行不下去的时候，白脸出来可以发挥"和事佬"的作用。白脸一般由被对方大多数人认同的人担当。白脸应该在谈判中表现出对于对方提出的要求和观点的理解，使双方不至于闹翻。白脸还有一个责任，就是在僵局的时候提出其他的解决方案，借以推动谈判进行，但是让不让步不是白脸说了算，而是负责战略和战术的人说了算。

3. 红脸

红脸又叫黑脸，实际上扮演的是"坏蛋"的角色，作用就是让对手感到压力，也就是说让对手感到这是一个非常难缠的人，如果没有红脸，谈判成功反而比较容易，有了他反而成为一个阻碍。红脸在谈判中的责任是在谈判较激烈或者对方攻势凶猛的时候使谈判中止或暂停，这样可以削弱对方提出的观点和论据，把对方的优势降低；红脸的另一个责任是提出一些在对方看来较为苛刻的要求，借以为白脸上场做铺垫。

4. 专业人员

根据谈判内容，谈判中的专业人员构成应该是不同的：购买产品原材料时，可由总工程师、有关部门经理担任；重要销售合同的谈判，可由销售部门经理，或资历较深的业务主管担任。他们以专家的角色出现，对市场信息、生产过程、产品销售等方面进行说明或评估。

5. 清道夫

清道夫将所有的观点集中，作为综合体提出来。他的责任是设法使谈判走出僵局，比如强硬派把谈判延迟，或者停止，此时就需要清道夫把谈判带出僵局，因为谈判的目的不是闹僵，而是要达成共识，这是清道夫的责任之一。

清道夫的责任之二是防止讨论离题太远。此外，指出对方论据中自相矛盾之处，削弱对方的优势，这也是清道夫的责任。

在谈判中会有 5 类人出现，即首席代表、白脸、红脸、专业人员以及清道夫，如表 3—3 所示。那么，这 5 类人是否一定同时参与谈判呢？不一定，一个人可以扮演其中不同的角色，他有可能既是强硬派又是红脸，有可能既是白脸又是清道夫。但这 5 种类型的角色，在谈判小组中，是必不可少的。谈判过程中充当“黑脸”的人，要持强硬立场，扮演“白脸”角色的人，要态度温和；“黑脸”者不留情面，争得面红耳赤也不让步；“白脸”则态度和蔼，语言暖和，处处留有余地，一旦出现僵局，便于从中斡旋挽回。

表 3—3　　谈判战略之角色分配

角　色	责　任
首席代表 任何谈判队伍都需要一名领队。领队也许是最有经验的人，但并不一定是年龄最大的一位。	(1)控制谈判的运作，必要时指挥其他人；(2)裁定与专业知识有关的事，如决定是否有足够的资金竞标；(3)协调其他成员的运作。
白脸 由被对方大多数人认同的人担当。对方非常希望仅与白脸打交道。	(1)对对方的观点表示同情和理解；(2)表现出放弃己方立场的样子；(3)哄得对方产生一种虚假的安全感，使他们疏于警惕；(4)在僵局的时候提出其他的解决方案。
红脸 白脸的反面就是红脸，这个角色就是使对手感到如果没有他或她，会比较容易达成一致。	(1)需要时中止谈判；(2)削弱对方提出的任何观点和论据；(3)提出一些在对方看来较为苛刻的要求，借以为白脸上场做铺垫。
专业人员 这个人在相关专业问题上表现出权威性。	(1)对相关专业问题进行说明。 (2)对相关专业问题进行评估。 (3)对相关专业问题进行建议。
清道夫 这个人将所有的观点集中，作为一个整体提出来。	(1)设法使谈判走出僵局。 (2)防止讨论偏离主题太远。 (3)指出对方论据中自相矛盾的地方。

第四节　制定谈判方案

在收集各种资料并加以分析以后，下一步就是要制定谈判方案了。每一次的谈判不论规模大小都应该有一个切实可行的谈判方案。一个缺乏规划的谈判一定是盲目的，就如同文章没有中心思想一样可怕。商务谈判方案的制定应该侧重于实用性，整个方案一定要体现一定的灵活性和可执行性，依据对方的情况拟定不同的应对方案。

一、商务谈判准备表

商务谈判准备表格是商务谈判计划制定过程中常用的一个工具，如表3－4所示。如果能较为准确地完成这样一张表格，我们可以视为商务谈判的准备阶段的工作完成较为充分。

表3－4　　谈判准备表格

谈判目标						
谈判项目	优先项		替代项	范围		
	我方	对方		最好	最差	我方目标

二、商务谈判议程的设定

谈判议程是指有关谈判事项的程序安排，它包括编制谈判的有关议题和工作计划。为了使谈判达到最好的效果，整体的谈判议程应该设计得较有弹性，以方便处理这样或那样的突发问题。

以下几个方面是在谈判过程中重点要解决的：

(1)议题。谈判之前应该把和议题有关的问题罗列出来，然后进行整理，确定应重点讨论哪些问题以及讨论问题的顺序。

(2)顺序。在议程内容安排的时候，有难以解决的问题，也有容易解决的问题，那么，在议程中是设定先谈容易解决的问题还是先谈难以解决的问题呢？实际上没有定论，一般来说，如果把复杂问题放在前面解决，容易的问题放在后面，这样有利于控制谈判进度。但是，在谈判双方还没有建立信任或没有进行沟通的情况下，一开始就谈较难谈的问题，也有可能会浪费时间，给其他问题的时间不多，所以也可以考虑先谈容易解决的问题。

(3)时间。一般来说，对重要问题、较复杂的问题、双方分歧较大的问题占用的时间应该多一些，以便让双方有充分的时间对这些问题展开讨论。

谈判议程的拟定大有学问。首先，议程安排要根据己方的具体情况，在程序上能扬长避短，即在谈判的程序安排上，保证己方的优势能得到充分的发挥。其次，议程的安排和布局，要为自己出其不意地运用谈判手段埋下契机，对一个经验丰富的谈判者来讲，绝不会放过利用拟定谈判议程的机会来运筹谋略的。最后，谈判议程的内容要能够体现己方谈判的总体方案，统筹兼顾，还要能够引导或控制谈判的速度以及己方让步的限度和步骤等。

三、商务谈判地点的选择

谈判地点的确定并不是一件无所谓的事情，它有时候会影响到谈判中具体战术的运用，所以在谈判地点的选择上通常我们要考虑：双方谈判力量的对比，可供选择谈判地点的多少，双方的关系，谈判的项目等。

谈判地点的选择主要包括两个方面：一个是在国际商务谈判中对于国家、地区的选择；另一个是谈判场所的选择。一般来说前者的标准应该是通信方便、交通便利，而后者通常分为三种类型：主场、客场、中立场地。

谈判时，到底是主场好还是客场好，根据不同的内容和不同的谈判对手可以有不同的选择。如果是主场，可以比较容易地利用一些策略性的暂停，熟悉的环境会使自己产生一种安全感；可以依靠自己的信息渠道，充分收集各种资料；能随时与自己的上级、专家顾问保持沟通，商讨对策等等。

把谈判地点设在主场的优点有以下几点：(1)避免由于环境生疏带来的心理上的障碍，而这些障碍很可能会影响谈判的结果。(2)获得额外的收获。我方可借"天时、地利、人和"的有利条件，向对方展开攻势求让步。(3)可以处理谈判以外的其他事情。(4)便于谈判者向上级请示、汇报以及互相间的沟通联系。(5)节省旅途的时间和费用。

客场谈判就是自己带着东西到对方那儿去谈。不仅要受旅途劳顿之苦，而且也会因为不适应环境而在谈判中产生心理紧张、情绪不稳定。当然凡事都不是绝对的，客场谈判可以省却迎来送往的麻烦，同时如果在谈判遇到僵持时可借口权力有限，回去请示而方便地暂时退出谈判。同时客场谈判可以实地考察对方实力，将有助于对对方的深入了解与准确认识，因此，选择客场谈判也是有一定好处的。

选择客场作为谈判的地点有以下几个优点：(1)可以排除多种干扰，全心全意地进行谈判；(2)在某些情况下，可以以资料不在身边为借口，拒绝提供不便泄露的情报；(3)可以越级与对方的上级洽谈，获得意外收获；(4)对方需要负担起准备场所和其他服务的责任。

还有一种情况是既不是主场也不是客场，即在第三方进行谈判，我们称为中立场地谈判，这时我们必须携带好各种各样的工具、设备和有关资料，因为大家对环境都不熟悉，相对比较公平。一般商务谈判中较少采用，多用在国家和国家之间的外交谈判中。

四、商务谈判时间选择

决定谈判的时间关键要考虑两个因素：第一个是整体的谈判计划。比如是不是几个谈判结果环环相扣的，另外一个谈判必须要以这个谈判的结果作为基础？是不是这个谈判谈不下来，整体的方案都没有办法推进下去？第二个要考虑的就是，我们自己的体能状况和精神工作状态。选择什么时候来进行谈判，有时会对谈判结果产生很大影响。例如，如果一个谈判小组在长途跋涉、喘息未定之时，马上便投入到紧张的谈判中去，就很容易因为舟车劳顿而致精神难以集中，记忆和思维能力下降而误入对方圈套。所以，应对选择开局时间给予重视。

在选择开局时间时，考虑以下几个方面的因素：准备的充分程度、谈判者的身体和情绪状况、谈判的紧迫程度、考虑谈判对手的情况。

除了选择开局时间，还要选择间隔时间。一场谈判极少是一次磋商就能完成的，大多数谈判都要经历过数次，甚至数十次的洽谈才能达成协议。这样，在经过多次磋商没有结果，但双方又都不想中止谈判时，一般都会安排一段暂停时间，让双方谈判者暂作休息，这就是谈判的间隔时间。谈判间隔时间的安排，往往会对舒缓紧张气氛、打破僵局具有很明显的作用。常常有这样的情况：在谈判双方出现了互不相让、紧张对峙的时候，双方宣布暂停谈判两天，由东道主安排旅游和娱乐节目，在友好、轻松的气氛中，双方的态度和主张都会有所改变，在重新开始谈判以后，就容易互相让步、达成协议了。

当然，不管一个谈判过程有多长，最终还是要结束的。因此要为谈判设定一个截止时间。而且往往谈判的结果是在结束谈判前一点点时间里才会出现的，所以，优秀的谈判者要学会通过把握截止时间去获取谈判的结果，这是谈判的一个重要因素。

五、商务谈判座位安排

商务谈判除了要做好计划，还需要进行物质条件的准备，包括谈判场所的选择和谈判者食宿的安排。为了使谈判者能够很方便地打电传、电报、电话，谈判场所要具备良好的灯光、通风和隔音条件。最好在举行会谈的会谈室旁边，备有一两个小房间，以利谈判者协商机密事宜。主要谈判场所也可以配备一些专门的设施，供谈判者挂些图表或进行计算。

谈判现场的布置也很重要，包括选择什么形状的谈判桌、怎样安排谈判者的座位等。

1. 双边谈判座次，有横式与竖式之别

双边谈判座次排列，在谈判时会出现两种情况，一种叫横式，一种叫竖式。横式即谈判桌在谈判厅里是横着摆放，竖式即谈判桌在谈判厅里是竖着摆放。

(1)如果谈判桌横放，面对正门的一方为上，应属于客方；背对正门的一方为下，应属于主方。

(2)如果谈判桌竖放，就应以进门的方向为准，右侧为上，属于客方；左侧为下，属于主方，如图 3—3 所示。

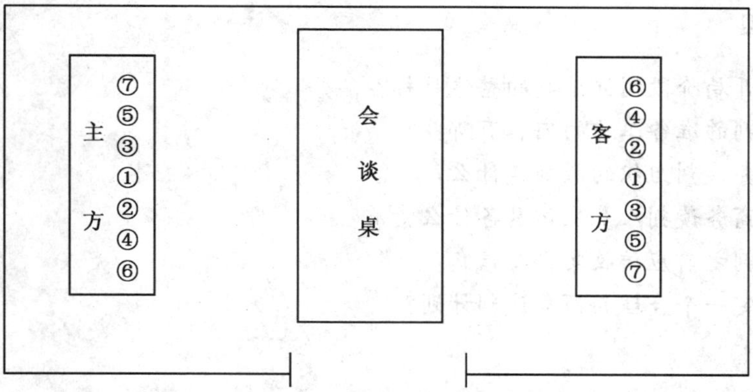

图 3—3　长桌谈判位置

在进行谈判时，各方的主谈判人员应在自己一方居中而坐。其他谈判人员则应遵循右高左低的原则，依照职位的高低分别在主谈人员的两侧就座。假如需要翻译人员，应安排其坐于仅次于主谈判人员的位置，即主谈判人员右侧。

2. 多边谈判座次，有主席式与自由式两种

所谓多边谈判是指谈判的参加者是三方或者三方以上。多边谈判的座次排列有两种情况：一种是自由式，即参加谈判的各方可自由择座；一种是主席式，即在面对房间正门设一个主位，谁需要发言，就到主位发言，其他人面对主位，背门而坐。

本章小结

商务谈判的准备工作对商务谈判成败起着关键性作用。准备阶段是谈判者综合能力与素质的体现，这个阶段的工作包括确定谈判目标、收集谈判资料、组建谈判队伍、制定谈判计划和选择谈判方式几个任务。

1. 谈判目标是商务谈判的核心，如果要适应复杂多变的局面，左右谈判的发展，首先要考虑的就是己方希望这个谈判中达成的目标是什么。

2. 商务谈判受各方面因素的影响，而谈判信息的收集是获得谈判成功的重要保证。因此要详细地搜集整理各种情报，包括外部环境信息、谈判对手信息和相关的商务活动信息。

3. 商务谈判人员的选用直接决定谈判组织的强弱，谈判队伍的构成、领导人的责任等都是每次具体谈判的基础，应该充分考虑谈判人员的心理素质、知识素质、技能素质和礼仪素质。

4. 制定谈判计划是谈判准备工作的核心，谈判计划要简明扼要，具体灵活，主要内容应该包含谈判人员安排、谈判议程安排、谈判时间、谈判地点。

关键词

谈判目标　可接受目标　谈判议程　角色分工　谈判方案

课后习题

1. 如何在开局阶段树立谈判的整体目标？
2. 商务谈判的准备工作的内容有哪些？
3. 建立商务谈判组织的原则是什么？
4. 优秀的商务谈判人员应该具备什么素质？
5. 商务谈判之前应该收集哪些信息？
6. 如何制定一个合理的商务谈判计划？

案例分析

光明牛奶公司拥有几处奶牛场，以瓶装牛奶向“马上送”公司供货。该公司在南昌市拥有众多订户。光明牛奶公司的另一客户为“马上送”公司的竞争对手“好兄弟”公司。

“小奶牛”农场也想把产品打入南昌市场，并已与“马上送”公司接触，其所报奶价每瓶比光明牛奶公司现行供货价便宜3角钱。该农场目前在该市东郊南昌县已有少数零散订户。

“马上送”公司一方面觉得农场的奶价比较便宜，另一方面又怕农场以直接向用户供奶的方式与自己竞争，所以正在考虑是否与之签约。

“小奶牛”农场的弱点是，场址距市区较远，位于该市北边21公里处。如不在市区附近新建冷藏装瓶厂则直接向用户供奶一时还难以做到。

光明牛奶公司与“马上送”公司所订供奶合同一个月后即将到期，正打算另订三年新约，但奶价有待商定。

光明牛奶公司在该市有几所转运站，“马上送”公司可就近从转运站提货。转运站都是凌晨4:00开门,能保证"马上送"公司在上午7:00以前将鲜奶送到订户门口。要是零星买奶的人多,公司的汽车即使再拉上一趟也不会误事。这是向鲜奶农场订货所做不到的,因为距离毕竟有21公里之遥。

但"小奶牛"农场较低的奶价可使"马上送"公司每月增加收入3 000元。

案例讨论:

(1)"马上送"公司如想更换供应商,其最担心的问题有哪些?

(2)该公司与光明牛奶公司进行谈判时要考虑哪些谈判项目?

(3)该公司与"小奶牛"农场进行谈判时要考虑哪些谈判项目?

(4)光明牛奶公司在与"马上送"公司谈判新供应合同时应该考虑哪些谈判项目?

(5)光明牛奶公司如果谈判后期打算像"小奶牛"农场一样降价,该如何向"马上送"公司解释己方以前所要的较高价格?

第四章 商务谈判的过程

本章重难点

1. 了解商务谈判过程包含的四个阶段；
2. 掌握每个阶段的特点及各阶段的谈判任务；
3. 掌握报价的形式、原则及方法。

引入案例

史蒂夫的谈判报价策略

史蒂夫是爱姆垂旅店董事会成员，但是旅店的地理位置实在不理想，董事会曾委派一个小组委员会，调查了将爱姆垂旅店从萨默维尔迁到一个安静的、半居住性的社区的可能性。但从财务上看，搬迁是不可行的，因而搬迁的想法就被打消了。几个月以后，一位名叫威尔逊的先生来找爱姆垂旅店的经理——彼得斯夫人。威尔逊表示他的公司愿意买下爱姆垂旅店。

董事会委派史蒂夫去办理这项有希望的交易。史蒂夫根据对威尔逊的商业往来所做的一些调查，认为他是一位有信誉的合法商人。史蒂夫意识到，威尔逊想买爱姆垂旅店，可能是想在这里建造公寓。威尔逊希望马上讨论价格问题，而史蒂夫则需要两个星期来做这些谈判准备工作。

史蒂夫初步确定旅馆的开价。在接下来的 12 天里，史蒂夫做了几件事。首先，他想要确定爱姆垂旅店的保留价格或能够轻易成交的价格。史蒂夫得知，位于梅德福和位于奥尔斯顿的两个地点是可以用一个合适的价格买到的。他得知：梅德福的那块房地产可以175 000美元的价格买下来，奥尔斯顿的那块可以235 000美元的价格买下来。

史蒂夫断定，爱姆垂旅店搬迁到梅德福至少需要220 000美元，而搬迁到奥尔斯顿则至少需要275 000美元。奥尔斯顿的那个地点(需275 000美元)比梅德福的那个地点(220 000美元)好得多，而后者又比现在爱姆垂的这个好。所以史蒂夫决定，他的保留价格是220 000美元。史蒂夫下一步又调查，如果在市场上公开销售，爱姆垂旅店可能仅值大约125 000美元。

史蒂夫和他的朋友了解到售价的高低很大程度上要取决于这些开发商的意图。史蒂夫断定，威尔逊的保留价格是275 000～475 000美元。

史蒂夫应采取什么样的开局策略？谁应当首先报价呢？如果威尔逊坚持让史蒂夫首先报

价，史蒂夫应该怎么办？如果威尔逊开价 X 万美元，史蒂夫应该怎样还价？有没有任何明显的圈套应该避免？

史蒂夫决定试着让威尔逊首先报价，如果不成功，或一开始就被迫首先报价，他就使用大概的价格750 000美元。史蒂夫曾想过一开始就报出400 000美元的价格，并在一段时间里坚持不变。但是经商量后他们认为只有40%的概率，这个价格会低于威尔逊的保留价。如果威尔逊首先报价，史蒂夫将不会让他有时间仔细考虑他的报价，而将迅速做出反应，立即给出一个还价，比如说750 000美元，让对方在心理上觉得他的报价太低了。

史蒂夫的朋友告诉他，一旦两个报价都拿到了桌面上，那么自然可以预料到，最终的合同价格就在这两个报价之间。假如威尔逊的报价是200 000美元，史蒂夫的还价是400 000美元，则最终价格一般为300 000美元。作为后报价者，史蒂夫认为最后能卖到350 000美元就很不错了，而且他当然记得自己的保留价格只是220 000美元。

当第一轮谈判结束后，史蒂夫认为他简直经历了一场灾难，而且接下来，他甚至不敢断定会有第二轮谈判。谈判一开始，双方说了几句幽默的笑话和几句客套话。接着威尔逊就说："请告诉我，你们能够接受的最低条件是什么。好让我看看是否能再做点什么。"史蒂夫已料到了这样的开场白，没有直接回答，他问道："为什么不告诉我们，你愿意出的最高价格，好让我来看看是否能再削减点价格。"威尔逊被逗笑了，并报出了他的开盘价格125 000美元，而且首先讲了在萨默维尔那个地区许多房地产买卖的实例，作为支撑他的证据。史蒂夫立即回答说，爱姆垂旅店完全可以卖得比这个价格高，再说他们一点儿也不想搬迁。只有当他们能够搬到更安静的地方去时，他们才能考虑搬迁。但是在环境安静的地方，房地产价格是很高的。史蒂夫最后提出，只有售价600 000美元，才可能抵消这次麻烦的搬迁。史蒂夫之所以选择这个价格，是因为他心里盘算着150 000和600 000美元的中间值，高于所期盼的350 000美元。威尔逊反驳道，这个价格根本不可能被接受。双方让了一点儿步，最后决定休会。

在以后的两天中，双方各做了一些让步。威尔逊逐渐地将报价提高到290 000美元，最后停在确定的报价300 000美元。史蒂夫则从475 000美元降到425 000美元，又降到400 000美元。然后当威尔逊强硬地停在300 000美元时，他又"费力地"降到了350 000美元。史蒂夫最后停止了谈判，并告诉威尔逊，他将必须与董事会的主要成员取得联系，看看是否可以突破350 000美元的界限。

第二天，史蒂夫给威尔逊打了一个电话，向他解释说，旅店对是否接受300 000美元的报价有不同意见。"您的公司能不能再多出一点儿？如果咱们的买卖做成了，您的公司能否免费为爱姆垂旅店新买的房子做30 000美元或40 000美元的维修工作？要是这样的话，我可以接受300 000美元的报价。"威尔逊回答说，他非常高兴董事会能明智地接受他300 000美元的慷慨报价，但是不会提供装修工作。

"那么好吧，"史蒂夫回答道，"如果您的公司能为爱姆垂旅店提供一笔免税的赞助，比如说40 000美元的援款，专供需要帮助的旅店使用，这也确实是一种帮助。""噢，这倒是个主意！40个格兰德(grand，美俚语，1 000美元)是太多了，但我可以问问我们的律师，是否捐赠 20 个格兰德。""25 个怎样？""好吧，就 25 个。"

结果，根据法律，威尔逊的公司要直接付给爱姆垂旅店325 000美元。这样威尔逊既保全了面子又巧妙地突破了他自己的最终报价。而爱姆垂旅店则通过曲折道路充分满足了自己的需要。

任何一次正式的、完整的商务谈判都有特定的程序和内容。常见的商务谈判过程包括开局阶段、报价阶段、磋商阶段和成交阶段(见图4—1)。谈判者要掌握每一个阶段的内容和特点,根据各阶段的要求灵活地运用谈判技巧,才能达到预期的谈判目的。

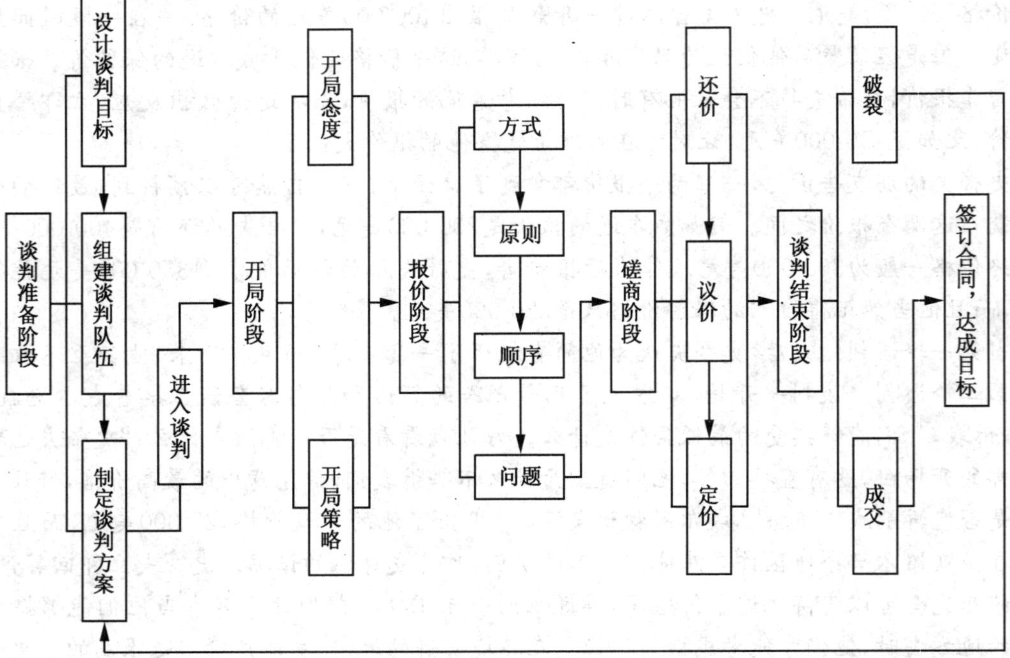

图4—1 商务谈判流程图

第一节 商务谈判开局阶段

一、开局阶段的基本任务

谈判的开局阶段,对谈判过程起着至关重要的作用,它往往显示双方谈判的诚意和积极性,关系到谈判的格调和发展趋势,一个良好的开局将为谈判成功奠定基础。谈判的开局阶段是指谈判双方见面后,在进入具体阶段之前,相互介绍、寒暄以及就谈判内容以外的话题进行交谈的那段时间和过程,有的专家也把这一阶段称为摸底阶段。这个阶段的主要目标是对谈判程序和相关问题达成共识,双方人员互相交流,创造友好合作的谈判气氛,分别表明己方的意愿和交易条件,摸清对方的情况和态度,为实质性磋商阶段打下基础。一般来说,开局阶段不触及谈判的实质性内容,但是对后期的谈判起到了以下三点作用。

(一)能树立良好的第一印象

在前面的章节我们介绍过,人与人之间的交往会受到第一印象的影响,因为第一印象会在对方的头脑中占据主导地位,这也是第一印象效应。在商务谈判开始的时候,给对方留下良好的第一印象有助于取得对方的信任和好感,为后期的谈判打下基础,促进谈判的顺利进行。

(二)营造良好的谈判气氛

谈判气氛会影响谈判者的情绪和行为方式,进而影响到谈判的发展,所有的谈判都是在一定的气氛下展开的。谈判气氛受多种因素的影响,谈判的客观环境对谈判的气氛有重要影响,例如双方面临的政治、经济形势,风俗文化,力量的对比,以及谈判时的场所、天气、时间、突发事件等。对于客观环境造成的影响,需要在谈判开局阶段做好充分准备,尽可能营造轻松缓和的谈判气氛。谈判人员主观因素对谈判气氛的影响是直接的,在谈判开局阶段一项重要任务就是发挥谈判人员的主观能动性,营造良好的谈判气氛。谈判气氛的形成一般是通过双方相互介绍、寒暄,以及双方接触时的表情、姿态、动作,说话的语气等方面。商务谈判在开局阶段的主要任务就是营造一个良好的谈判氛围。

谈判气氛的营造应该服务于谈判的方针和策略,服务于谈判各阶段的任务,应该有利于谈判目标的实现。谈判气氛在不同特点的谈判中是不一样的,即使在一个谈判的过程中,影响谈判气氛的因素发生变化,也会使谈判气氛发生微妙的变化。谈判气氛有多种多样,有热烈的、积极的、友好的;也有冷淡的、对立的、紧张的;有平静的、严肃的,也有松懈的、懒散的;还有介于以上几种谈判气氛之间的自然气氛。而谈判开局阶段气氛的营造更为关键。因为这一阶段的气氛会直接影响到双方是否有一个良好的开端。一般来说,开局气氛如果是冷淡的、对立的、紧张的,或者是松懈的,都不利于谈判的成功。谈判开局气氛也不大可能一下子就变成热烈的、积极的、友好的。什么样的开局气氛是比较合理的呢?根据开局阶段的性质、地位,根据进一步磋商的需要,开局气氛应该有以下几个特点:

1. 礼貌、尊重的气氛

谈判双方在开局阶段要营造出一种尊重对方、彬彬有礼的气氛。出席开局阶段谈判可以有高层领导参加,以示对对方的尊重。谈判人员服饰仪表要整洁大方,无论是表情、动作还是说话语气都应该表现出尊重、礼貌。例如,谈判双方如果有女性参与的话,女性应该化淡妆出席谈判,切不可不化妆或浓妆重抹。不能流露出轻视对方、以势压人的态度,不能以武断、蔑视、指责的语气讲话。使双方能够在文明礼貌、相互尊重的气氛中开始谈判。

2. 自然、轻松的气氛

开局初期常被称为"破冰"期。谈判双方抱着各自的立场和目标坐到一起谈判,极易出现冲突和僵持。如果一开局气氛就非常紧张、僵硬,可能会过早地造成情绪激动和对立,使谈判陷入泥坑。过分的紧张和僵硬还会使谈判者的思维偏激、固执和僵化,不利于细心分析对方的观点,不利于灵活地运用谈判策略。众所周知,沟通的三要素为环境、气氛和情绪。所以,谈判人员在开局阶段首先要营造一种平和、自然、轻松的气氛。例如,随意谈一些题外的轻松话题,松弛一下紧绷着的神经,不要过早与对方发生争论。语气要自然平和,表情要轻松亲切,尽量谈论中性话题,不要过早刺激对方。一般来说,建立开局气氛的时间控制在谈判总时间的5%以内较为合适。例如,如果将进行2个小时的洽谈,有6分钟就足够了;如果谈判将持续几天,双方可以在开谈前的某个时间去娱乐场消遣,或在一起吃个饭。毛泽东就善于在寒暄中发挥出他独特的魅力:缩短与谈判对手的心理距离,并让对方自然产生一种受到尊重的快感。1949年4月国共和谈期间,毛泽东接见了国民党方面的代表刘斐先生。刘斐开始非常紧张。见面后,毛泽东和刘斐寒暄起来:"你是湖南人吧",刘斐答道我是醴陵人,醴陵与毛泽东的家乡是邻县,是老乡。毛泽东高兴地说:"老乡见老乡,两眼泪汪汪哩。"听了这话,刘斐紧张的心情很快就放松下来,拘束感完全消失了。

寒暄不仅可以营造友好和谐的谈判气氛,而且也是在谈判之始观察对方情绪和个性特征,获取有用信息的好方法。最容易引起对方兴趣的话题莫过于谈到他的专长。被美国人誉为"销售权威"的霍伊拉先生就很善于这样做。一次他要去梅依百货公司拉广告,事先了解到这个公司的总经理会驾驶飞机。于是，他在和这位总经理见面互做介绍后，便随意说了一句："您在哪儿学会开飞机的？"一句话，触发了总经理的谈兴，他滔滔不绝地讲了起来，谈判气氛显得轻松愉快，结果不但广告有了着落，霍伊拉还被邀请去乘了总经理的自用飞机，和他交上了朋友。

3. 友好、合作的气氛

开局阶段要使双方有一种"有缘相知"的感觉，双方都愿意友好合作，都愿意在合作中共同受益。因此谈判双方实质上不是"对手"，而是"伙伴"。基于这一点，营造友好合作的气氛并不仅仅是出于谈判策略的需要，更重要的是双方长期合作的需要。尽管随着谈判的进行会出现激烈的争辩或者矛盾冲突，但是双方是在友好合作的气氛中去争辩，不是越辩越远，而是越辩越近。因此，要求谈判者真诚地表达对对方的友好愿望和对合作成功的期望，此外热情的握手、热烈的掌声、信任的目光、自然的微笑都是营造友好合作气氛的手段。在谈判前期该谈些什么问题呢？一般来说，选择中性话题最为合适，这些话题轻松而具有非业务性，容易引起双方共鸣，有利于创造和谐气氛。例如：问一些个人业余爱好，赞美一些对手成功的地方都是开局气氛好的介入。

案例窗口

在某次多边国际商务谈判中，某大国的首席谈判代表在发言中非常傲慢，颐指气使，常采用"你们必须……""你们不能……""我奉劝你们……"等教训的口气说话。当他发言完毕，轮到我方代表发言时，我国代表不紧不慢地说："中国有句俗话说，不要教老奶奶怎样煮鸡蛋……"如此回应，使得那位谈判代表在窘迫中回味了好久。

4. 积极进取的气氛

谈判毕竟不是社交沙龙，谈判者都肩负着重要的使命，要付出巨大的努力去完成各项重要任务，双方都应该在积极进取的气氛中认真工作。谈判者要准时到达谈判场所，仪表端庄整洁，精力要充沛，充满自信，坐姿要端正，发言要响亮有力，要表现出追求进取、追求效率、追求成功的决心，不论有多大分歧，有多少困难，相信一定会获得双方都满意的结果。谈判就在这样一种积极进取、紧张有序、追求效率的气氛中开始。

（三）交换意见

在开局阶段，谈判者不应该过分闲聊，尽量围绕谈判主题展开沟通，以便了解对方的谈判目的、谈判计划、谈判进度和谈判者的信息。即目的（Purpose）、计划（Plan）、进度（Pace）及成员（Personalities）四个方面内容。

1. 明确对手目标

在谈判开局时，不仅要明确己方的谈判目标，还要像明确自己的目标一样确定对手的目标。将假定的对手目标列一个清单，并确定等级，按优先等级分类。最高优先级：你认为哪些是对手志在必得的目标。中间优先级：你认为哪些是对手想要争取的目标。最低优先级：你认为哪些是对手会当作额外收益的目标。对手的需求与诚意如何？对方与己方合作的意图是什么？合作愿望是否真诚？他们对实现这种合作的迫切程度如何？

2. 了解对手谈判计划

在开局时，双方各自陈述己方的观点和愿望，并提出倡议陈述己方对问题的理解，即己方认为谈判应涉及的问题及问题的性质、地位，己方希望取得的利益和谈判的立场。陈述的目的是使对方理解己方的意愿，既要体现一定的原则性，又要体现合作性和灵活性。然后，双方各自提出各种设想和解决问题的方案，并观察双方合作的可靠程度，设想在符合商业准则的基础上寻求实现双方共同利益的最佳途径。

3. 明确谈判进度

谈判进度是指洽谈的速度或是洽谈之前预计谈判双方结束的时间，对于每项议程进行的时间最好也有个大致范围的估计，合理安排讨论，讨论所花的时间不超过既定范围，确保谈判的效率和质量。如果发现在时间安排上存在差错，那么一定要大胆提出修改，不要碍于情面而轻易接受对方提出来的议程，否则承担不起由于忽视议程而导致的后果。

4. 摸清对方情况

首先，要全面了解对手的基本情况，摸清对手的情况最好是与熟悉对手的人交谈，全方位了解对手的强项和弱项，并有针对性地做好相应的准备工作。

其次，要评估对手的实力，一般来说，需要掌握的对手信息包括：公司的历史、财务状况、技术水平、产品状况以及信誉。具体可以设想几个问题并找到答案：他们有关键的实证材料吗？这些材料符合逻辑吗？道德上可以接受吗？谈判者由哪些人组成？各自的身份、地位、性格、爱好、谈判经验如何？他们是否有一个具有良好谈判技巧的高水平首席代表？其能力、权限、以往成败的经历、特长和弱点，以及对谈判的态度、倾向意见如何，等等。

再次，还要根据前面收集的信息分析一下对手的弱点，包括他们的资料来源和个人的能力。当然收集这些信息，都要依靠正规的渠道。只有知己知彼，才能百战百胜。

二、商务谈判开局策略

谈判开局策略是谈判者谋求谈判开局有利形势和实现对谈判开局的控制而采取的行动方式。只有做好了开局，才能在谈判过程中掌握主动权，下面将介绍几种商务谈判开局策略。

一个有经验的谈判者，能透过相互寒暄时的那些应酬话去掌握谈判对象的背景材料：他的性格爱好、处事方式、谈判经验及作风等，进而找到双方的共同语言，为相互间的心理沟通做好准备，成功的开局是达成商务谈判目标的基础。

案例窗口

日本松下电器公司创始人松下幸之助先生刚“出道”时，曾被对手以寒暄的形式探测了自己的底细，因而使自己产品的销售大受损失。当他第一次到东京，找批发商谈判时，刚一见面，批发商就友善地对他寒暄说：“我们第一次打交道吧？以前我好像没见过你。”批发商想用寒暄托词，来探测对手究竟是生意场上的老手还是新手。松下先生缺乏经验，恭敬地回答：“我是第一次来东京，什么都不懂，请多关照。”正是这番极为平常的寒暄答复却使批发商获得了重要的信息：对方原来只是个新手。批发商问：“你打算以什么价格卖出你的产品？”松下又如实地告知对方：“我的产品每件成本是 20 元，我准备卖 25 元。”批发商了解到松下在东京，人地两生，又暴露出急于要为产品打开销路的愿望，因此趁机杀价，“你首次来东京做生意，刚开张应该卖得更便宜些。每件 20 元，如何？”结果没有经验的松下先生在这次交易中吃了亏。

1. 协商式开局策略

协商式开局策略比较适用于谈判双方实力比较接近，双方过去没有商务往来的经历，第一次接触，都希望有一个好的开端。协商式开局策略是指以协商、肯定的语言进行陈述，使对方对己方产生好感，创造双方对谈判的理解充满"一致性"的感觉，从而使谈判双方在友好、愉快的气氛中展开谈判工作。也就是说在谈判开局的时候需要多用外交礼节性语言、中性话题，使双方在平等、合作的气氛中开局。比如，谈判一方以协商的口吻来征求谈判对手的意见，然后对对方意见表示赞同或认可，双方达成共识。要表示充分尊重对方意见的态度，语言要友好礼貌，但是并不意味着就要在谈判开局时去迎合对方，己方谈判人员姿态上应该是不卑不亢，沉稳中不失热情，自信但不自傲，把握住适当的分寸，顺利打开局面。

2. 坦诚式开局策略

坦诚式开局策略比较适合双方过去有过商务往来，而且关系很好，互相了解较深，将这种友好关系作为谈判的基础。坦诚式开局策略是指以开诚布公的方式向谈判对手陈述自己的观点或意愿，尽快打开谈判局面。利用坦诚式开局策略可以在陈述中真诚、热情地畅谈双方过去的友好合作关系，适当地称赞对方在商务往来中的良好信誉。由于双方关系比较密切，可以省去一些礼节性的外交辞令，坦率地陈述己方的观点以及对对方的期望，使对方产生信任感。坦诚式开局策略有时也可用于实力不如对方的谈判者。本方实力弱于对方，这是双方都了解的事实，因此没有必要掩盖。坦率地表明己方存在的弱点，使对方理智地考虑谈判目标。

3. 慎重式开局策略

慎重式开局策略适用于谈判双方过去有过商务往来，但对方曾有过不太令人满意的表现，己方要通过严谨、慎重的态度，引起对方对某些问题的重视。慎重式开局策略是指以严谨、凝重的语言进行陈述，表达出对谈判的高度重视和鲜明的态度，目的在于使对方放弃某些不适当的意图，以达到把握谈判的目的。例如，可以在谈判开局时慎重地强调一些可能产生误会的情况，并希望通过本次合作能够改变这种状况。可以用一些礼貌性的提问来考察对方的态度、想法，不急于拉近关系，注意与对方保持一定的距离。这种策略也适用于己方对谈判对手的某些情况存在疑问，需要经过简短的接触摸底。当然慎重并不等于没有谈判诚意，也不等于冷漠和猜疑，这种策略正是为了寻求更有效的谈判成果而使用的。

4. 进攻式开局策略

进攻式开局策略只有在特殊情况下使用：例如发现谈判对手居高临下，以某种气势压人，有某种不尊重己方的倾向，如果任其发展下去，对己方是不利的，因此要变被动为主动，不能被对方气势压倒。采取以攻为守的策略，捍卫己方的尊严和正当权益，使双方站在平等的地位上进行谈判。进攻式开局策略是指通过语言或行为来表达己方强硬的姿态，从而获得谈判对手必要的尊重，并借以制造心理优势，使谈判顺利进行下去。进攻式策略要运用得好，必须注意有理、有利、有节，不能使谈判一开始就陷入僵局。要切中问题要害，对事不对人，既表现出己方的自尊、自信和认真的态度，又不能过于咄咄逼人，使谈判气氛过于紧张，一旦问题表达清楚，对方也有所改观，就应及时调节一下气氛，使双方重新建立起一种友好、轻松的谈判气氛。一般情况下，建议谨慎使用这种开局方式，以免破坏谈判和谐的氛围。

第二节　商务谈判报价阶段

任何商务谈判都不可以避免的两个环节就是报价和讨价还价，这也是商务谈判的核心环节。价格是大家讨论的焦点，因为最后的成交价格直接关系到交易双方的经济效益。报价是为了第三阶段磋商阶段做准备的，是讨价还价的基础。所谓报价，不仅指谈判一方向对方报出交易商品的价格，而且泛指谈判一方向对方或互相提出要求。如果谈判双方谈的是商品交易，那么报价的内容包括商品的质量、数量、包装、价格、装运、保险、支付、商检、索赔、仲裁、不可抗力等各项交易条件，这也是广义的报价。

一、报价的方式

根据报价的形式可以分为书面报价和口头报价。书面报价是一方事先提供详尽的文字材料、数据和图表，将本公司愿意承担的义务和权利，以书面形式表达清楚，使对方有时间针对报价做充分的准备。口头报价是一方以口头形式提出自己的要求和愿意承担的义务。在口头报价方面，要善于利用口头报价的灵活性特点，可以根据谈判的进程，随时调整和变更自己的谈判战术，先磋商承担义务，没有约束感。可充分利用个人沟通技巧，利用情感因素，促成交易达成。实际谈判中谈判人员一般采用书面报价为主、口头报价为辅的报价方式。

二、报价的原则

报价是后期谈判的基础，报价的起点就显得尤为重要。如果没有很好地把握报价环节，就会在接下来的谈判中处于被动的地位，因此报价要遵循一定的原则。

（一）开盘报价必须是最高价格

首先，若本方为卖方，开盘价为本方的要价确定了一个最高限度。一般来说，除特殊情况外，开盘价一经报出，就不能再提高了。最终双方成交的价格肯定是在此开盘价以下。其次，从人们的观念上来看，"一分钱，一分货"是多数人信奉的观点。因此，开盘较高，会影响对方对本方提供的商品或劳务的印象和评价。再次，开盘价较高，能够为以后的讨价还价留下充分的回旋余地，便于掌握成交时机。最后，开盘价的高低往往对最终成交水平具有实质性的影响，即开盘价格高，最终成交价的水平也就比较高；开盘价低，最终成交价的水平也相应地比较低。

（二）开盘价格必须合情合理

开盘价格高不意味着漫天要价或者坐地起价，报价不管高低一定要合乎情理，这样才能让对方有继续谈判的欲望。如果报价过高但是又不能给出合理的解释，那么对方就会觉得不被尊重，甚至觉得没办法继续商谈下去而终止谈判。因此，对于所报出的价格应该有合理的说明。

（三）报价态度坚定

在报价阶段，要坚定、果断地报出价格，不能犹豫不决。要给对方留下一个你的报价是经过深思熟虑、不能轻易更改的印象。如果报价过程中，吞吞吐吐、欲言又止，只能让对方觉得你的报价有很大的水分，引起对方的怀疑。

（四）报价时不做过多的说明

报价时不要对所报的价格做过多的说明和解释。不管己方报出什么样的价格，对方都会提出疑问，如果在对方提出疑问之前就过多辩解，一方面会暴露自己的想法，让对方意识到自己最在意的问题，另一方面也会让对方觉得报价不合理。

三、报价的顺序

所谓报价的顺序就是指在谈判过程中哪一方先报价。谁先报价在商务谈判中没有一定的规定，不管是先报价还是后报价都有利弊，应该根据具体情况具体分析。表4－1列示了不同情况下谁先报价的情况。

表 4—1　　　　判断由谁先报价

<table>
<tr><td colspan="4" rowspan="3">你该首先报价还是接受
谈判对手的首次报价?</td><td colspan="2">关于自己的谈判参数的信息</td></tr>
<tr><td colspan="2">你对自己的谈判参数的了解程度</td></tr>
<tr><td>低</td><td>高</td></tr>
<tr><td rowspan="4">谈判对手
对自己的
谈判参数
的了解
程度</td><td rowspan="2">低</td><td rowspan="2">谈判对手对你的谈判
参数的了解程度</td><td>低</td><td>可以等待谈判对手首先报价(但必须是善意的)</td><td>等待谈判对手首先报价</td></tr>
<tr><td>高</td><td>首先报价</td><td>首先报价</td></tr>
<tr><td rowspan="2">高</td><td rowspan="2">谈判对手对你的谈判
参数的了解程度</td><td>低</td><td>首先报价</td><td>首先报价</td></tr>
<tr><td>高</td><td>首先报价</td><td>首先报价</td></tr>
</table>

(一)先报价的利弊

先报价最大的好处就是可以掌握价格谈论范围的上限,保证最后的成交价格落在一定的控制范围之内;先报价还可以主导谈判过程,争取谈判的主动权。假设你有一辆汽车已行驶了5万公里了,今年内你想卖掉现有的车去买一辆新车。你期望8万元成交,可因为车良好,你又不急着卖掉,你就委托车行标出了9万元的卖价。之后两个星期你非常忙再没关注此事,很多的买主对你的爱车进行了全面检查,最终两个买家报出了他们的最高出价:8.5万元和8.8万元,你自然毫不犹豫地选择了第二个报价。

先报价的缺点在于让对方通过报价了解己方的价格水平,对方可以根据己方的报价当场调整自己的报价;有时候谈判双方是根据对方的报价作为一种探测对方的手段。

(二)后报价的利弊

后报价最大的优点在于可以通过对方的报价了解对方的价格要求,如果己方对不断变化的市场价格不了解的时候,后报价反而能提高报价的成功率。

后报价的缺点在于后报价会失去报价的主动权,对方限定了谈判的价格,特别是对方限定的谈判价格和自己的报价有很大出入时,很容易陷于被动局面。

先报价和后报价各有利弊,究竟是谁先报价呢?这个问题应根据具体情况而定。

(1)如果预计谈判将会出现激烈竞争的场合,或是冲突气氛较浓的场合,应该"先下手为强",即应当先报价以争取更大的影响,争取在谈判开始就占据主动;如果在合作气氛较浓的场合,先报价后报价就没有什么实质性的差别。因为双方都致力于寻找互惠互利的解决方案,不会过多地纠缠于枝节问题,以争取在较短的时间内达成交易。

(2)在一般的情况下,发起谈判的一方或卖方会先报价。

(3)若对方是行家,自己也是行家,则谁先报价都可以;但对方是行家,而自己不是,则后报价对己方较为有利;若对方不是行家,则不论自己是不是行家,先报价对己较为有利。

四、报价时应注意的问题

(一)不问不答

不问不答是指在对方没有提出针对报价的问题时不要主动作答,以免落入对方的问题陷阱。

(二)有问必答

对于对方所提出的问题要相对应地一一给予合理的解释,并且要流畅地回答,这样才能说服对方。面对对方的提问,如果回答得犹犹豫豫,会很容易引起对方的怀疑,甚至让对方察觉自己的破绽,给对方提供攻击的机会。

（三）避虚就实

回答对方提出关于报价的问题时，要给出合理而又真实的解释，对于价格的构成可以明确说明，对于一些虚话尽量少说或者不说，以免耽误谈判进度。

（四）能言不书

能言不书就是指在报价过程中尽量进行语言沟通，一旦被写成文书那么会被对方记录在案，如果表达当中有失误的话就很难被更改。

第三节　谈判磋商阶段

在一般的情况下，当一方报价以后，另一方不会无条件地接受，都会讨价还价，那么双方就要对成交价格进行磋商，磋商阶段也是讨价还价的阶段。首先，我们来看一个案例，假定你是某生产厂商。某日下午接到了某家大客户的紧急电话，要你立即赶到机场去跟他商谈有关向你大量采购的事宜。他在电话中言明，有急事去武汉。你认为这是你难得的机会，因此，你在他登机前半小时赶到了机场。他向你表明，如果你能以最低价格供应产品，他愿意与你签订一年的购货合同。在这种情况下，你怎么办？

(1)向他提供最低价格。

(2)向他提供比较低的价格。

(3)向他提供比最低价高出许多的价格，以便为自己预留谈判余地。

(4)祝他旅途愉快，并告诉他，你将同他手下的人先谈一谈零件的规格，并希望他回来后能与你联络。

磋商阶段是谈判双方面对面讨论，双方为了争取自己的利益说理及论战，甚至发展为争吵的阶段，是实质性的协调或较量阶段。在谈判开始阶段，双方都是在试探对方及其实力，只有到了实质性磋商阶段，双方才开始真正地根据对方在谈判中的行为，来调整自己一方的谈判策略，即实质磋商阶段开始后，双方都应把重点放在自己策略的调整上。

一、商务谈判磋商准则

（一）把握气氛的准则

进入磋商阶段之后，谈判双方要针对对方的报价讨价还价。双方之间难免要出现提问和解释、质疑和表白、指责和反击、请求和拒绝、建议和反对、进攻和防守，甚至会发生激烈的辩论和无声的冷场。因此，在磋商阶段仍然要把握好谈判气氛，开局阶段可能已经营造出友好、合作的气氛，进入磋商阶段后仍然要保持这种气氛。如果双方突然收起微笑，面部表情紧张冷峻，语言生硬激烈，使谈判气氛一下子变得紧张对立起来，就会令人怀疑开局阶段友好真诚的态度是装出来的，双方产生不信任。所以磋商阶段尽管争论激烈，矛盾尖锐，但仍然要保护已经营造出来的良好的合作气氛；只有在这种良好的合作气氛中，才能使磋商顺利进行。在商务会谈中，我们建议在团队中，至少安排一名女性参与，根据调查显示，这将大大降低谈判僵局出现的概率。

（二）遵循顺序准则

在磋商阶段中双方都面临着许多要谈的议题，如果不分先后次序，不讲究磋商进展层次，想起什么就争论什么，就会毫无头绪，造成混乱，毫无效率可言。因此，双方要通过磋商确定几个重要的谈判议题，按照其内在逻辑关系排列先后次序，然后逐题磋商。可以先磋商对后面议题有决定性影响的议题，此议题达成共识再讨论后面的问题。也可以先对双方容易达成共识的议题进行磋商，将双方认识差距较大、问题比较复杂的议题放到后面去磋商。次序逻辑准则也适用于对某一议题的磋商。某一议题也存在内在逻辑次序，比如价格问题就涉及成本、回收率、市场供求、比价等多方面内容。选择哪一项内容作为切入点，要考虑最容易讲清楚、最有说服力的内容，避免一开始就纠缠在一些不容易说清楚的话题上而争论不休，影响重要问题的磋商。

商务谈判因采用的谈判方式不同可以分为横向洽谈和纵向洽谈。横向洽谈的基本方法是把谈判要涉及的问题横向铺开，也就是几个议题同时讨论，同时取得进展，然后再同时向前推进，直到所有问题谈妥为止。纵向洽谈与横向洽谈比较来说是相对简单的。它的基本方法是明确了谈判所要涉及的问题后，逐个把条款谈完，这项条款不彻底解决，就不谈第二个。例如，谈一笔进出口生意，首先，双方会把价格先确定下来，价格问题解决不了，达不成一致意见，双方就不会谈交货条件问题。价格问题解决了，交货问题解决不了，双方就不会谈付款问题。

（三）掌握节奏准则

磋商阶段的谈判节奏要稳健，不可过于急促。因为这个阶段是解决分歧的关键时期，双方对各自观点要进行充分的论证，许多认识有分歧的地方要经过多次交流和争辩。而且某些关键问题一轮谈判不一定能达成共识，要多次重复谈判才能完全解决。一般来说双方开始磋商时节奏要相对慢些，双方都需要时间和耐心倾听对方的观点，了解对方，分析研究分歧的性质和解决分歧的途径。关键性问题涉及双方根本利益，必然会坚持自己观点，不肯轻易让步，还有可能使谈判陷入僵局，所以磋商是需要花费较多的时间的。谈判者要善于掌握节奏，不可急躁，稳扎稳打，步步为营。一旦出现转机，要抓住有利时机不放，加快谈判节奏，不失时机地消除分歧争取达成一致意见。

（四）沟通说服准则

沟通是为了设定的目标，把信息、思想和情感在个人或群体间传递，并达成共同协议的过程。磋商阶段实质上是谈判双方相互沟通、相互说服、自我说服的过程。没有充分的沟通，没有令人满意的说服，不会产生积极成果。首先，双方要善于沟通，这种沟通应该是双向的和多方面的。一方既要善于传播己方信息，又要善于倾听对方信息，并且积极向对方反馈信息。没有充分的交流沟通，就会在偏见和疑虑中产生对立情绪。沟通内容应该是多方面的，既要沟通交易条件，又要沟通相关的理由、信念、期望，还要交流情感。其次，双方要善于说服，要充满信心去说服对方，让对方感觉到你非常感谢他的协作，而且你也非常乐意努力帮助对方解决困难。让对方了解你并非是“取”，而是“给”，要让对方真正感觉到赞成你是最好的决定。说服的准则是从“求同”开始，解决分歧，达到最后的“求同”，“求同”既是起点，又是终点。

二、讨价还价

讨价就是一方报价后，另一方认为其报价离自己的期望目标太远，而和报价方就最后的成交价格进行商讨甚至争论的过程。

（一）讨价还价的特点

一般来说，讨价还价具有以下几个特点：

（1）对抗性。在讨价还价阶段，谈判双方都会尽力发挥己方的优势，努力使谈判朝着有利于己方的方向发展。

(2)攻守性。在讨价还价过程中,谈判双方都分别进行陈述,列举事实,希望对方了解并接受己方的意见、观点和看法。一方举一个例子,要求对方接受某观点时,另一方往往马上举出另外一个例子加以反驳,一攻一守,有攻有守。

(3)策略性。在讨价还价过程中,谈判策略使用得如何,对谈判的成功有着重要的作用。也就是说,谈判的策略性是由讨价还价的性质、目的、内容、对象等因素所决定的。

(4)预测性。讨价还价双方在此之前,由于经过事先的接触、交谈、明示和说服,双方的条件、要求、想法等有了相当的了解,因此,对讨价还价的内容、方法、度、结果等都会有个大致的预测和估计。为了使己方在讨价还价中占有优势,双方都会根据预测而做好充分的准备。以报价为例,双方都会根据市场行情,通过反复比较、权衡、具体计算,来确定报价的起点,以此为基础和依据与对方讨价还价。

(二)讨价

讨价就是买方对卖方的价格解释予以评论后,买方要求卖方重新报价或改变报价的过程。讨价的过程分为全面讨价、针对性讨价和总体讨价。全面讨价是讨价者根据交易条件全面要求报价者从整体上改变价格,重新报价。而针对性讨价就是讨价者有针对性地从交易条款中选择某项条款,要求报价者重新报价。总体讨价和全面讨价不一样,总体讨价是讨价者从总体出发综合分析交易条件,运用策略,改变报价者的期望值,考虑重新报价。讨价的这三个阶段是可以反复使用的。

1. 讨价的准备内容

(1)为了能够获取主动权,在讨价前,买方要做到心中有数,不能盲目要求卖方重新报价,要言之有据。

(2)要明确对方为什么如此报价,对方的真正期望和意图是什么。

(3)研究对方报价中,哪些是他必须得到的,哪些是他希望得到但不是非得到不可的,哪些是比较次要的,而这些又恰是诱导己方让步的筹码。

(4)要注意观察对方的言谈举止和神情姿态,弄清对方所说的与他的期望是否一致,以此来推测他的报价是否可靠。

(5)要对谈判形势进行判断,分析己方讨价的实力,了解怎样才能使对方不断得到满足而同时又能得到己方的利益。

(6)根据对方报价的内容和己方所掌握的信息,检查、调整或修改自己原来确定的还价总设想,以便己方采取相应的对策。

2. 讨价的态度

讨价虽然是双方就价格问题进行交涉,但是在态度上还是要相互尊重的,要采取说理的方式。买方的讨价,应该诱导卖家降价,而不是采取“硬压”的方式。当对方重新报价的时候,买方应该保持平和、信赖的态度,要仔细倾听对方的言辞,并根据对方的发言诱导对方回答问题,试探对方的虚实,并捕捉对方回答中对自己有利的信息,以此为契机和对方进行还价。

(三)还价

还价是买方讨价后,卖方向买方要求给出具体的价格意见,而买方对此要求做出回应的行为。在商务谈判磋商阶段,对对方条件做一定的让步是双方必然的行为。如果谈判双方都坚持自己的阵线而不后退半步的话,谈判永远也达不成协议,谈判追求的目标也就无法实现。谈判者都要明确他们要求的最终目标,同时他们还必须明确为达到这个目标可以或愿意做出哪些让步,做多大的让步。还价本身就是一种策略,它体现谈判者用主动满足对方需要的方式来换取己方需要的精神实质。如何运用还价策略，是磋商阶段最为重要的事情。

1. 还价时机的选择

还价是以讨价为基础的，所以，还价的时机也主要决定于讨价的结果。一般来说，卖方在回应买方讨价要求，对报价做出改善之后，会向买方发出还价的邀请。此时，如果卖方只是对报价进行微小的调整，或者改善的力度不大，买方应继续讨价，而不是急于还价。当卖方已经做出较大的或者实质性的让步时，买方便应该考虑开始还价，因为如果还一味地坚持讨价，拖着不还价的话，会给卖方造成己方无谈判诚意的印象，影响谈判顺利进行。

2. 还价方式的选择

还价的方式从性质上看可分为两类。一是按比例还价；二是商品各部分的成本还价。这两种还价方式又可以具体分为以下做法。

(1)逐项还价。对主要设备逐台还价，对每个项目，如技术费、培训费、技术指导费、工程设计费、资料费等可以分项还价。

(2)分组还价。根据价格分析时划出的价格差距的档次，分别还价。对贵得多的价格，还价时压得多，以区别对待、实事求是。

(3)总体还价。把成交货物或设备的价格集中起来还一个总价。

如果卖方价格解释清楚，买方手中又有丰富的比价材料，卖方成交心切，且有耐心有时间，这时买方可采用逐项还价方法，对己方有利，同时对卖方充分体现了“理”字，卖方也不会拒绝，他也可逐项防守。如果卖方价格解释清楚，买方手中又有丰富的比价材料，卖方成交心切，又个性急且时间紧迫，这时买方可采取分组还价的方式，这对双方都有利。如果卖方报价高且态度强硬，或双方相持时间也很长，但均有成交的愿望，在卖方做两次调价后，买方也可以做总体还价，不过该价要还得巧。所谓“巧”，就是既考虑到卖方改善报价的态度，又能抓住他们无理的地方；既考虑到买方自己的支付能力，又注意把握卖方的情绪，留有合理的让步余地。

案例窗口

一对夫妻在浏览杂志时看到一幅广告作背景的老式座钟非常喜欢。妻子说：“这座钟是你见过的最漂亮的一个吧？把它放在过道或客厅当中，看起来一定不错吧？”丈夫说：“的确不错！我也正想找个这样的钟摆在家里，就不知道是多少钱？”他们决心到古董店找那座钟，并商定出价不能高于500元。3个月后他们终于在一家古董店橱窗里看到了那钟，妻子兴奋地叫了起来：“就是这钟！没错，就是这座钟！”丈夫说：“记住，我们说过不超出500元。”他们走近那座钟。“哦喔！”妻子说道：“钟上的标价是750元啊，回家算了。”丈夫说：“还是谈谈价试一试吧，找了那么久，不差这一会儿。”夫妻商量了一下决定由丈夫来谈价，争取用500元买。丈夫鼓起勇气对售货员说：“我看到你们要卖的这座钟，定价贴在钟上蒙了不少灰显得有些旧了，一定是很久也没卖出去了，我给你出个价，只出一次价，你别吓一跳，你准备好了吗？”他停了一下来增加效果说：“你听着啊——250元。”售货员连眼也不眨一下说道：“卖了，那座钟是你的了。”那个丈夫的第一个反应是什么呢？得意扬扬？“我真的很棒！不但得到了优惠，还得到了我想要的东西。”不是！绝不是！他的最初反应必然是：“我真蠢！我该出价150元才对！”你也猜得到他的第二反应：“这钟怎么这么便宜？一定是有什么问题！”最后他还是把那座钟放在了客厅里，看起来非常美丽，好像也没什么毛病，但是他和妻子却始终感到不安。那晚他们睡下后，半夜曾起来三次，因为他们感到没有听到钟的声响。这样的情形持续了无数个夜晚，他们的健康迅速恶化，开始感到紧张过度并且都有了高血压。

三、讨价还价中的让步

讨价还价中主要涉及的就是让步的过程。怎么让步，分几次让步，每次让步的幅度为多少，这些都要注意。经验丰富的谈判人员能以很小的代价获取对方较大的让步，并且还让对方感到心满意足，愉快地接受。让步实际上也是一个步步为营的过程，需要一步步弄清楚对方的期望值，以此作为和对方谈判的砝码。

（一）让步遵循的原则

1. 维护整体利益

让步的一个基本原则是：整体利益不会因为局部利益的损失而造成损害，相反，局部利益的损失是为了更好地维护整体利益。谈判者必须十分清楚什么是局部利益，什么是整体利益；什么是枝节，什么是根本。让步只能是局部利益的退让和牺牲，而整体利益必须得到维护。因此，让步前一定要清楚什么问题可以让步，什么问题不能让步，让步的最大限度是什么，让步对全局的影响是什么等。以最小让步换取谈判的成功，以局部利益换取整体利益是让步的出发点。比如在买一件产品时，可以在不降价的基础上，多送一个赠品等。

2. 明确让步条件

让步必须是有条件的，绝对没有无缘无故的让步。谈判者心中要清楚，让步必须建立在对方创造条件的基础上，而且对方创造的条件必须是有利于己方整体利益的。当然，有时让步是根据己方策略或是根据各种因素的变化而做出的。这个让步可能是为了己方全局利益，为了今后长远的目标，或是为了尽快成交而不至于错过有利的市场形势等。无论如何，让步的代价一定要小于让步所得到的利益。要避免无谓的让步，要用我方的让步换取对方在某些方面的相应让步或优惠，体现出得大于失的原则。

3. 选择好让步时机

让步的时机要恰到好处，不到需要让步的时候绝对不要做出让步的许诺。让步之前必须经过充分的磋商，时机要成熟，使让步成为画龙点睛之笔，而不要变成画蛇添足。一般来说，当对方没有表示出任何退让的可能，让步不会给己方带来相应的利益，也不会增强己方讨价还价的力量，更不会使己方占据主动的时候，不能做出让步。

4. 确定适当的让步幅度

让步可能是分几次进行的，每次让步都要让出自己一部分利益。让步的幅度要适当，一次让步的幅度不宜过大，让步的节奏也不宜过快。如果一次让步过大，会把对方的期望值迅速提高，会提出更高的让步要求，使己方在谈判中陷入被动局面。如果让步节奏过快，对方觉得轻而易举就可以得到需求的满足，因而认为己方的让步无须负担压力和损失，也就不会引起对方对让步的足够重视。

5. 不要承诺做出与对方同等幅度的让步

即使双方让步幅度相当，但是双方由此得到的利益却不一定相同。不能单纯从数字上追求相同的幅度，我们可以让对方感到己方也做出了相应的努力，以同样的诚意做出让步，但是并不等于幅度是对等的。

6. 在让步中讲究技巧

在关键性问题上力争使对方先做出让步，而在一些不重要的问题上己方可以考虑主动做出让步姿态，促使对方态度发生变化，争取他的让步。

7. 不要轻易向对方让步

商务谈判中双方做出让步是为了达成协议而必须承担的义务。但是必须让对方懂得，己方每次做出的让步都是重大的让步。使对方感到必须付出重大努力之后才能得到一次让步，这样才会提高让步的价值，也才能为获得对方的更大让步打下心理基础。

8. 每次让步后要检验效果

己方做出让步之后要观察对方的反应。对方相应表现出的态度和行动是否与己方的让步有直接关系，己方的让步对对方产生多大的影响和说服力，对方是否也做出相应的让步。如果己方先做了让步，那么在对方做出相应的让步之前，就不能再做让步了。

（二）让步实施策略

在商务谈判的过程中，在准确理解对方利益的前提下，努力寻求双方各种互利的解决方案是一种正常渠道达成协议的方式，但在解决一些棘手的利益冲突问题时，如双方就某一个利益问题争执不下（例如，房东与承租人之间的房租问题；在国际贸易中的交货期长短问题；最终的价格条款的谈判问题等），恰当地运用让步策略是非常有效的工具。

我们认为，在利益冲突不能采取其他的方式协调时，客观标准的让步策略的使用在商务谈判中会起到非常重要的作用。成功让步的策略和技巧表现在谈判的各个阶段，但是，要准确、有价值地运用好让步策略。

1. 于己无损策略

所谓于己无损策略是指己方所做出的让步不给己方造成任何损失，同时还能满足对方一些要求或形成一种心理影响，产生诱导力。当谈判对手就其一个交易条件要求我方做出让步时，在己方看来其要求确实有一定的道理，但是己方又不愿意在这个问题上做出实质性的让步，可以采用一些无损让步方式。

假如你是一个卖主，又不愿意在价格上做出让步，你可以在其他一些方面做出无损让步：

向对方表示本公司将提供质量可靠的一级产品或将向对方提供比给予别家公司更加周到的售后服务等。这种无损让步目的是在保证己方实际利益不受损害的前提下使对方得到一种心理平衡和情感愉悦，避免对方纠缠某个问题迫使我方做出有损实际利益的让步。

2. 以攻对攻策略

以攻对攻策略是指己方让步之前向对方提出某些让步要求，将让步作为进攻手段，变被动为主动。当对方就某一个问题逼迫己方让步时，己方可以将这个问题与其他问题联系在一起加以考虑，在相关问题上要求对方做出让步，作为己方让步的条件，从而达到以攻对攻的效果。例如，在货物买卖谈判中，当买方向卖方提出再一次降低价格的要求时，卖方可以要求买方增加购买数量，或是承担部分运输费用，或是改变支付方式，或是延长交货期限等。这样，如果买方接受卖方条件，卖方的让步也会得到相应补偿；如果买方不接受卖方提出的相应条件，卖方也可以有理由不做让步，使买方不好再逼迫卖方让步。

3. 强硬式让步策略

强硬式让步策略是指一开始态度强硬，坚持寸步不让的态度，到了最后时刻一次让步到位，促成交易。这种策略的优点是起始阶段坚持不让步，向对方传递己方坚定信念，如果谈判对手缺乏毅力和耐心，就可能被征服，使己方在谈判中获得较大的利益。在坚持一段时间后，一次让出己方的全部可让利益，对方会有“来之不易”的获胜感，会特别珍惜这种收获，不失时机地握手成交。其缺点是由于在开始阶段一再坚持寸步不让的策略，则可能失去伙伴，具有较大的风险性，也会给对方造成没有诚意的印象。因此，这种策略适用于在谈判中占有优势的一方。

4. 坦率式让步策略

坦率式让步策略是指以诚恳、务实、坦率的态度，在谈判进入让步阶段后一开始就亮出底牌，让出全部可让利益，以达到以诚致胜的目的。这种策略的优点是由于谈判者一开始就向对方亮出底牌，让出自己的全部可让利益，率先做出让步榜样，给对方一种信任感，比较容易打动对方采取回报行为。同时，这种率先让步比较容易打动对方，具有强大的说服力，促使对方尽快采取相应让步行动，提高谈判效率，争取时间，争取主动。这种策略的缺点是由于让步比较坦率，可能给对方传递一种尚有利可图的信息，从而提高其期望值，继续讨价还价；由于一次性大幅度让价，可能会失去本来能够全力争取到的利益。这种策略适用于在谈判中处于劣势的一方或是谈判双方之间的关系比较友好，以一开始做出较大让步的方法感染对方，促使对方以同样友好坦率的态度做出让步。使用这一策略要根据实际情况，充分把握信息和机遇，保证主动让步之后己方能得到关系全局的重大利益。

5. 稳健式让步策略

稳健式让步策略是指以稳健的姿态和缓慢的让步速度，根据谈判进展情况分段做出让步，争取较为理想的结果。谈判者既不坚持强硬的态度寸利不让，也不过于坦率，一下子让出全部可让利益。既有坚定的原则立场又给对方一定的希望。每次都做一定程度的让步，但是让步的幅度要根据对方的态度和形势的发展灵活掌握。有可能每次让步幅度是一样的，有可能让步的幅度越来越小，也有可能幅度起伏变化，甚至最后关头又反弹回去。这种让步策略的优点是稳扎稳打，不会冒太大的风险，也不会一下子使谈判陷入僵局，可以灵活机动地根据谈判形势调整自己的让步幅度。再有，双方要经过多次讨价还价、反复的磋商和论证，可以把事情说得更清楚，考虑得更周全。这种策略运用需要较强的技术性和灵活性，随时观察对方的反应来调整己方让步策略。这种策略的缺点是需要耗费大量的时间和精力才能达到最后成交的目标，而且容易过于讲究技巧，而缺乏坦率的精神和提高效率的意识。当然，商务谈判多数情况习惯运用这种策略。

（三）让步技巧

1. 讨价还价让步法

这是商务洽谈中最常见的一种让步的方法。通常是一方给出开盘价，另一方叫出还盘价，从而确立协议价格的上下限，洽谈双方互相让步，从相反的方向向同一价点靠拢，最后达成双方均能接受的协议。在商务洽谈中，让步的次数不宜过多，要在合理范围内适当让步，不致因让步过度而事后懊悔。要灵活机动，有虚有实，不能让对方判断出我方将做几次或多大让步。如果对方做了某种让步，我方也应对利益目标做适当调整以示呼应。此外，让步的模式以由多而少型为最佳。因为，我方一开始就做了较大的让步，既表示了我方良好的洽谈诚意，也以让步幅度的递减，暗示对方，我方的让步是有限度的，现已接近协议价格，我方不可能再让步了。这样，有利于促进协议价格的达成。

2. 双方对等让步法

这种方法也是商务洽谈中较常见的让步方法。当双方将各自的报价（出盘或还盘）拿到谈判桌上后，就确定了一个协议价的上下限，在此界限内，一方做出某一幅度的让步，另一方相应地做出同等幅度的让步，双方以同等的降幅相向而做让步，共同趋于某一价点，这一价点就是最后的协议价格。

3. 纵横交错让步法

也叫“错综复杂”“相互纠缠”让步法。这种让步方式旨在掩护己方让步的真实动机。它通过把与洽谈议题有关的诸多因素联系起来的方法，利用此一因素的让步去换取彼一因素上的进展。

第四节　商务谈判结束阶段

一、商务谈判终结的判定

商务谈判何时结束？是否已到结束的时机？这是商务谈判结束阶段极为重要的问题。谈判者必须正确判定谈判终结的时机，才能运用好结束阶段的策略。错误的判定可能会使谈判变成一锅夹生饭，已付出的大量劳动付之东流。错误的判定也可能毫无意义地拖延谈判成交，丧失成交机遇。谈判是否可以结束可以从以下三个方面判定：

(一)从谈判涉及的交易条件来判定

这个方法是指从谈判所涉及的交易条件解决状况来分析判定整个谈判是否进入终结。谈判的中心任务是交易条件的洽谈，在磋商阶段双方进行多轮的讨价还价，临近终结阶段要考察交易条件经过多轮谈判之后是否达到以下三条标准，如果已经达到，那么就可判定谈判终结。

(1)考察交易条件中尚余留的分歧。首先，从数量上看，如果双方已达成一致的交易条件占据绝大多数，所剩的分歧数量仅占极小部分，就可以判定谈判已进入终结阶段。因为量变会导致质变，当达到共识的问题数量已经大大超过分歧数量时，谈判性质已经从磋商阶段转变为终结阶段，或者说成交阶段。其次，从质量上看，如果交易条件中最关键最重要的问题都已经达成一致，仅余留一些非实质性的无关大局的分歧点，就可以判定谈判已进入终结阶段。谈判中关键性问题常常会起决定性作用，也常常需要耗费大量的时间和精力。谈判是否即将成功，主要看关键问题是否达成共识。如果仅仅在一些次要问题上形成共识，而关键性问题还存在很大差距，是不能判定进入终结阶段的。

(2)考察谈判对手交易条件是否进入己方成交线。成交线是指己方可以接受的最低交易条件，是达成协议的下限。如果对方认同的交易条件已经进入己方成交线范围之内，谈判自然进入终结阶段。因为双方已经出现在最低限度达成交易的可能性，只有紧紧抓住这个时机，继续努力维护或改善这种状态，才能实现谈判的成功。当然己方还想争取到更好一些的交易条件，但是己方已经看到可以接受的成果，这无疑是值得珍惜的宝贵成果，是不能轻易放弃的。如果能争取到更优惠的条件当然更好，但是考虑到各方面因素，此时不可强求最佳成果而重新形成双方对立的局面，使有利的时机丢掉。因此，谈判交易条件已进入己方成交线时，就意味着终结阶段的开始。

(3)考察双方在交易条件上的一致性。谈判双方在交易条件上全部或基本达成一致，而且个别问题如何做技术处理也达成共识，可以判定终结的到来。首先，双方在交易条件上达成一致，不仅指价格，而且包括对其他相关的问题所持的观点、态度、做法、原则都有了共识。其次，个别问题的技术处理也应使双方认可。因为个别问题的技术处理如果不恰当，不严密，有缺陷，有分歧，就会使谈判者在协议达成后提出异议，使谈判重燃战火，甚至使达成的协议被推翻，使前面的劳动成果付之东流。因此，在交易条件基本达成一致的基础上，个别问题的技术处理也达成一致意见，才能判定终结的到来。

（二）从谈判时间来判定

谈判的过程必须在一定时间内终结，当谈判时间即将结束，自然就进入终结阶段。受时间的影响，谈判者调整各自的战术方针，抓紧最后的时间做出有效的成果。时间判定有以下三种标准：

(1)双方约定的谈判时间。在谈判之初，双方一起确定整个谈判所需要的时间，谈判进程完全按约定的时间安排，当谈判已接近规定的时间时，自然进入谈判终结阶段。双方约定多长时间要看谈判规模大小、谈判内容多少、谈判所处的环境形势以及双方政治、经济、市场的需要和本企业利益。如果双方实力不是差距很大，有较好的合作意愿，紧密配合，利益差异不是很悬殊，就容易在约定时间内达成协议，否则就比较困难。按约定时间终结谈判对双方都有时间的紧迫感，促使双方提高工作效率，避免长时间地纠缠一些问题而争辩不休。如果在约定时间内不能达成协议，一般也应该遵守约定的时间将谈判告一段落，或者另约时间继续谈判，或者宣布谈判破裂，双方再重新寻找新的合作伙伴。

(2)单方限定的谈判时间。由谈判一方限定谈判时间，随着时间的终结，谈判随之终结。在谈判中占有优势的一方，或是出于对本方利益的考虑需要在一定时间内结束谈判，或是还有其他可选择的合作者，因此请求或通告对方在己方希望的时限内终结谈判。单方限定谈判时间无疑对被限定方施加某种压力，被限定方可以随从，也可以不随从，关键要看交易条件是否符合己方谈判目标，如果认为条件合适，又不希望失去这次交易机会，可以随从，但要防止对方以时间限定向己方提出不合理要求。另外，也可利用对手对时间限定的重视性，向对方争取更优惠的条件，以对方优惠条件来换取己方在时间限定上的配合。如果以限定谈判时间为手段向对方施加不合理要求，会引起对方的抵触情绪，破坏平等合作的谈判气氛，从而造成谈判破裂。

(3)形势突变的谈判时间。本来双方已经约定好谈判时间，但是在谈判进行过程中形势发生突然变化，如市场行情突变、外汇行情大起或大落、公司内部发生重大事件等，谈判者突然改变原有计划，比如要求提前终结谈判。这是由于谈判的外部环境是在不断发展变化，谈判进程不可能不受这些变化的影响。

案例窗口

日本在第二次世界大战后短短几十年中，经济得到了飞速发展，跻身世界经济强国之列。由于日本人独有的民族特性和长期在经济发展过程中的实践，日本成长为精于谈判的少数国家之一。特别是日本商人，勇于实践，富有经验，深谙谈判之真谛。他们手法高超，谋略多变，善于运用谈判的各种战术，为自己赢得利益，因而日本人素有“圆桌武士”之称。中国某公司正是面对这样一些“圆桌武士”，在上海著名的国际大厦，围绕进口农业机械加工设备，进行了一场别开生面的竞争与合作。中方在这一谈判中也谋略不凡，身手高超，使这场谈判成为一个成功的范例。

在谈判的准备阶段，双方都组织了精干的谈判小组。特别是作为买方的中方，在谈判之前，已做好了充分的国际市场行情预测，摸清了这种农业机械加工设备的国际行情的变化情况及趋势，同时制定了己方的谈判方案，从而为赢得谈判的成功奠定了基础。

第一轮谈判，从日方的角度看，不过是放了一个“试探气球”。因此，凭此取胜是侥幸的，而“告吹”则是必然的。因为对交易谈判来说，很少有在开局的第一次报价中就获成功的。日方在这轮谈判中试探了中方的虚实，摸清了中方的态度，同时也了解了中方主谈人的谈判能力和风格。从中方角度说，在谈判的开局就成功地掏出了对方的“筑高台”手段，使对方的高目标要求受挫。同时也向对方展示了己方的实力，掌握了谈判中的主动权。双方在这轮谈判中，互通了信息，加深了了解，增加了谈判成功的信心。从这一意义上看，首轮谈判对双方来说，都是成功的。

第二轮谈判开始后，双方首先漫谈了一阵，调节了情绪，融洽了感情，创造了有利于谈判的良好气氛，之后，日方再次报价：“我们请示了总经理，又核实了一下成本，同意削价100万日元。”

同时，他们夸张地表示，这个削价的幅度是不小的，要中方“还盘”。中方认为日方削价的幅度虽不小，但离中方的要价仍有较大的距离，马上“还盘”还有困难。因为“还盘”就是向对方表明己方可以接受的价格。

在弄不清对方的报价离实际卖价的“水分”究竟相差多大时就轻易“还盘”，容易造成被动，高了己方吃亏，低了只能刺激对方。究竟“还盘”多少才是适当的，中方一时还不能确定。为了慎重起见，中方一面电话联系，再次核实该产品国际市场的最新价格，一面对日方的两次报价进行分析。根据分析，这个价格日方虽表明是总经理批准的，但根据情况看，此次降价是谈判者自行决定的。

日方报价中所含水分仍然不少，弹性很大。基于此点，中方确定“还盘”价格为750万日元。日方立即回绝，认为这个价格不能成交，中方坚持认为讨价还价的高潮已经过去，因此，中方认为最后成交的时机已经到了，该是展示自己实力，运用谈判技巧的时候了。

于是，中方主谈人使出具有决定意义的一招，郑重向对方指出：“这次引进，我们从几家公司中选中了贵公司，这说明我们成交的诚意，该价虽比贵公司销往C国的价格低一点，但由于运往上海口岸的运费比运往C国的运费低，所以利润并没有减少。加上一点，诸位也知道我国有关部门的外汇政策规定，这笔生意允许我们使用的外汇只有这些。要增加，需再审批。如果这样，那只好等下去改日再谈。”这是一种欲擒故纵的谈判方法，旨在向对方表示己方对该谈判已失去兴趣，以迫使其做出让步。

但中方仍觉得这一招的分量还不够，又使用了类似“竞卖会”的高招，把对方推向一个与“第三者”竞争的境地。中方主谈人接着明确地说：“A国、C国还等着我们的邀请。”说到这里，中方主谈人把一只捏在手里的王牌摊了出来，恰到好处地向对方泄露情报，把中国外汇使用批文和A国、C国的电传递给日方主谈人。日方见后大为惊讶，他们坚持继续讨价还价的决心被摧毁了，陷入必须“竞卖”的困境：要么压价握手成交，要么谈判就此告吹，日方一再举棋不定，握手成交，利润不大，有失所望；告吹回国，跋山涉水，兴师动众，自身花费了不少的人力、物力和财力，最后空手而归，不好向公司交代。另一方面，中方主谈人运用心理学知识，根据“自我防卫机制”的心理，称赞日方此次谈判的确精明强干，已付出了很大的努力，但限于中方的政策，不能再有伸缩的余地。如日方放弃这个机会，中方只能选择A国、C国的产品了。

日方再三考虑，还是认为成交可以获利，“告吹”只能赔本。这正如本杰明·福兰克林的观点所表明的那样，“最好的结局，是尽自己的交易地位所能来做成最好的交易。最坏的结局，则是由于过于贪婪而未能成交，结果本来双方都有利的交易却没能成交”。

(三)从谈判策略来判定

谈判过程中有多种多样的策略,如果谈判策略实施后谈判进入终结环节,这种策略就叫终结策略。终结策略对谈判终结有特殊的导向作用和影响力,它表现出一种最终的冲击力量,具有终结的信号作用。常见的终结策略有以下几种:

(1)最后立场策略。谈判者经过多次磋商之后仍无结果,一方阐明己方最后的立场,讲清只能让步到某种条件,如果对方不接受,谈判即宣布破裂;如果对方接受该条件,那么谈判成交。这种最后立场策略可以作为谈判终结的判定。一方阐明自己最后立场,成败在此一举,如果对方不想使谈判破裂,只能让步接受该条件。如果双方并没有经过充分的磋商,还不具备进入终结阶段的条件,一方提出最后立场就含有恫吓的意味,让对方俯首听从,这样并不能达到预期目标,反而过早地暴露己方最低限度条件,使己方陷入被动局面,这是不可取的。

(2)折中进退策略。折中进退策略是指将双方条件差距之和取中间条件作为双方共同前进或妥协的策略。例如,谈判双方经过多次磋商互有让步,但还存在余留问题,而谈判时间已消耗很多,为了尽快达成一致实现合作,一方提出一个比较简单易行的方案,即双方都以同样的幅度妥协退让,如果对方接受此建议,即可判定谈判终结。

折中进退策略虽然不够科学,但是在双方很难说服对方,各自坚持己方条件的情况下,也是寻求尽快解决分歧的一种方法。其目的就是化解双方矛盾差距,比较公平地让双方分别承担相同的义务,避免在残余问题上过多地耗费时间和精力。

(3)总体条件交换策略。双方谈判临近预定谈判结束时间或阶段时,以各自的条件做整体一揽子的进退交换以求达成协议。双方谈判内容涉及许多项目,在每一分项目上已经进行了多次磋商和讨价还价。经过多个回合谈判后,双方可以将全部条件通盘考虑,做"一揽子交易"。例如,涉及多个内容的成套项目交易谈判、多种技术服务谈判、多种货物买卖谈判,可以统筹全局,总体一次性进行条件交换。这种策略从总体上展开一场全局性磋商,使谈判进入终结阶段。

二、商务谈判结果的具体表现

商务谈判结果可以从两个方面看:一是双方是否达成交易;二是经过谈判双方关系发生何种变化。这两个方面是密切相关的,我们根据这两个方面的结果联系起来分析,可以得出六种谈判结果:

(一)达成交易,并改善了关系

双方谈判目标顺利完成,并且实现交易,双方关系在原有基础上得到改善,促进今后进一步的合作。这是最理想的谈判结果,既实现了眼前利益,又为双方长远利益发展奠定了良好基础。要想实现这种结果,双方首先要抱着真诚合作的态度进行谈判,同时谈判中双方都能为对方着想并做出一定的让步。

(二)达成交易,但关系没有变化

双方谈判结果是达成交易,但是双方关系并没有改善也没有恶化。这也是不错的谈判结果。因为双方力求此次交易能实现各自利益,并且没有刻意去追求建立长期合作关系,也没有太大的矛盾造成不良后果,双方平等相待,互有让步,实现交易成功。

(三)达成交易,但关系恶化

虽然达成交易,但是双方付出了一定的代价,双方关系遭到一定的破坏或是产生阴影。这种结果从眼前利益来看是不错的,但是对今后长期合作是不利的,或者说是牺牲双方关系换取交易成果。这是一种短期行为,“一锤子买卖”,对双方长远发展没有好处,但为了眼前的切实利益而孤注一掷也可能出于无奈。

(四)没有成交,但改善了关系

为双方成功合作奠定了良好的基础。

(五)没有成交,关系也没有变化

这是一次毫无结果的谈判,双方既没有达成交易,也没有改善或恶化双方关系。这种近乎平淡无味的谈判没有取得任何成果,也没有造成任何不良后果。双方都彬彬有礼地坚持己方的交易条件,没有做出有效的让步,也没有激烈的相互攻击,在今后的合作中也有可能进一步发展双方关系。

(六)没有成交,但关系恶化

这是最差的结果,谈判双方在对立的情绪中宣布谈判破裂。双方既没有达成交易,又使原有关系遭到破坏;既没有实现眼前的实际利益,也对长远合作关系造成不良的影响。这种结果是谈判者不愿意看到的,所以应该避免这种结果出现。当然在某种特殊环境中特殊情况下,出于对己方利益的保护,对己方尊严的维护,坚持己方条件不退让,并且反击对方的高压政策和不合理要求,虽然使双方关系恶化,也是一种迫不得已的做法。

三、商务谈判结束的方式

商务谈判结束的方式不外乎三种:成交、破裂、中止。

(一)成交

成交即谈判双方达成协议,交易得到实现。成交的前提是双方对交易条件经过多次磋商达成共识,对全部或绝大部分问题没有实质上的分歧。成交方式是双方签订具有高度约束力和可操作性的协议书,为双方的商务交易活动提供操作原则和方式。由于商务谈判内容、形式、地点的不同,因此成交的具体做法也是有区别的。

(二)中止

中止谈判是谈判双方因为某种原因未能达成全部或部分成交协议而由双方约定或单方要求暂时终结谈判的方式。如果在整个谈判进入最后阶段,在解决最后分歧时发生中止,就是终局性中止,并且作为一种谈判结束的方式被采用。中止可分为有约期中止与无约期中止。

(1)有约期中止。有约期中止谈判是指双方在中止谈判时对恢复谈判的时间予以约定的中止方式。如果双方认为成交价格超过了原规定计划或让步幅度超过了预定的权限,或者尚需等上级部门的批准,使谈判难以达成协议,而双方均有成交的意向和可能,于是经过协商,一致同意中止谈判。这种中止是一种积极姿态的中止,它的目的是促使双方创造条件最后达成协议。

(2)无约期中止。无约期中止谈判是指双方在中止谈判时对恢复谈判的时间无具体约定的中止方式。无约期中止的典型是冷冻政策。在谈判中,或者由于交易条件差距太大,或者由于特殊困难存在,而双方又有成交的需要而不愿使谈判破裂,双方于是采用冷冻政策暂时中止谈判。此外,如果双方对造成谈判中止的原因无法控制时,也会采取无约期中止的做法。例如,涉及国家政策突然变化,经济形势发生重大变化等超越谈判者意志之外的重大事件时,谈判双方难以约定具体的恢复谈判的时间,只能表述为:“一旦形势许可”“一旦政策允许”,然后择机恢复谈判。这种中止双方均出于无奈,对谈判最终达成协议造成一定的干扰和拖延,是被动式中止方式。

(三)破裂

破裂是指双方经过最后的努力仍然不能达成共识和签订协议，交易不成，或友好而别，或愤然而去，从而结束谈判。谈判破裂的前提是双方经过多次努力之后，没有任何磋商的余地，至少在谈判范围内的交易已无任何希望，谈判再进行下去已无任何意义。谈判破裂依据双方的态度可分为友好破裂结束谈判和对立破裂结束谈判：

(1)友好破裂结束谈判。友好破裂结束谈判是指双方互相体谅对方面临的困难，讲明难以逾越的实际障碍而友好地结束谈判的做法。在友好破裂方式中，双方没有过分的敌意态度，只是各自坚持自己的交易条件和利益，在多次努力之后最终仍然达不成协议。双方态度始终是友好的，能充分理解对方的立场和原则，能理智地承认双方在客观利益上的分歧，对谈判破裂抱着遗憾的态度。谈判破裂并没有使双方关系破裂，反而通过充分的了解和沟通，产生了进一步合作的愿望，为今后双方再度合作留下可能的机会。我们应该提倡这种友好的破裂方式。

(2)对立破裂结束谈判。对立破裂结束谈判是指双方或单方在对立的情绪中愤然结束未达成任何协议的谈判。造成对立破裂的原因有很多，如对对方的态度强烈不满，情绪激愤；在对待对方时不注意交易利益实质性内容，较多责怪对方的语言、态度和行为；一方以高压方式强迫对手接受己方条件，一旦对方拒绝，便不容商量断然破裂；双方条件差距很大，互相指责对方没有诚意，难以沟通和理解，造成破裂。不论何种原因，造成双方在对立情绪中使谈判破裂毕竟不是好事，这种破裂不仅没有达成任何协议，而且使双方关系恶化，今后很难再次合作。所以，在破裂不可避免的情况下，首先要尽力使双方情绪冷静下来，不要使用过激的语言，尽量使双方能以友好态度结束谈判，至少不要使双方关系恶化；其次，要摆事实讲道理，不要攻击对方，要以理服人，以情感人，以礼待人，这样才能体现出谈判者良好的修养和风度。

四、谈判结束后的总结

谈判双方达成协议，也就是要签订书面合同。合同的签订，不仅是衡量商务谈判成功与否、其结果合法可行与否的重要标志，而且也是保证和实现商务谈判成功的重要形式。因为合同一经签订，就意味着谈判真正取得了成果，谈判各方就要按照合同来履行在谈判中所确定的各自的义务，受到法律约束，从而有力地保证谈判成果的实现。因此，对合同的签订要特别加以重视。

当然除了签订合同以外，还要在谈判过程的最后总结经验。一方面总结谈判的得失，这种得失不单单指谈判结果的得失，也包括谈判全过程中的各种经验和教训。另一方面，也要对谈判的对手进行评估，这涉及以后双方的长期合作以及与类似客户打交道时需要注意的问题，包括对方的工作效率及风格、对方的好恶以及优劣势。

本章小结

一次完整的商务谈判包含四个阶段：开局阶段、报价阶段、磋商阶段和结束阶段。每个阶段需要达成的谈判任务不一样，因此具体的表现也各不相同。

(1)开局阶段的主要任务是建立良好的谈判氛围，做好开场陈述，良好的开局有利于谈判的顺利进行。因此，谈判者应该把握谈判气氛，清晰明了地表述己方观点。

(2)报价阶段的任务就是在充分了解顾客需求和市场环境的情况下合理报价，掌握报价的原则，选择科学的报价方法和恰当的报价顺序。

(3)磋商阶段的任务是对商品的价格、数量、质量、支付条件、包装、责任条款等各个涉及交易的内容进行磋商。磋商阶段谈判双方主要会就商品价格问题进行讨价还价，谈判者应该掌握不同讨价还价技巧。

(4)商务谈判结束阶段，会出现成交、谈判中止或者破裂的结果，因此，谈判者应该掌握成交信号的不同表现方式，尽力达成协议和签订合同。

关键词

开局阶段　报价　讨价还价　谈判终结判断

课后习题

1. 商务谈判过程包含哪几个阶段？各个阶段的任务是什么？
2. 如何营造良好的开局气氛？
3. 在报价阶段，卖方的报价为什么要尽量偏高？
4. 简单分析一下先报价和后报价的利弊。
5. 如何判断谈判进入了结束阶段？

案例分析

中韩丁苯橡胶出口讨价还价策略

中方某公司向韩国某公司出口丁苯橡胶已一年，第二年，中方公司根据国际市场行情将价格从前一年的成交价每吨下调了 120 美元(前一年为1 200美元/吨)。韩方感到可以接受，建议中方到韩国签约。

中方人员一行二人到了首尔该公司总部，双方谈了不到 20 分钟，韩方说："贵方价格仍太高，请贵方看看韩国市场的价格，两天以后再谈。"

中方人员回到饭店后有一种被戏弄的感觉，很生气。但人已来到首尔，谈判必须进行，中方人员通过有关协会收集到韩国海关丁苯橡胶的进口统计，发现从哥伦比亚、比利时、南非等国进口量较大，从中国的进口量也不小，中方公司是占份额较大的一家。从价格方面来看南非最低，但高于中国产品价。哥伦比亚、比利时价均高出南非价。在韩国市场的调查中，批发和零售价均高出中方公司现报价的 30%～40%。市场价虽呈下降趋势，但中方公司的给价是目前世界市场最低的。

为什么韩国人员还这么说？中方人员分析，对手以为中方人员既然来了首尔，就肯定急于拿合同回国。可以借此机会再压中方一手。那么韩方会不会为了不急于订货而找理由呢？

中方人员分析，韩方若不急于订货，为什么邀请中方人员来首尔？再说韩方人员过去与中方人员打过交道，有过合同，且执行顺利，对中方工作很满意，这些人会突然变得不信任中方人员吗？从态度上来看不像，他们来机场迎接中方人员且晚上一起用餐，保持了良好的气氛。

从上述分析中，中方人员一致认为：韩方意在利用中方人员出国心理，再压价。根据这个分析，中方人员决定在价格条件上做文章。总之，态度应强硬(因为在来之前对方已表示同意中方报价），不怕空手而归。其次，价格条件还要涨回市场水平（即1 200美元/吨左右）。再者，不必用几天给韩方通知，仅一天半就将新的价格条件通知韩方。

在一天半以后的中午之前，中方人员打电话告诉韩方人员："调查已结束，得到的结论是：我方来首尔前的报价低了，应涨回到去年成交的价格，但为了老朋友的交情可以下调20美元，而不再是120美元。请贵方研究，有结果请通知我们，若我们不在饭店，则请留言。"

韩方人员接到电话一个小时后，回电话约中方人员到其公司会谈。韩方认为，中方不应把过去的价格再往上调。中方认为，这是韩方给的权利。我们按韩方要求进行了市场调查，结果应该涨价。韩方希望中方多少降些价，中方认为原报价已降到最低。经过几回合的讨论，双方同意按中方来首尔前的报价成交。这样，中方成功地使韩方放弃了压价的要求，按计划拿回合同。

案例讨论：

1. 案例里提到是中方首先报价。在销售报价策略中存在报价的先后问题，你认为先报价有利还是后报价有利？为什么？

2. 中方谈判人员恰当地运用了抬价压价战术，你认为在此战术的运用中，中方谈判人员表现了哪些谈判人员应该具备的心理素质？

实务篇

第五章　商务谈判策略

本章重难点

1. 了解商务谈判策略的特征及作用；
2. 了解制定商务谈判策略的步骤；
3. 掌握商务谈判开局阶段策略；
4. 掌握商务谈判报价阶段策略；
5. 掌握商务谈判磋商阶段策略；
6. 掌握商务谈判成交阶段策略。

引入案例

美国钢铁大王戴尔·卡耐基曾经有这样一次谈判。有一段时间，他每个季度都有10天租用纽约一家饭店的舞厅举办系列讲座。后在某个季度开始时，他突然接到这家饭店的一封要求提高租金的信，将租金提高了2倍。当时举办系列讲座的票已经印好了，并且已经都发出去了。卡耐基当然不愿意支付提高的那部分租金。几天后，他去见饭店经理。他说："收到你的通知，我有些震惊。但是，我一点也不埋怨你们。如果我处在你们的地位，可能也会写一封类似的通知。作为一名饭店经理，你的责任是尽可能多为饭店谋取利益。如果不这样，你就可能被解雇。如果你提高租金，那么让我们拿一张纸写下将给你带来的好处和坏处。"接着，他在纸中间画了一条线左边写"利"，右边写"弊"，在利的一边写下了"舞厅。供租用"。然后说："如果舞厅空置，那么可以出租供舞会或会议使用，这是非常有利的，因为这些活动给你带来的利润远比办系列讲座的收入多。如果我在一个季度中连续20个晚上租用你的舞厅，这意味着你失去一些非常有利可图的生意。现在让我们考虑一个'弊'。首先你并不能从我这里获得更多的收入，只会获得的更少，实际上你是在取消这笔收入，因为我付不起你要求的价，所以我只能被迫改在其他的地方办讲座。其次，对你来说，还有一弊。这个讲座吸引了很多有知识、有文化的人来你的饭店。这对你来说是个很好的广告，是不是？实际上，你花了5 000美元在报上登个广告也吸引不了比我讲座更多的人来这个饭店。这对于饭店来说是很有价值的。"

卡耐基把两项"弊"写了下来。然后交给经理说："我希望你能仔细考虑一下，权衡一下利弊，然后告诉我你的决定。"第二天，卡耐基收到一封信，通知他租金只提高到原来的1.5倍，而不是2倍。卡耐基一句也没提自己的要求和利益,而始终在谈判对方的利益以及怎样实施才对对方更有利,但却成功地达到了自己的目的。

第一节　商务谈判策略概述

一、商务谈判策略的含义及特征

(一)商务谈判策略的含义

所谓商务谈判策略,是指在谈判过程中实现谈判任务与目标的方法与手段,包括各种方式、措施、技巧、战术、手段及其反向与组合运用的总称。它依据谈判双方的实力,纵观谈判全局的各个方面、各个阶段的关系,规划整个谈判力量的准备和运用,指导谈判的全过程。

商务谈判策略是一个集合概念和混合概念。一方面它表明,商务谈判中所运用的单一方式、技巧、措施、战术、手段等,都只是商务谈判策略的一部分。对于策略,谈判人员可以从正向来运用,也可以从反向来运用,既可以运用策略的一部分,也可以运用谈判策略几部分的组合。另一方面,它还表明商务谈判中所运用的方式、技巧、措施、战术、手段等是交叉联系的,难以再深入分割与分类。

多数商务谈判策略是事前决策的结果,是科学制定策略本身指导思想的反映,也是谈判实践的经验概括。它规定谈判者在一种能预见和可能发生的情况下,应该做什么,不能做什么。谈判中所采取的许多策略,都要经历酝酿和运筹的过程。酝酿和运筹的过程,也是集思广益的互动过程。只有经过这一过程,才能选择准确、恰当的商务谈判策略。

(二)商务谈判策略的特征

商务谈判策略不仅需要遵循一定的规定,还具有独有的特征,包含以下几点:

1. 针对性

在谈判过程中,谈判人员需要根据商务谈判的具体内容、目标以及人员风格有针对性地制定谈判策略。谈判策略必须有的放矢,在谈判桌上的任何策略都是针对谈判桌上的具体情形而采取的一系列措施和谋略。

2. 计划性

在谈判过程中所使用的策略绝不是临时起意,是事先已经进行过商讨和谋划的。运用策略绝不是盲目的。遇到不同的情况,面对复杂的局面,就要选择不同的策略,这应该在谈判前就计划好。

3. 时效性

不管再有效的策略都不可能一直产生效果,因此商务谈判策略也具有时效性。一般情况下,一定的策略只能在一定的时间内产生效用和效用最大化,超过这段时间,商务谈判策略可能会失效,就必须重新拟定新的策略。

4. 艺术性

在谈判过程中使用策略是为了谈判在友好的氛围中顺利进行,因此商务谈判策略的运用及效果必须具有艺术性。商务谈判策略的运用是为了实现己方的谈判目标,主要为己方服务;但是另一方面,为了能够顺利签订协议并履行,己方还必须和对方保持良好的人际关系。

案例窗口

在西方某国监狱的单间牢房里，犯人通过门上那个瞭望小孔，看到走廊上警卫正在那儿吞云吐雾。凭着他那敏锐的嗅觉，犯人立即断定那是他最爱抽的万宝路牌香烟。他想吸烟想疯了，于是用右手指轻轻地敲了一下门。警卫慢悠悠地踱过来，鄙夷地粗声哼道："干吗？"犯人答道："请给我抽一支烟吧？就是你抽的那种，万宝路牌的。"警卫没有理会犯人的请求，转身要走。犯人又用右手指关节敲门，这一次他是命令式的。"你想干什么？"警卫从嘴里喷出一口浓烟，没好气地转过头来喊。犯人答道："劳驾你给我一支香烟，我只等30秒钟，如果得不到，我就在水泥墙上撞脑袋，直到流血昏倒为止。当监狱的官员把我拉起来苏醒后，我就发誓说是你干的。""当然，他们绝不会相信我。但请你想一想吧，你得出席听证会，在听证会前，你得填写一式三份的报告，你要卷入一大堆审讯事务。你想一想吧，所有这一切就是为了不给我一支不值几个钱的万宝路香烟？只要一支，保证以后再不打搅你了。"结果不言而喻，警卫自然会从瞭望小孔里塞给他一支香烟。

二、商务谈判策略的作用

充分认识和把握商务谈判策略的特征，有助于谈判人员在实践中灵活有效地谋划策略、使用策略。到目前为止，出现了很多商务谈判策略，但是没有发现单一性很突出的商务谈判策略。因为商务谈判是一种复杂的心理活动过程，是一种纷繁的经济现象和社会交往现象，需要从客观实际出发，从不同的角度用不同的眼光去看待和思考策略、使用不同的策略。

1. 恰当的商务谈判策略是实现谈判目标的桥梁

谈判双方因为对彼此都有需求，所以会愿意坐在同一张谈判桌上进行洽商。但是，买方和卖方之间的利益要求是有差别的。如何来协调这种差别，缩短实现目标的距离，那就需要谈判策略来起到桥梁作用。在商务谈判中，不可能完全不运用策略，但并不是只要使用了策略就是可行的。策略可以促进或阻碍谈判的进程，即运用得当的策略可以促进交易的尽快达成；运用不当的策略，在很大程度上起副作用或反作用，延缓或阻碍谈判目标的实现。

2. 商务谈判策略是实现谈判目标的有力工具和利器

把商务谈判策略看作一种"工具"和"利器"，是为了让谈判人员认识、磨炼和灵活地运用它。不同的工具用途是不一样的。如果商务谈判人员拥有的工具多，选择大，则容易出精活、细活。在商务谈判中，如果谈判人员的策略只有几招，就容易被竞争对手识破，也就难以顺利地实现自己的目标。一般情况下，谈判高手能够在众多的谈判策略中选用适合的策略来实现己方的目标。

3. 商务谈判策略具有引导功能

在谈判过程中双方会就各自的利益展开辩论，但是谈判不是一场比赛，不要求决一胜负；也不是一场战争，要将对方消灭。相反，谈判是一项互惠互利的合作事业。因此，在谈判中为了协调不同利益，以合作为前提，避免冲突。形象的比喻谈判双方是"乘坐在同一条船上的人"，谈判最终实现的结果应该是共赢，而不是一方受益一方受损。那么，谈判人员应该在坚持各自目标利益的前提下，共同努力，把船划向成功的彼岸。所以，商务谈判策略被理解为引导谈判顺利发展的航标。

4. 商务谈判策略是谈判中的"筹码"

商务谈判中,参与谈判的各方都希望建立自己这一方的谈判实力,强化己方在谈判中的地位和优势,掌握谈判的主动权。要建立自己的谈判实力,必须有谈判的"筹码"。而要拥有谈判"筹码",必须既做好己方的充分准备工作,又对对方有足够的了解,做到知己知彼。

5. 商务谈判策略具有调节和稳定的作用

商务谈判过程中,为了缓和紧张的气氛,增进彼此了解,有经验的谈判者会选用一些比较轻松的策略来充当"润滑剂"。比如,在谈判开局阶段通过对对方友好的问候,用一些中性的话题来调节气氛,但需要注意的是不要讨论政治相关的敏感话题;在大家比较累的时候,闲聊一些娱乐性话题活跃一下氛围;在谈判出现僵局的时候,运用化解僵局的策略来促使谈判继续进行;当谈判偏离主题的时候,会借用适当的策略来回到主题,避免局部问题偏离大的方向,耽误谈判的进程。

三、制定商务谈判策略的步骤

制定商务谈判策略的步骤是指制定商务谈判策略所应遵循的逻辑顺序,其主要步骤包括以下几个方面(见图 5—1)。

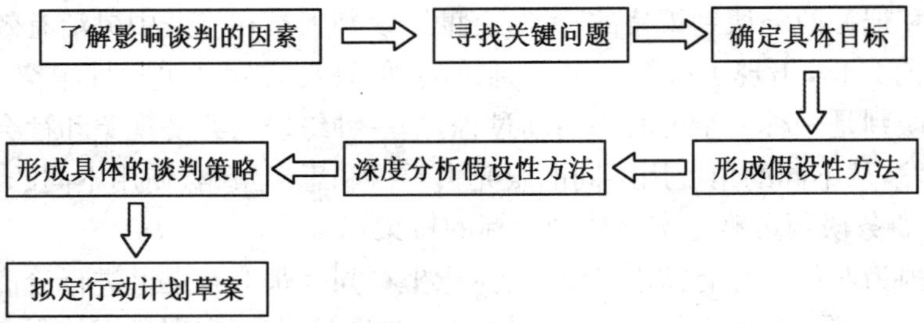

图 5—1　制定商务谈判策略的步骤

1. 了解影响谈判的因素

在制定合理的谈判策略之前要对影响谈判的各因素进行了解和掌控,这也是制定成功谈判策略的基础。影响谈判的各因素包括谈判的背景、谈判中的问题、双方的分歧、态度、趋势、事件或情况等,这些因素共同构成一套谈判组合。首先,谈判人员将这个"组合"分解成不同的部分,并找出每部分的意义。然后,谈判人员进行重新安排,观察分析之后,找出最有利于自己的组合方式。

2. 寻找关键问题

每次谈判虽然涉及的问题会很多,但是一定是围绕一个关键问题展开讨论,要求对问题特别是关键问题做出明确的解释与界定,弄清楚问题的实质,以及该问题对整个谈判的成功会造成什么障碍等。

3. 确定具体目标

前面已经说过商务谈判之前要确定本次谈判的目标,因此商务谈判的策略也要设计一个目标:根据现象分析,找出关键问题,调整和修订原来的目标,或确定一个新目标。

4. 形成假设性方法

商务谈判策略是在谈判之前对谈判过程中涉及的问题进行预测并给出相应的解决之道。因此,根据谈判中不同问题的不同特点,逐步形成解决问题的途径和具体方法,这就要求谈判人员对预见性的问题进行假设，突破常规限制，尽力探索出既能满足自己期望的目标又能解决问题的方法来。

5. 深度分析假设性方法

假设性方法是立于现实问题进行的一种试探和猜想，但并不能保证每一个策略都是合理、有效的。在提出了假设性的解决方法后，对少数比较可行的策略进行深入分析。依据“有效”“可行”的要求，对这些方法进行分析、比较，权衡利弊，并从中选择若干个比较满意的方法与途径。

6. 形成具体的谈判策略

在进行深度分析得出结果的基础上，对拟定的谈判策略进行评价，得出最终结论。

7. 拟定行动计划草案

有了具体的谈判策略，紧接着便是要考虑谈判策略的实施。要从一般到具体提出每位谈判人员必须做到的事项，把它们在时间、空间上安排好，并进行反馈控制和追踪决策。

第二节　开局阶段的策略

前面第四章节我们已经介绍过谈判是要经历一个过程的，整个过程往往呈现出一定的阶段性，并具有很强的阶段性特点。谈判是多种策略的综合运用过程，在每一个阶段往往是多种策略纠合在一起，并不能具体明确在这个阶段到底采用哪一个具体策略，而且有的策略可能在谈判的各个阶段都会采用。但是在谈判的每一个阶段，往往会有一些经常使用的策略，会使得这些策略在这个阶段具有明显的主导性。首先，我们学习开局阶段的策略。

谈判开局策略是谈判者谋求谈判开局有利形势和实现对谈判开局的控制而采取的行动方式或手段。其目的就是为了营造适当的谈判气氛。商务谈判开局策略一般包括以下几个方面：

一、协商式开局策略

协商式开局策略是指以协商、肯定的表达方式进行陈述，使对方对己方产生好感，创造双方对谈判的理解充满“一致性”的感觉，从而使谈判双方在友好、愉快的气氛中展开谈判工作。

协商式开局策略适用于谈判双方实力比较接近的情况。如果双方在过去没有商务往来的经历，那么在第一次谈判开始的阶段都希望有一个好的开端。协商式开局要多用外交礼节性语言、中性话题，使双方在平等、合作、友好的气氛中开局。谈判一方以协商的口吻来征求谈判对手的意见，然后对对方意见表示赞同或认可，双方达成共识。比如可以用“您看这样……怎么样?”的表达方式，以表示充分尊重对方意见的态度。语言表达要友好礼貌，但又不刻意奉承对方。姿态上应该是不卑不亢，沉稳中不失热情，自信但不自傲，把握住适当的分寸，顺利打开局面。

二、坦诚式开局策略

坦诚式开局策略是指以开诚布公的方式向谈判对手陈述自己的观点或意愿，尽快打开谈判局面。

双方过去有业务往来而且并不是第一次谈判就可以用坦诚式开局策略。采取坦诚式开局策略的前提是谈判双方合作关系很好，互相比较了解，将这种友好关系作为谈判的基础。在陈述中可以真诚、热情地畅谈双方过去的友好合作关系，适当地称赞对方在商务往来中的良好信誉。由于双方关系比较密切，可以省去一些礼节性的外交辞令，坦率地陈述己方的观点以及对对方的期望，使对方产生信任感。

坦诚式开局策略有时也可用于实力不如对方的谈判者。当己方实力明显弱于对方，己方在开局时坦率地表明己方存在的弱点，这样反而显得真诚。这种坦诚也表达出实力较弱一方不惧怕对手的压力，充满自信和实事求是的精神，这比"打肿脸充胖子"大唱高调掩饰自己的弱点要好得多。

案例窗口

北京某区一位党委书记在同外商谈判时，发现对方对自己的身份持有强烈的戒备心理，这种状态妨碍了谈判的进行。于是，这位党委书记当机立断，站起来对对方说道："我是党委书记，但也懂经济、搞经济，并且拥有决策权.我们摊子小，并且实力不大，但人实在，愿意真诚与贵方合作。咱们谈得成也好，谈不成也好，至少你这个外来的'洋'先生可以交一个我这样的'土'朋友。"

寥寥几句肺腑之言，打消了对方的疑惑，使谈判顺利地向纵深发展。

案例分析：坦诚式开局策略是指以开诚布公的方式向谈判对手陈述自己的观点或想法，从而为谈判打开局面。坦诚式开局策略比较适合于有长期的合作关系的双方，以往的合作双方都比较满意，双方彼此比较了解，不用太多的客套，减少了很多外交辞令，节省时间，直接坦率地提出自己的观点、要求，反而更能使对方对己方产生信任感。采用这种策略时，要综合考虑多种因素，例如，自己的身份、与对方的关系、当时的谈判形势等。

三、慎重式开局策略

慎重式开局策略是指以严谨、凝重的语言进行陈述，表达出对谈判的高度重视和鲜明的态度，目的在于使对方放弃某些不适当的意图，以达到把握谈判的目的。慎重式开局策略适用于谈判双方过去有过商务往来，但对方曾有过不太令人满意的表现，己方要通过严谨、慎重的态度，引起对方对某些问题的重视。例如，可以对过去双方业务关系中对方的不妥之处表示遗憾，并希望通过本次合作能够改变这种状况。可以用一些礼貌性的提问来考察对方的态度、想法，不急于拉近关系，注意与对方保持一定的距离。这种策略也适用于己方对谈判对手的某些情况存在疑问，需要经过简短的接触摸底。当然慎重并不等于没有谈判诚意，也不等于冷漠和猜疑，这种策略正是为了寻求更有效的谈判成果而使用的。

四、进攻式开局策略

进攻式开局策略是指通过语言或行为来表达己方强硬的姿态，从而获得谈判对手必要的尊重，并借以制造心理优势，使谈判顺利进行下去。使用这种开局一定要谨慎，否则会起到反效果。一般情况下，进攻式开局策略只有在特殊情况下使用：例如发现谈判对手居高临下，以某种气势压人，有某种不尊重己方的倾向，如果任其发展下去，对己方是不利的，因此要变被动为主动，不能被对方气势压倒。采取以攻为守的策略，捍卫己方的尊严和正当权益，使双方站在平等的地位上进行谈判。进攻式策略要运用得好，必须注意有理、有利、有节。进攻式谈判如果使用不当可能会使谈判一开始就陷入僵局。要切中问题要害，对事不对人，既表现出己方的自尊、自信和认真的态度，又不能过于咄咄逼人，使谈判气氛过于紧张，一旦问题表达清楚，对方也有所改观，就应及时调节一下气氛，使双方重新建立起一种友好、轻松的谈判气氛。

第三节　报价阶段的策略

谈判双方在结束了开局交谈之后，就要将话题转向有关交易内容的正题，即开始报价。这里所谓的报价不仅是指产品在价格方面的要求，而是包括价格在内的关于整个交易的各项条件（包括商品的数量、质量、包装、价格、装运、保险、支付、商检、索赔、仲裁等）。其中价格条件具有重要的地位，是商务谈判的核心。接下来为大家介绍几种主要的报价阶段策略。

一、价格起点策略

在报价开始的时候，报价的高低是关键。作为买方，报价起点要尽可能低，出最低的价；作为卖方，报价起点要尽可能高，出最高的价。商务谈判的惯例是“开价要高，出价要低”。为了在后期有讨价还价的余地，一般来说谈判双方在提出各自的报价时，都有虚报的成分，当然这也是合乎谈判规律的。

这里主要介绍两种起点报价的策略即欧式报价和日式报价。

1. 欧式报价

欧式报价，是指卖方提出一个高于本方实际要求的谈判起点来与对手讨价还价，最后再做出让步达成协议的谈判策略。

曾经就有谈判专家做过试验，来论证欧式报价的作用。结果发现这样的规律：如果买主出价较低，则往往能以较低的价格成交；如果卖主喊价较高，则往往也能以较高的价格成交；如果卖主喊价出人意料地高，只要能坚持到底，则在谈判不致破裂的情况下，往往会有很好的收获。当然在采取欧式报价策略时，喊价要狠，让步要慢。凭借这种方法，谈判者一开始便可削弱对方的信心，同时还能乘机考验对方的实力并确定对方的立场。

2. 日式报价策略

日式报价，是指先提出一个低于己方实际要求的谈判起点，以让利来吸引对方，试图首先去击败参与竞争的同类对手，然后再与被引诱上钩的卖方进行真正的谈判，迫使其让步，达到自己的目的。当面临竞争比较激烈的环境时，可以使用这种报价方法。

日式报价的起点虽然是最低的，但它却在价格以外的其他方面提出了最利于本方的条件。对于买方来说，要想取得更好的条件，他就不得不考虑接受更高的价格。因此，低价格并不意味着卖方放弃对高利益的追求。即使采取日式报价策略，企业也是为了争取更多的利益，与欧式报价最终产生的结果是一样的，两者只有形式上的不同，而没有实质性的区别。相对来说，日式报价更有利于竞争，欧式报价则比较符合人们的价格心理。

二、除法报价策略

该策略是一种价格分解术，以商品的数量或使用时间等概念为除数，以商品价格为被除数，得出一种数字很小的价格，使买主对本来不低的价格产生一种便宜、低廉的感觉。如为了说服买家购买价格比较昂贵的商品，可以把总价进行平摊，平均到每一天的费用上，这样买家就容易接受了。

三、加法报价策略

加法报价策略是指在商务谈判中，有时怕报高价会吓跑客户，就把价格分解成若干层次渐进提出，使若干次的报价，最后加起来仍等于当初想一次性报出的高价。

例如，企业向购买方推荐机械设备，机械设备总价较高，企业在报价的时候可以把机器费用、送货费用、安装费用、检测费用和后期维护费用进行拆分，分成每一部分报价给顾客，这样容易让人接受。

采用加法报价策略，卖方多半是靠所出售的商品具有系列组合性和配套性。买方一旦买了一件产品，就不可能不购买产品相关联的商品或服务。针对这一情况，作为买方，在谈判前就要考虑商品的系列化特点，谈判中及时发现卖方“加法报价”的企图，挫败这种“诱招”。

四、差别报价策略

差别报价是指在商务谈判中针对客户性质、购买数量、交易时间、支付方式等方面的不同，采取不同的报价策略。这种价格差别，体现了商品交易中的市场需求导向，在报价策略中应重视运用。对老客户或大批量需求的客户也是企业的重点客户，为加强客户的忠诚度、巩固良好的客户关系或建立起稳定的交易联系，可根据购买数量的多少给予一定的价格折扣；对新客户，有时为开拓新市场，也可给予适当让价；对某些需求弹性较小的商品，可适当实行高价策略；但是当买方急切需要购买商品时，就不需要给价格折扣了。

五、对比报价策略

使用对比报价可以让顾客清楚地认识到价格之间的差距，增强说服力。对比报价是指向对方抛出有利于本方的多个商家同类商品交易的报价单，设立一个价格参照系，然后将所交易的商品与这些商家的同类商品在性能、质量、服务与其他交易条件等方面做出有利于本方的比较，并以此作为本方要价的依据。价格谈判中，使用对比策略，往往可以增强报价的可信度和说服力，一般有很好的效果。报价对比可以从多方面进行。例如，将本商品的价格与另一可比商品的价格进行对比，以突出相同使用价值的不同价格；将本商品及其附加各种利益后的价格与可比商品不附加各种利益的价格进行对比，以突出不同使用价值的不同价格；将本商品的价格与竞争者同一商品的价格进行对比，以突出相同商品的不同价格等。

六、数字陷阱策略

数字陷阱是指卖方抛出自己制作的商品成本构成计算表（其项目繁多，计算复杂）给买方，用以支持本方总要价的合理性。谈判者在数据上做文章，诱使对方落入陷阱。运用此策略可以为本方谋取到较大利益，击退或是阻止对方的强大攻势。但是成本构成计算表被对方找出明显错误，则本方就会处于被动局面，易使谈判复杂化，进程缓慢。

此策略一般是在商品交易内容多，成本构成复杂，成本计算方法无统一标准，或是对方攻势太盛的情形下使用。实施时成本计算方法要有利于本方，成本分类要细化，数据要多，计算公式要尽可能繁杂，水分要掺在计算复杂的成本项中，水分要掺得适度。一句话，就是要使对方难以核算总成本，难以发现“水分”所在，从而落入本方设计好的“陷阱”，接受本方的要价。

第四节　磋商阶段的策略

磋商阶段也可叫讨价还价阶段，它是谈判的核心环节，也是最困难最可能产生争论的阶段。磋商的过程及其结果直接关系到谈判双方所获利益的大小，决定着双方各自需要的满足程度。因此，选择恰当的策略来规划这一阶段的谈判行为，有着十分重要的意义。

磋商既是双方求同存异、合作、谅解、让步的过程，也是双方斗智斗勇，在谈判实力、经验和智力等诸多方面展开具体较量的过程，谈判策略和技巧的作用在本阶段得到了充分体现。

一、优势条件下的谈判策略

（一）不开先例策略

不开先例策略，是指在谈判中，握有优势的当事人一方为了坚持和实现自己所提出的交易条件，以没有先例为由来拒绝让步促使对方就范，接受自己条件的一种强硬策略。在谈判中，当双方产生争执时，谈判双方希望既能达成共识又不伤彼此的和气，不开先例就是一个两全其美的好办法。

人们的习惯心理往往会和过去的经历对比，不开先例策略就是利用人们这种习惯心理。当然，既然不开先例是一种策略，因此，提出的一方就不一定真是没开过先例，也不能保证以后不开先例。它只说明，对应用者是不开先例。因此，采用这一策略时，必须要注意另一方是否能获得必要的情报和信息来确切证明不开先例是否属实。如果对方有事实证据表明，你只是对他不开先例，那就会弄巧成拙，适得其反了。

（二）先苦后甜策略

先苦后甜是符合人们的心理发展规律的，而先甜后苦则会让人产生强烈的消极情绪，而且苦更能衬托甜。先苦后甜策略，是指在谈判中先用苛刻的条件使对方产生疑虑、压抑等心态，以大幅度降低对手的期望值，然后在实际谈判中逐步给予优惠或让步，使对方的心理得到了满足而达成一致的策略。先苦后甜策略就是用“苦”降低对方的期望值，用“甜”满足对方的心理需要，因而很容易实现谈判目标，使对方满意地签订合同，使本方从中获取较大利益。

例如，我们在一次商品交易中，买方想要卖方在价格上多打些折扣，但同时也估计到如果自己不增加购买数量，卖方很难接受这个要求。于是买方在价格、质量、包装、运输条件、交货期限、支付方式等一系列条款上都提出了十分苛刻的要求，并草拟了有关条款作为洽谈业务的蓝本。然后在讨价还价的过程中，买方会让卖方明显地感到在绝大多数的交易项目上买方都“忍痛”做了重大让步。这时，卖方鉴于买方的慷慨表现，在比较满足的情况下，往往会同意买方在价格上多打些折扣的要求，这样买方并没有另外多费口舌就实现了自己的目标。

但是值得注意的是，在实际应用中，先苦后甜的应用是有限度的，在决定采用时要注意分寸，也就是说所提出的条件不能过于苛刻。

（三）价格陷阱策略

所谓“价格陷阱”策略，是指谈判中的一方利用市场价格预期上涨的趋势以及人们追涨的心理，把谈判对手的注意力吸引到价格问题上来，使其忽略对其他重要条款的讨价还价的一种策略。在这种策略中，价格上涨只是一种预期，但真正上涨还需要一定的时间去实现。

例如，某产品销售商对买方说：“贵方是我公司的老客户了，因此，对于贵方的利益，我方理应给予特别照顾。现在，我们获悉，今年年底前，我方经营的产品市场价格将要上涨，为了使你方在价格上免遭不必要的损失，如果你方打算订购这批货，就可以趁目前价格尚未上涨的时机，在订货合同上将价格条款按现价确定下来，这份合同就具有价格保值作用，不知贵方意下如何？”在此时，如果市场价格确实有可能上涨，这个建议就会很有诱惑力。

（四）期限策略

期限策略是指在商务谈判中，处于竞争优势的一方向对方提出的达成协议的时间限期，超过这一限期，提出者将退出谈判，以此给对方施加压力，使其尽快做出决策的一种策略。当对方急于完成谈判的时候会特别担心谈判破裂，一旦破裂，对方损失巨大。事实上，大多数贸易谈判，特别是那种双方争执不下的谈判基本上都是到了谈判的最后期限或者临近这个期限才出现突破并进而达成协议的。最后期限带有明显的威胁性。每一个交易行为中都包含了时间因素，时间就是力量，时间限制的无形力量往往会使对方在不知不觉的情况下接受谈判条件。

选用最后期限的策略，目的是督促对方尽快地达成协议，而不是使谈判破裂，因而，运用时必须注意以下五点。

1. 所规定的最后期限是对方可接受的

所规定的最后期限是在一定范围内的，一方面要给对方造成紧迫感和压力，另一方面也要是对方能够接受的时间期限。无理的、给对方来不及思考的最后期限常会导致谈判策略的失效。

2. 所规定的最后期限必须是严肃的

尽管该期限将来是可以更改或作废的，但到最后期限到来以前，提出最后期限的一方要表明执行最后期限的态度是坚决的。

3. 配合一些小的让步来促成交易

在向对方提出最后期限的同时也可以给出一些无伤大雅的优惠，避免因“规定最后期限”给对方形成咄咄逼人的感觉，使双方在达成协议的态度上更加灵活一些。

4. 委婉的表达方式

在表达限定内容时，态度宜委婉、真诚，采用征询式更好，比如：“由于我们最近业务很多，请您谅解，这次谈判是安排在明日上午 11:00 结束，可以吗？十分感谢您的配合。”

5. 拿出一些令人信服的证据

比如行业惯例、市场法规、政府政策都可以拿出来作为说服对方的依据。

在众多谈判中，有意识地使用最后期限法以加快谈判的进程，并最终达到自己的目的的高明的谈判者往往利用最后期限的谈判技巧，巧妙地设定一个最后期限，使谈判过程中纠缠不清、难以达成的协议在期限的压力下，得以尽快解决。

案例窗口

在美国的一个偏远小镇上，由于法官和法律人员有限，因此组成了一个由 12 名农民组成的陪审团。按照当地的法律规定，只有当这 12 名陪审团成员都同意时，某项判决才能成立，才具有法律效力。有一次，陪审团在审理一起案件时，其中 11 名陪审团成员已达成一致看法，认定被告有罪，但另一名认为应该宣告被告无罪。由于陪审团内意见不一致，审判陷入了僵局。其中 11 名企图说服另一名，但是这位代表是个年纪很大、头脑很顽固的人，就是不肯改变自己的看法。从早上到下午审判不能结束，11 个农民有些心神疲倦，但另一个还没有丝毫让步的意思。

就在11个农民一筹莫展时，突然天空布满了阴云，一场大雨即将来临。此时正值秋收过后，各家各户的粮食都晒在场院里。眼看一场大雨即将来临，那11名代表都在为自家的粮食着急，他们都希望赶快结束这次判决，尽快回去收粮食。于是都对另一个农民说："老兄，你就别再坚持了，眼看就要下雨了，我们的粮食在外面晒着，赶快结束判决回家收粮食吧。"可那个农民丝毫不为之所动，坚持说："不成，我们是陪审团的成员，我们要坚持公正，这是国家赋予我们的责任，岂能轻易做出决定，在我们没有达成一致意见之前，谁也不能擅自做出判决！"这令那几个农民更加着急，哪有心思讨论判决的事情。为了尽快结束这令人难受的讨论，11个农民开始动摇了，考虑开始改变自己的立场。这时一声惊雷震破了11个农民的心，他们再也忍受不住了，纷纷表示愿意改变自己的态度，转而投票赞成那一位农民的意见，宣告被告无罪。

按理说，11个人的力量要比一个人的力量大。可是由于那1个坚持己见，更由于大雨的即将来临，使那11个人在不经意中为自己定了一个最后期限：下雨之前，最终被迫改变了看法，转而投向另一方。在这个故事中，并不是那1个农民主动运用了最后期限法，而是那11个农民为自己设计了一个最后的期限，并掉进了自设的陷阱里。

(五)声东击西策略

这种策略是指商务谈判中，己方为了避免长时间的争论，有意识地将磋商的议题引导到无关紧要的问题上故作声势，转移对方注意力，以求实现自己的谈判目标。具体做法是在无关紧要的事情上纠缠不休，或在自己不成问题的问题上大做文章，以分散对方对自己真正要解决问题上的注意力，从而在对方无警觉的情况下，顺利实现自己的谈判意图。比如，对方最关心的是价格问题，而我方最关心的是交货时间。这时，谈判的焦点不要直接放到价格和交货时间上，而是放到价格和运输方式上。

采用声东击西策略的关键是要清楚地了解对方是否觉察到自己的动机，如果对方已经察觉己方真正的目的，那么声东击西策略就无用武之地了。

(六)先声夺人策略

先声夺人的谈判策略，是在谈判开局中借助于己方的优势和特点，以求掌握主动的一种策略，主要是在对方的心理上抢占优势。

先声夺人策略是一种极为有效的谈判策略，但一定要适度，运用不适当会给对方留下强势、霸道的印象，反而会使对方反感，激起对方的抵制心理，破坏谈判。因此，采用先声夺人的"夺"应因势布局，顺情入理，适当地施加某种压力也是可以的，但必须运用得巧妙、得体，才能达到"夺人"的目的。

二、劣势条件下的谈判策略

(一)吹毛求疵策略

吹毛求疵策略就是故意挑毛病，在商务谈判中针对对方的产品提出一大堆的问题和要求，这些问题有真有假，这样做的目的就是为了使对方的信心降低，从而做出让步的策略。

该策略使用的关键点在于提出的挑剔问题应恰到好处，把握分寸，对提出的问题和要求不能过于苛刻，否则会让对方觉得你没有合作诚意。此外，提出的问题一定是对方商品中确实存在的，而不能无中生有。

（二）以柔克刚策略

以柔克刚策略是在谈判出现双方争论不下、谈判进程缓慢时，采取软的手法来迎接对方硬的态度，避免正面冲突，从而达到制胜目的的一种策略。中国古代的太极就是以柔克刚的典型，以柔克刚能避开对方的锋芒，以静制动，以逸待劳。在谈判中有时会遇到盛气凌人、锋芒毕露的对手，他们的共同特点是刚愎自用、趾高气扬、居高临下，总想指挥或控制对方。这样的谈判者，以硬碰硬固然可以，但往往容易形成双方情绪的对立，危及谈判终极目标的实现，在这种情况下己方谈判人员可以以平和柔缓的持久战磨其棱角，挫其锐气，挑起他的厌烦情绪，伺机反守为攻，夺取谈判的最后胜利。当然以柔克刚的策略需要一定的时间，十分考验谈判人员的耐心，只有谈判人员言谈举止有理、有利、有节，才能让对方自乱阵脚。

（三）难得糊涂策略

难得糊涂是一种防御性策略，当己方在谈判中处于弱势，或者出现不利的局面时，己方可以故作糊涂，并以此为掩护来麻痹对方的斗志，以达到蒙混过关的目的。假装糊涂可以化解对手的步步紧逼，绕开对己方不利的条款，而把谈判话题引到有利于己方的交易条件。当对方发现你误解了他的意思时，往往会赶紧向你解释，在不知不觉中受你的话语影响，在潜移默化中接受你的要求。所以，谈判老手总是把“难得糊涂”作为他们的一个信条，必要时就潇洒地“糊涂”一回。

（四）疲惫策略

疲惫策略，是指通过长时间、多次的谈判，逐渐消磨对手的锐气，使其疲惫，以扭转己方在谈判中的不利地位和被动的局面，到了对手精疲力竭之时，己方反守为攻，抱着以理服人的态度，摆出己方的观点，促使对方接受己方条件的一种策略。在商务谈判中，有时会遇到一种实力较强但锋芒毕露、咄咄逼人的谈判对手，他们以各种方式表现其居高临下、先声夺人的挑战姿态。对于这类谈判者，疲劳策略是一个十分有效的应对策略。

（五）权力有限策略

权力有限策略，是指在商务谈判中，实力较弱的一方的谈判者被要求向对方做出某些条件过高的让步时，宣称在这个问题上授权有限，无权向对方做出这样的让步，或无法更改既定的事实，以使对方放弃所坚持的条件的策略。

这种策略的一种做法往往是隐蔽手中的权力，推出一个“假设的决策人”，以避免正面或立即回答对方的问题。例如，“您的问题我很理解，但需向有关部门的领导汇报。”“我本人无权回答贵方提出的问题，需向我的上级请示才能答复。”等。这种策略通常是实力较弱一方的谈判人员在不利的情况下使出的一张“盾牌”。“权力有限”作为一种策略，则不完全是事实，而只是一种对抗对手的盾牌。

三、均势条件下的谈判策略

（一）投石问路策略

投石问路策略是在不知道对方虚实的情况下，通过一些具有吸引力的话题来同对方交谈，从而推断出对方意图的策略。即在谈判的过程中，谈判者有意提出一些假设条件，通过对方的反应和回答，来琢磨和探测对方的意向，抓住有利时机达成交易的策略。其目的是弄清对方的虚实，尽可能得到一些通常不易获得的资料，从而为谈判做出最佳的选择。

例如，“如果我们购买的数量增加一倍，你方的价格是多少？”“如果我们自己供给材料（或工具或技术），你们的价格能再优惠吗？”“如果我们在你处购买全套设备呢？”等。

此策略一般是在市场价格行情不稳定、无把握，或是对对方不大了解的情形下使用。该策略可以更进一步了解对方的商业习惯和动机，了解对方的要求和意向，以及可能成交的最低价格。通过这种探问的方式，试探对方的价格情况，从而使本方在讨价还价中做到心中有数。

例如，一个经销商企业想从某玩具厂购买一批玩具，在自己的渠道中销售，为了获取更多的利润，就想要个合适的价格，但对该玩具的生产成本、生产能力、最低价格等情况不摸底。如果直接问厂方，得到的答复肯定是较高的报价和一大堆关于生产成本、生产能力方面的虚假数据。怎么办？经销商企业的采购人员到了工厂，不说明自己要购买的数量和最高价格，而是要求厂方分别就200套、2 000套、10 000套玩具进行估价。厂方不知道来者要购买的数量，只是如实按"多购从优"的原则，分别按买方要求的批量估价。采购人员拿到标价单后，通过仔细地分析和推敲，较为准确地估算出该厂的生产成本、设备费用的分摊情形、生产能力以及价格策略等情况，从而掌握了谈判的主动权，以理想的价格购到2 000套玩具。

(二)先造势后还价策略

这种策略是指在对方报价后不急于还价，而是指出市场行情的变化态势即价格的走向，或是强调本方的实力与优势，给对方造成自己这一方实力很强的印象，然后再提出本方的要价一种策略。

此策略一般是在对方有求于与本方达成交易，且市场行情明显有利于本方，或本方优势突出的情形下使用。实施时，造势要有客观事实依据，表达的语气要肯定，还价的态度要坚决，同时根据需要，灵活掌握造势的尺度。

(三)欲擒故纵策略

欲擒故纵策略是指在谈判中的一方虽然想做成某笔交易，却装出满不在乎的样子，将自己的急切心情掩盖起来，似乎只是为了满足对方的需求而来谈判，使对方急于谈判，主动让步，从而实现先"纵"后"擒"的目的的策略。欲擒故纵策略实施的关键因素是哪一方在谈判中更急于求成，哪一方就会在谈判中先让步。主要通过刺激和强化对方的谈判需要而淡漠己方的谈判需要，使对方急于完成谈判从而主动让步。这种策略的具体做法是，注意使自己的态度保持不冷不热、不紧不慢。

在运用这一策略时应该注意以下几点：

1. 要给对方以希望

谈判中表现得若即若离，每一"离"都应有适当的借口，不让对方轻易得到，也不能让对方轻易放弃。当对方再一次得到机会时，就会倍加珍惜。

2. 要给对方以礼节

注意言谈举止，不要有羞辱对方的行为，避免从情感上伤害对方，转移矛盾的焦点。

3. 要给对方以诱饵

要使对方觉得确实能从谈判中得到实惠，这种实惠足以把对方重新拉回到谈判桌上，不至于让对手稍"纵"即走，使自己彻底凉快了。

(四)大智若愚策略

大智若愚策略是指谈判的一方故意装出糊里糊涂，惊慌失措，犹豫不决，反应迟钝，以此来松懈对方的意志，达到后发制人的目的的策略。

有时候看上去"笨"可以麻痹对方，使对方放低戒心。在回答一些难以回答的问题时，为了争取充分的时间，可以让对方重复所提出的问题，或推托要请示领导自己不能决定，或让自己的助手做一些无关紧要、非实质性的答复，或顾左右而言他，最终使对方失去耐心。在运用这一策略时应大胆地说,“我不知道”或“请你再说一遍”。

（五）走马换将策略

走马换将策略是指在谈判桌上的一方遇到关键性问题或与对方有无法解决的分歧时,借口自己不能决定或其他理由,转由他人再进行谈判的策略。这里的“他人”或者是上级、领导,或者是同伴、合伙人、委托人、亲属和朋友。

运用这种策略的目的在于:通过更换谈判主体,侦查对手的虚实,耗费对手的精力,削弱对手的议价能力;为自己留有回旋余地,进退有序,从而掌握谈判的主动权。作为谈判的对方需要不断向使用走马换将策略的这一方陈述情况,阐明观点,面对更换的新的谈判对手,需要重新开始谈判。这样会付出加倍的精力、体力和投资,时间一长,难免出现漏洞和差错。这正是运用走马换将策略一方所期望的。

走马换将策略的另外一个目的是能够补救己方的失误。前面的主谈人可能会有一些遗漏和失误,或谈判效果不尽如人意,则可由更换的主谈人采取补救,并且顺势抓住对方的漏洞发起进攻,最终获得更好的谈判效果。

（六）浑水摸鱼策略

浑水摸鱼策略是指在谈判中,故意搅乱正常的谈判秩序,将许多问题一股脑儿地摊到桌面上,使人难以应付,借以达到使对方慌乱失误的目的的策略。这也是在业务谈判中比较流行的一种策略。比如,在会谈开始,对方报价以后,并没有针对价格展开讨价还价,而是就质量标准、数量、价格、包装、运输工具、支付方式、送货日期和售后服务等提出一大堆问题,把事情弄得很复杂。有人会提出一大堆琐碎资料和繁杂的数字,使对方考虑没有思想准备的问题,促使对方屈服或犯错误。

（七）红白脸策略

红白脸策略又称软硬兼施策略,是指在商务谈判过程中,利用谈判者既想与你合作,但又不愿与有恶感的对方人员打交道的心理,以两个人分别扮演“红脸”和“白脸”的角色,诱导谈判对手妥协的一种策略。这里的“白脸”是强硬派,在谈判中态度坚决,寸步不让,咄咄逼人,几乎没有商量的余地。这里的“红脸”是温和派,在谈判中态度温和,拿“白脸”当武器来压对方,与“白脸”积极配合,尽力撮合双方合作,以致达成于己方有利的协议。

使用这种策略,在谈判初始阶段,先由唱白脸的人出场,他通常苛刻无比,强硬僵死,让对手产生极大的反感。当谈判进入僵持状态时,红脸人出场,他表现出体谅对方的难处,以合情合理的态度照顾对方的某些要求,并放弃自己一方的某些苛刻条件和要求,做出一定的让步,扮演一个“红脸”的角色。实际上,他做出这些让步之后,所剩下的那些条件和要求,恰恰是原来设计好的必须全力争取达到的目标。

（八）休会策略

休会策略是当谈判出现低潮或谈判出现僵局的时候,暂停谈判进程的一种策略。有时候,当谈判进行到一定阶段或遇到某种障碍时,谈判双方或其中一方会提出休会,以使谈判人员恢复体力和调整对策,推动谈判的顺利进行。

当谈判出现僵局,双方会争执不下,这个时候暂停谈判可以给双方一个缓和情绪的时间。在暂停期间,可以给对方提供点茶水或者咖啡,当对方情绪缓和后再继续之前讨论的问题,对方也比较能接受。

（九）润滑策略

润滑策略指谈判人员在谈判中为了解决最后的分歧,做出一些对自己来说不影响全局但又有利于对方的让步，以此促成对方让步的一种策略。如为了表示友好和联络感情而互相馈赠礼品，或者在某些条款上做出些微的让步。人们对这一策略的褒贬评价各不相同。反对者认为，赠送礼品有行贿之嫌，而接受礼品则有受贿之嫌。赞成者认为，赠送礼品是人之常情，也是表达双方感情的一种方式，有助于谈判成功。我们同意后者观点。特别是在涉外谈判中，就许多国家的习俗来讲，互赠礼品同互致问候一样，是双方友好交往的必要手段。因此，在涉外谈判中，应当学会掌握运用这一策略。

第五节　成交阶段的策略

经过开局、报价、磋商阶段，当谈判双方就前面的问题达成一致时，就进入最后的成交阶段。成交阶段是谈判双方最终确立交易条件，缔结协议的过程，同时也是他们各自的利益得以最终确立的过程。虽然是谈判的最后阶段，但要是没有采取正确的策略就有可能功败垂成，之前所有的努力都付之一炬。因此，即使在谈判的最后阶段，谈判人员也要采取合理的策略确保谈判最后的成功。

一、场外交易策略

场外交易策略是指当谈判进入成交阶段，双方将最后遗留的个别问题的分歧意见放下，东道主一方安排一些旅游、酒宴、娱乐项目，以缓解谈判气氛，争取达成协议的做法。

在谈判后期，如果仍然把个别分歧问题摆到谈判桌上来商讨，往往难以达成协议。一是经过长时间的谈判，已经令人很烦闷，影响谈判人员的情绪，相应地还会影响谈判协商的结果；二是谈判桌上紧张、激烈、对立的气氛及情绪迫使谈判人员自然地去争取对方让步，而即使是正常的应该的，但在最后的一个环节上的让步，让步方会认为丢了面子，可能会被对方视为战败方；三是即使某一方主谈或领导人头脑很清楚冷静，认为做出适当的让步以求尽快达成协议是符合本方利益的，但因同伴态度坚决、情绪激昂而难以当场做出让步的决定。此时，运用场外交易策略是最为恰当的。

场外轻松、友好、融洽的气氛和情绪则很容易缓和双方剑拔弩张的紧张局面。轻松自在地谈论自己感兴趣的话题，交流私人感情，有助于化解谈判桌上激烈交锋带来的种种不快。这时适时巧妙地将话题引回到谈判桌上遗留的问题上来，双方往往会很大度地相互做出让步而达成协议。

二、成交时机判断策略

谈判是一个过程，需要花费一定的时间，但并不意味着谈判时间越长越好。谈判人员应该抓准时机达成最后的交易。那么，成交时机怎么来判断呢？

（一）对手由对一般问题的探讨延伸到对细节问题的探讨

例如，在经过一段时间洽谈后，对方忽然问："你们送货需要多长时间？"这是一种有意表现出来的成交迹象，你要抓住时机明确地要求他购买。

（二）以建议的形式表示他的遗憾

当客户仔细打量、反复查看商品后，像是自言自语地说："要是有多种颜色选择就好了。"这说明他对商品很中意，但却发现有不理想之处，只是枝节问题或小毛病，无碍大局。你最好马上承诺做些改进，同时要求与他成交。

（三）当对方开始附和你介绍的商品的功能

当你在介绍商品功能时，对方随声附和甚至接过话头讲得比你还要具体时，这也是可能成交的信号。你就要鼓励他试用一下，让他亲身体验，加深印象，刺激购买。

（四）当谈判小组成员的表情放松的时候

相互间会意地点头、用眼睛示意时，也是你要求成交的好时机，可以将话题向这方面引，即使不能马上成交，也会加速成交进程。

除了上面介绍的信号外，谈判人员要抓住一切机会促成交易，特别是对方讲话时所发出的信号，也许他是无意识的，这样对你更有利。比如当顾客开始问起价格折扣的时候，就说明他对你的商品很有兴趣。

三、促成最后交易策略

（一）不忘最后的获利

通常，在双方将交易的内容、条件大致确定，即将签约的时候，精明的谈判人员往往还要利用最后的时刻，去争取最后的一点收获。在成交阶段最后收获的常规做法是：在签约之前，突然提出一个小小的请求，要求对方再让出一点点。由于谈判已进展到签约的阶段，谈判人员已付出很大的代价，也不愿为这一点点小利而伤了友谊，更不愿为这点小利而重新回到磋商阶段，因此往往会很快答应这个请求，以求尽快签约。

（二）争取最后的让步

针对磋商阶段遗留的最后一两个有分歧的问题，需要通过最后的让步才能求得一致。在许多情况下，到谈判的最后关头，往往对方管理部门中的重要高级主管会出面，参加或主持谈判。这时我们便可争取最后让步。

案例窗口

某百货商场的采购员到一家服装厂采购一批冬季服装。采购员看中一款皮夹克，问服装厂经理："多少钱一件？"服装厂经理回答："500元一件。""400元行不行？""不行我们这是最低售价了，再也不能少了。"采购员又说："咱们商量商量，总不能要什么价就什么价，一点也不能降吧？"服装厂经理感到冬季马上到来，正是皮夹克的销售旺季，不能轻易让步。所以，很干脆地说："不能让价，没什么好商量的。"采购员见话已说到这个地步，没什么希望了，扭头就走了。

过两天，另一家百货商场的采购员也来了。他问经理："多少钱一件？"回答依然是500元。采购员又说："我们会多要你的，采购一批，最低可多少钱一件？""我们只批发，不零卖。今年全市批发价都是500元一件。"这时，采购员不还价，而是不慌不忙地检查产品。过一会儿，采购员讲："你们的厂子是个大厂，信誉好，所以我到你们厂来采购。不过，你们的这批皮夹克式样有些过时了，去年这个样式还可以，今年已经不行了，而且颜色也单调。你们只有黑色的，而今年皮夹克的流行色是棕色和天蓝色。"他边说边看其他的产品，突然看到有一件的口袋有缝，马上对经理说："你看，你们的做工也不如其他厂子精细。"他又边说边检查，又发现有件衣服后背的皮子不好，便说："你看，你们这衣服的皮子质量也不好。现在顾客对皮子的质量要求特别讲究。这样的皮子和质量怎么能卖这么高的价钱呢？"这时，经理沉不住气了，自己也对产品的质量产生了怀疑。于是，用商量的口气说："你要真想买，而且要得多的话，价钱可以商量，你给个价吧！”“这样吧，我们也不能让你们吃亏，我们购50件，400元一件，怎么样?”采购员立马出了个价。“价钱太低，而且你们买得也不多。”“那好吧，我们再多买点，100件，每件再多30元，行了吧?”“好，我看你也是个痛快人，就依你的意见办！”服装厂经理终于同意了，于是，双方在微笑中达成了协议。

商务谈判的过程实际上也是一样。好的谈判者并不是一味固守立场，追求寸步不让，而是要与对方充分交流，从双方的最大利益出发，创造各种解决方案，用相对较小的让步来换得最大的利益，而对方也是遵循相同的原则来取得交换条件。在满足双方最大利益的基础上，如果还存在达成协议的障碍，那么就不妨站在对方的立场上，替对方着想，帮助扫清达成协议的一切障碍。这样，最终的协议是不难达成的。

(三)注意为双方庆贺

在商务谈判即将签约或已经签约的时候，可谓大告成功。此时，我方可能心中暗喜，以为自己在交易中比对方得的更多，但这时我方一定要注意为双方庆贺，强调谈判的结果是我们共同努力的结晶，满足了双方的需要。同时，不要忘记赞扬对方谈判人员的才干。这样做会使对方心理得到平衡和安慰，并感到某种欣慰，为以后双方的履约和往来打下良好的基础。

(四)慎重地对待协议谈判的成果

要靠严密的协议来确认和保证，协议是以法律形式对谈判成果的记录和确认，它们之间应该完全一致，不得有任何误差。

知识链接

谈判“九字诀”

“分”字诀

条件要一点点地提出来，采取逐渐渗透的策略，就会在对方认为没有多大关系的时候，取得最后的胜利。协议可以积少成多。用钱来打比方，假如是一项1 000万元的工程，你张口就说“1 000万元，请盖章吧。”没人敢说“OK”。但是把它分解一下，说“这里10万元行吗?”对方当场就能敲定。接着谈下去，10万元协议做成5个，那么这一天就达成了50万元的协议。开始时以10万元的条件让对方说出“OK”最终养成了“OK”的习惯，这就是最佳的效果。

“忍”字诀

真正的谈判从遭到拒绝开始，遭到拒绝就心里别扭的人，成不了气候。无论被逼到多么危急的地步，都要不动声色，面带微笑。这样对方会认为你肯定还暗藏着什么起死回生的撒手锏，这时，他们开始做出让步。拍案而起等于失败。

“记”字诀

应当牢记那些枯燥的数字和专用名称，这是说服对手最有效的武器。牢牢地记住那些平常记不住的详细数字和专用名称，做到脱口而出。能给对方留下做过调查和有备而来的印象，起到立竿见影的效果。令对方感到你是内行后再说服对方就容易多了。

“礼”字诀

真正懂礼的人，只是在需要的时候礼貌待人，恰当地表现一下就足够了。一个人失礼与否取决于最后的印象。尽管你的发言措辞激烈，但最后总结诚心诚意地道歉，人家带回去的也是最后的这个印象。边倾听边记录，对方会满意，谈判中让对方感到满意就是成功的一半，尤其是那些经营者，他们认为自己说的都是从亲身经历总结出来的宝贵经验，希望被大家所认可和学习，所以见到有人记录，他们非常高兴。

“引”字诀

让对方认为这个方案是他们自己构思的。比方说你应当这样诱导对方：“有这么一种设想，你看怎么样？”把拍板的话留给对方。还有更厉害的一招，是向对方反复强调说“正如部长你刚才所说过的那样”“我从部长你刚才说过的话中受到启发”等，当然对方从来没有这么说过，但经过你的反复渲染，对方也会觉得自己好像这么说过。

“傻”字诀

佯装傻瓜，从对方那里获得各种情报。在任何谈判中，尽可能地取得对方的情报，这对我方是非常有利的。让对方的牌先出手，尽可能地让对方多讲几句，如果对方使用专业词汇时，你可以反过来让他解释。

“输”字诀

谈判也不能把对方宰得太狠，应当悠着劲儿照顾对方一点儿，让他回到公司里好有个交代，一来二去搞好关系。他就能够逐渐成为合作伙伴。

“情”字诀

欲说服对方，先说服自己，为的是阐述问题时心里有底。在大庭广众面前，演说家或者宗教人士往往说着说着，自己就成了一个听众，陶醉在自己的演讲里，因而越发慷慨激昂。在关键时刻，应当采取这项旁若无人的态度，哪怕说自己放肆。不管对方是富商还是上司，无论立场和年龄与自己有多大差距都要大大方方地直抒己见。没有这种气魄，自己发言就没有说服力。

“缓”字诀

当你感觉到形势对自己不妙的时候，可以打开会议室的窗户或取来一杯咖啡，也可以讲一个无聊的笑话，这么一来，谈判的节奏就会有可能改变；反过来说，形势对自己有利的时候，切不可坐失良机。

本章小结

在商务谈判中，为了使商务谈判顺利进行并最终达到己方的谈判目的，谈判人员应该根据谈判的进程和情况采取相应的谈判策略。谈判策略选用是否得当，能否成功，是衡量谈判者能力高低、经验丰富与否的主要标志。

1. 商务谈判策略是一个集合概念和混合概念。一方面它表明，商务谈判中所运用的单一方式、技巧、措施、战术、手段等，都只是商务谈判策略的一部分。另一方面，它还表明商务谈判中所运用的方式、技巧、措施、战术、手段等是交叉联系的，难以再深入分割与分类。

商务谈判的策略具有针对性、计划性、时效性和艺术性的特点。

2. 制定合理科学的商务谈判需要有一定的步骤，包括了解影响谈判的因素、寻找关键问题、确定具体目标、形成假设性方法、深度分析假设方法形成具体的谈判策略、拟定行动计划草案。

3. 谈判开局策略是谈判者谋求谈判开局有利形势和实现对谈判开局的控制而采取的行

动方式或手段。主要的开局策略有：协商式开局策略、坦诚式开局策略、慎重式开局策略、进攻式开局策略。

4. 商务谈判的核心过程就是报价和讨价还价，因此报价阶段的策略选择十分关键，主要的报价策略有：价格起点策略、除法报价策略、加法报价策略、差别报价策略、对比报价策略、数字陷阱策略。

5. 磋商既是双方求同存异、合作、谅解、让步的过程，也是双方斗智斗勇，在谈判实力、经验和智力等诸多方面展开具体较量的过程，谈判策略和技巧的作用在本阶段得到了充分体现。不同的商务谈判中会面对不一样的局势，即优势局势、劣势局势和均势局势，分别从这三种局势状态下介绍了磋商策略。

6. 经过开局、报价、磋商阶段，当谈判双方就前面的问题达成一致时，就进入最后的成交阶段。即使在谈判的最后阶段，谈判人员也要采取合理的策略确保谈判最后的成功。成交阶段的策略有场外交易策略、成交时机判断策略和促成最后交易策略。

关键词

协商式开局　坦诚式开局　慎重式开局　开局进攻式　欧式报价　日式报价策略　不开先例策略　先苦后甜策略　期限策略　价格陷阱策略　欲擒故纵策略

课后习题

1. 商务谈判策略具有哪些特点？
2. 制定合理的商务谈判策略有什么作用？
3. 在什么情况下可以选择进攻式开局策略？
4. 欧式报价和日式报价的区别是什么？
5. 当己方处于谈判劣势的时候，可以采取哪些磋商策略？
6. 如何有效地判断成交时机？

案例分析

中日汽车索赔案例

我国从日本S汽车公司进口大批fp-148货车，使用时普遍发生严重质量问题，致使我国蒙受巨大经济损失。为此，我国向日方提出索赔。谈判一开始，中方简明扼要地介绍了fp-148货车在中国各地的损坏情况以及用户对此的反应。中方在此虽然只字未提索赔问题，但已为索赔说明了理由和事实根据，展示了中方谈判威势，恰到好处地拉开了谈判的序幕。日方对中方的这一招早有预料，因为货车的质量问题是一个无法回避的事实，日方无心在这一不利的问题上纠缠。日方为避免劣势，便不动声色地说："是的，有的车子轮胎炸裂，挡风玻璃炸碎，电路有故障，铆钉震断，有的车架偶有裂纹。"中方觉察到对方的用意，便反驳道："贵公司代表都到现场看过，经商检和专家小组鉴定，铆钉非属震断，而是剪断，车架出现的不仅仅是裂纹，而是裂缝、断裂！而车架断裂不能用'有的'或'偶有'，最好还是用比例数据表达更科学、更准确"。

日方淡然一笑说："请原谅，比例数据尚未准确统计。""那么，对货车质量问题贵公司能否取得一致意见?”中方对这一关键问题紧追不舍。“中国的道路是有问题的。”日方转了话题,答非所问。中方立即反驳:“诸位已去过现场,这种说法是缺乏事实根据的。”“当然,我们对贵国实际情况考虑不够。”“不,在设计时就应该考虑到中国的实际情况,因为这批车是专门为中国生产的。”中方步步紧逼,日方步步为营,谈判气氛渐趋紧张。中日双方在谈判开始不久,就在如何认定货车质量问题上陷入僵局。日方坚持说中方有意夸大货车的质量问题:“货车质量的问题不至于到如此严重的程度吧?这对我们公司来说,是从未发生过的,也是不可理解的。”此时,中方觉得该是举证的时候,并将有关材料向对方展示:“这里有商检、公证机关的公证结论,还有商检拍摄的录像。你们难道不相信这些证据吗?”“相关的结论,我们是相信的,我们是说贵国是否能够做出适当让步。否则,我们无法向公司交代。”日方在中方所提质量问题攻势下,及时调整了谈判方案,但不管怎么说,日方在质量问题上设下的防线已被攻克了。这就为中方进一步提出索赔价格要求打开了缺口。随后,对 fp-148 货车损坏归属问题上取得了一致的意见。日方一位部长不得不承认,这属于设计和制作上的质量问题所致。初战告捷,但是我方代表意识到更艰巨的较量还在后头。索赔金额的谈判才是根本性的。随即,双方谈判的问题升级到索赔的具体金额上——报价,还价,提价,压价,比价,一场毅力和技巧较量的谈判竞争展开了。中方主谈代表擅长经济管理和统计,精通测算,他翻阅了许多国内外的有关资料,甚至在技术业务谈判中,他也不凭大概和想当然,认为只有事实和科学的数据才能服人。此刻,在他的纸笺上,在大大小小的索赔项目旁,写满了密密麻麻的阿拉伯数字,这就是技术业务谈判。

此刻,中方意识到,就具体数目的实质性讨价还价开始了。中方答道:“为了表示我们的诚意,可以考虑贵方的要求,那么,贵公司每辆出价多少呢?”“12 万日元。”日方回答。“13.4 万日元怎么样?”中方问。“可以接受。”日方深知,中方在这一问题上已做出了让步。于是双方很快就此项索赔达成了协议,日方在此项目费用上共支付 7.76 亿日元。然而,中日双方争论索赔的最大数额的项目却不在此,而在于高达几十亿日元的间接经济损失赔偿金。

在此之前,中方谈判班子昼夜奋战,液晶体数码不停地在电子计算机的荧光屏上跳动着,显示出各种数字。在谈判桌上,我方报完每个项目的金额后,讲明这个数字测算的依据,在那些有理有据的数字上,打的都是惊叹号。最后我方提出间接经济损失费 70 亿日元!

日方代表听了这个数字后,惊得目瞪口呆,老半天说不出话来,连连说:“差额太大,差额太大!”于是,进行无休止的报价、压价。“贵国提的索赔额过高,若不压半,我们会被解雇的,我们是有妻儿老小的!”日方代表哀求着。老谋深算的日方主谈人使用了哀兵制胜的谈判策略。

随后,日方代表急用电话与日本 S 公司的决策人密谈了数小时。接着谈判重新开始了,此轮谈判一接火就进入了高潮,双方舌战了几个回合,又沉默下来。此时,中方意识到,己方毕竟是实际经济损失的承受者,如果谈判破裂,就会使己方获得的谈判成果付诸东流;而要诉诸法律,麻烦就更大。为了使谈判已获得的成果得到巩固,并争取有新的突破,适当的让步是打开成功大门的钥匙。中方主谈人与助手们交换了一下眼色,率先打破沉默说:“如果贵公司真有诚意的话,彼此均可适当让步。”中方主谈为了防止由于己方率先让步所带来的不利局面,建议双方采用“计分法”,即双方等量让步。“我公司愿意付 40 亿日元。”日方退了一步,并声称:“这是最高突破数了。”“我们希望贵公司最低限度必须支付 60 亿日元。”中方坚持说。这样一来,中日双方各自从己方的立场上退让了 10 亿日元,双方比分相等。谈判又出现了转机。双方谈判仍有 20 亿日元的差额。几经周折,双方共同接受了由双方最后报价金额相加除以 2,即 50 亿日元的最终谈判方案。除此之外,日方愿意承担下列三项责任:

(1)确认出售给中国的全部 fp-148 型货车为不合格品,同意全部退货更换新车;

(2)新车必须重新设计试验,精工细作,并请中方专家检查验收;

(3)在新车未到之前,对旧车进行应急加固后继续使用,日方提供加固件和加固工具等。

一场罕见的特大索赔案终于公正地交涉成功了!

案例讨论:

中方在谈判过程中采取了哪些谈判策略?

第六章　商务谈判技巧

本章重难点

1. 了解运用商务谈判语言技巧的原则；
2. 掌握商务谈判语言的种类及其使用的技巧；
3. 掌握商务谈判中的行为技巧；
4. 在谈判中学会使用“拒绝”技巧；
5. 运用“探测”技巧知晓谈判对方真实意图。

引入案例

语言的视角决定交易的成败

一农夫在集市上卖玉米。因为他的玉米棒子特别大，所以吸引了大批买主。其中一个买主在挑选的过程中发现很多玉米棒子上有虫子，于是他故意大惊小怪地说：“伙计，你的玉米棒子倒是不小，只是虫子太多了，你还是把玉米挑回家吧，我们到别的地方去买好了。”

买主一边说着，一边做着夸张滑稽的动作，把众人都逗乐了。农夫见状，一把从他手中夺过玉米，面带微笑却又一本正经地说：“朋友，我说你是从来没有吃过玉米咋的？我看你连玉米质量的好坏都分不清，玉米上有虫，说明我没有施用农药，是纯天然的，连虫子都爱吃我的玉米棒子，可见你这人不识货！”接着，他又转过脸对其他人说：“各位都是有见识的人，你们评评理，连虫子都不愿意吃的玉米棒就好吗？价钱比这高的玉米棒子就好吗？你们再仔细瞧瞧，我这些虫子都很懂道理，只是在棒子上打了一个洞而已，棒子可是好棒子呀！我可从来没有见过像它们这么懂事的虫子呢。”

他说完了这番话，又把嘴凑在那位故意刁难的买主边，故作神秘状，说道：“这么大、这么好吃的玉米棒子，我还真舍不得这么便宜就卖了呢！”农夫的一席话，把他的玉米棒子个大、好吃，虽然有虫但是售价低这些特点都一一表现了出来，众人被说得心服口服，纷纷掏出钱来，不一会儿工夫，农夫的玉米销售一空。

一个玉米，农夫和买主却有两种完全不同的评论，好坏的判断有时候只在于语言的视角。语言交锋是谈判的基本功，用巧妙的语言化解不利于己方的问题，在谈判过程中很重要。

商务谈判是谈判双方进行博弈的过程，为了能在谈判的过程中实现己方的谈判目标，除了依靠自身的实力外，谈判技巧也是非常重要的制胜因素。商务谈判是通过沟通来实现的，其实质就是双方进行对话，在对话的过程中，买卖双方各自陈述自己的观点，卖方倾听买方的报价和提案，买方倾听卖方的讨价还价。两方相互磋商，最终达成协议。因此，在商务谈判中熟练地运用谈判技巧就能掌握谈判的主动权。谈判不仅要善于表达自己的观点，还要求会倾听对方的诉求，并通过向对方提问获得宝贵的信息，最终说服对方。

商务谈判技巧不同于上一章所介绍的商务谈判策略，是指在商务谈判中为了实现谈判目的，配合谈判方针和策略的展开所使用的技术窍门。

第一节 商务谈判语言技巧

语言是传递信息的媒介，语言是沟通交流的工具。商务谈判的实质是谈判双方运用语言传达意见、交流信息的过程。而谈判中的信息传递与接受则需要通过谈判者之间的听、看、问、答、叙、辩和拒绝等方式来完成。在商务谈判中，如何把思维的结果用语言准确地表达出来则反映了一个谈判者的语言能力。在谈判过程中，谈判人员的语言表达能力是谈判成功的关键因素。因此，谈判人员必须十分注意捕捉对方思维过程的蛛丝马迹，及时跟踪对方动机的线索，认真倾听对方的发言，注意观察对方的每一个细微动作，准确地阐述自己的立场和观点，协调双方的目标和利益，保证商务谈判的成功。

一、商务谈判语言的分类

谈判当然离不开“谈”，在商务谈判中，“谈”贯穿谈判的全过程。怎样谈得好、谈得巧，是谈判人员综合应用能力的体现。任何谈判者都不会同情一名“口才不好的对手”，“谈”是现代商务谈判成功的最有效武器。虽然“谈”在商务谈判中占有重要的地位，但是语气不能咄咄逼人，总想驳倒他人。当然，谈判过程中也不能全程都在絮絮叨叨，这样只会让别人感到烦躁。在谈判过程中也应适当地使用无声语言，在沉默中，行为语言是唯一反应信号，是对手十分关注的内容。所以，事先要准备好使用哪些行为语言，比如说手中玩笔，可表示漫不经心；慢慢打开记录本，表示关注对方谈话；关上记录本，表示今日已尽，不再奉陪等。利用行为语言，搅乱对手的思维，最终控制对方甚至谈判的局面。不过无声语言的使用要审时度势，灵活运用，否则就会适得其反。

商务谈判所说的“谈”就是语言。人类的语言是丰富的，不同的民族都有自己的语言，各行各业也有自己的行话。从不同的角度分析，可以把商务谈判的语言分为不同的种类。

（一）有声语言和无声语言

根据语言的表达方式可以将语言分为有声语言和无声语言。有声语言是通过人的发音器官来表达的语言，也就是我们常说的口头语言。有声语言是最直接、最灵活、运用最普遍的谈判语言。

无声语言也可以被称为肢体语言，是通过人的形体、姿态等非发音器官来表达的语言，这种语言借助于人的视觉交流思想、表达态度、传达信息。

（二）专业性语言分类

根据语言表达特征不同，商务谈判语言可以分为专业语言、法律语言、外交语言、文学语言和军事语言等。

(三)不同态度的语言

根据说话者的表达态度不同,商务谈判语言可以分为留有余地语言、幽默诙谐的语言和威胁强硬的语言。

商务谈判语言表达是一个语言系统,这个系统的整体功能是传播谈判信息,完成谈判参与者之间的信息交流,但是,组成系统的各个要素在实现系统功能的方式或途径上是有差异的,即不同性质的谈判语言所表达的信息是有差异的,在谈判沟通中所具有的作用是各异的,从而在商务谈判沟通中,各种谈判语言交汇在一起,相互作用,构成一个有机的整体。

二、商务谈判语言表达的原则

语言表达是非常灵活、非常具有创造性的。因此几乎没有哪一种语言的表达技巧适合所有的谈话内容。就商务谈判来讲,总体来说应做到准确、正确地运用语言,不伤害对方的面子与自尊以及有利于交易的达成。

(一)客观性

商务谈判中运用语言艺术表达思想、传递信息时,必须以客观事实为依据。以产品的购销谈判为例,卖方在向买方介绍产品情况和性能时就要遵循客观真实的原则,真实有效地介绍产品的性能、质量等。为了体现真实感,可以通过现场试用或演示,还可以加上忠实用户对该产品的评价,增加说服力度。作为产品的买方,也应实事求是地对产品进行评价,即使为了讨价还价,在介绍自己的购买力时也不要夸大、失实,还价要充满诚意,而且最好加上还价的理由。如果谈判离开了客观性原则,即使表达能力再强也只能是虚假的,谈判就失去了存在的意义。

(二)逻辑性

逻辑性是指在商务谈判过程中运用语言艺术时要做到概念清晰、判断精准、证据确凿、符合逻辑,这样才能有较强的说服力度。商务谈判过程中涉及问题的陈述、提问、回答、辩论及说服等各个方面,都要遵循一定的逻辑性。在陈述问题时,所阐述的问题要环环相扣,注意问题的前因后果;提问要察言观色,所提的问题要紧紧围绕议题展开;回答问题要切题准确,一般不要答非所问;说服对方时,尽量使用充满强烈的感染力和强大的逻辑力量的语言,使对方心悦诚服。同时,还要善于观察对方语言逻辑上的漏洞,作为反驳对方的筹码。

(三)规范性

谈判过程中所用的语言应做到文明有礼、浅显易懂、逻辑流畅并精准地找到问题的关键。首先,谈判语言必须坚持文明、礼貌的原则,符合商界的特点和职业道德要求。无论出现任何情况,都不能使用粗鲁、污秽或攻击辱骂的语言。在国际商务谈判中更要避免使用意识形态分歧较大的语言,如"资产阶级""帝国主义"。其次,所用的语言必须清晰易懂,口音应当标准化,不能用方言或黑话、俗语。再次,应当注意抑扬顿挫、轻重缓急,不要大喊大叫、词不达意。再次,谈判的语言应当准确严谨,特别是在讨价还价时更要注意一言一语的准确性。最后,在谈判中维护双方的面子与自尊是一个极其敏感而又重要的问题。过去很多谈判经验告诉我们,如果一方感到失去了面子,即使实现最好的交易结果,也会产生不良的后果。当一个人的自尊受到威胁时,他就会全力防卫,对外界充满敌意。这时,要想与他沟通是十分困难的。而在大多数情况下,丢面子、伤自尊都是由语言不慎无意中造成的。

(四)针对性

在商务谈判中,语言沟通的目的是为了说服对方,因此谈判语言就一定要有针对性。针对不同的对手、不同的谈判目的、不同的谈判阶段使用不同的谈判语言。总的来说就是有的放矢。

三、谈判中应避免的语言

在谈判中，语言的选择运用十分重要，有些语言应尽量少用、不用或禁用。

(一)威胁的语言

谈判的最根本目的是双方利益得到协调与满足。谈判中人员的感受决定谈判的顺利与否。谈判人员如果能相互尊重、说话和气，就可以增进友谊和信任，双方就能进行有效的沟通；反之，如果谈判中有一方出口伤人、出言不逊、争强好斗，或者使用威胁性的语言，就可能伤害对方的感情，引起对方的反感甚至抵制，从而可能会导致谈判破裂。例如，“开价就这些，买不起就明讲”“你们为什么不同意，是不是你们的上司没有点头?”“你们这样做的后果自负”。一场怒目相对、相互攻击的谈判是不会有好结果的。

(二)固执的语言

诚恳而又和善的语言不仅能够准确地表达自己的意愿，而且让人信任和感到安全。说话过满则可能产生歧义、误解、怀疑、猜测，造成信息沟通的困难。因此，在谈判中说话应有分寸，事先应考虑一下哪些话该说，说到什么程度合适，要注意适可而止，应尽量沉着，避免冲动。另外，谈判是一个十分复杂的过程，许多情况都处于经常变化之中。因此谈判中应始终做好各种应急准备，要多准备几种备选方案和表达方式。如果固执己见、赌气、钻牛角尖，语言没有任何变化，那就会失去灵活性，使谈判陷入僵局。

(三)模棱两可的语言

谈判都有一定的时间限制，不可能无限延长下去，而且谈判的效率也是评价谈判行为的标准之一。为了提高谈判的效率，谈判双方的交流应当简明扼要，准确明白。如果说话啰唆，言之无物，毫无意义，就会浪费时间，引起对方的反感和厌恶。比如“可能是……”“大概如此”“好像……”“听说……”“似乎……”这类模棱两可的语言。虽然在上一章介绍谈判策略时表达过模糊的语言可以帮你实施某些计策，但如果对方要你回答一些关键问题，你要是还用这些语言则很可能会使对方离开谈判桌。

四、商务谈判中“说”的技巧

谈判中的“说”，也就是叙述、阐明己方的观点、方案等，从而向对方表明自己的观点，以便对方有所了解。商务谈判中的“说”是谈判双方主动进行阐述，通过“说”来传递大量信息、沟通情感。尤其是谈判开局阶段的阐述直接关系到谈判双方相互之间的理解。但是不同的语言表达方式达到的效果不一样，为了能加强谈判双方的理解，谈判人员要灵活掌握有关“说”的技巧。

(一)如何开场白

谈判双方刚刚坐在一起，并不熟悉，难免会感到拘谨。为了消除或缓解这种尴尬的状态，谈判人员会寻找一个合适话题，轻松地开始会谈。比如，人们可以从目前流行的事物或有关新闻、旅行见闻等题外话入题，也可以从介绍己方谈判人员或是从介绍本公司的生产、经营、财务状况入题。此外，开场白还要做到以下几点：(1)要开宗明义，明确本次谈判所要解决的主要议题，并表明我方的基本立场。既可以回顾双方以前合作的成果，也可以展望或预测今后双方合作中可能出现的机遇或障碍，还可以表示我方可采取何种方式以便为双方共同获得利益做出贡献。(2)应以真诚和轻松的方式来表达自己的观点，以创造一种协调、友好、积极向上的洽谈气氛。“好的开始是成功的一半”就是这个道理。

(二)如何阐述观点

谈判中阐述己方的观点时要尽可能简洁、通俗易懂,切忌使用隐喻或专业性过强的语句和词汇。阐述观点的目的在于清晰、明了地向对方表明态度,以便对方准确、完整地理解我方的观点和意图。在这个阶段,谈判人员只需要阐述自己的观点,不管对方的观点如何,也不需要向对方提问。其次,叙述基本事实时,应该遵循客观性的原则,不要夸大事实的真相,也不要缩小本来的实情,真诚的讲述才能让对方相信自己这一方。否则,一旦被对方发现己方在阐述时夸大其词或者故意隐瞒,哪怕是一点点破绽,也会大大降低己方的信誉,从而影响谈判的顺利进行。

(三)如何罗列说话顺序

为了方便对方的记忆和理解,在阐述时应尽量分清主次,先说主要的内容,这样就可以使对方记住自己想要表达的核心观点。在叙述观点时,可以分为几点按顺序来谈,这样也可以避免遗漏谈判内容。

(四)如何措辞

谈判中的措辞应该尽量准确无误,不要含糊不清、前后不一致。

1. 语调

不同的语调可赋予同一句话以不同的含义,也可以表达说话人不同的思想感情。例如:"这个价格不错",若以平常的语调讲,就是一个肯定的评价,表达了说话人对这一价格的同意或赞赏。但若以高调带拖腔的方式来说,则是一个带有否定性的评价,表达了说话人对该价格的不满。谈判者可以通过语调的变化显示自己的信心、决心、不满、疑虑和遗憾等思想感情。同时,也应善于通过对方不同的语调来洞察对方肯定、赞赏、否定、不满等感情的变化。

2. 语速

谈判者说话的目的是让对方听懂记住,因此语速要适中,尤其不要太快,特别是在有翻译的情况下更应如此。说得太快会使对方既听不清,也记不住,不仅达不到说话者预期的目的,还可能使对方产生你不尊重他的感觉。因此,如果你想让对方注意你的谈话,就要把速度放平稳,慢慢地、流畅地说。

3. 声音

谈判者声音的高低强弱,也是影响谈判效果的重要因素之一。声音过高、过响,震耳欲聋,不会使人感到亲切。过低、过弱,也不会让人感到振奋。因此,谈判者应合理使用声音的强弱,最好是有高有低,抑扬顿挫,要让对方感到自然舒适。

4. 停顿和重复

在谈判中,谈判者在阐述观点、发表意见的时候,如果突然停顿,或有意识地重复某几句话时,往往能起到意想不到的效果。它可以引导听众对停顿前后的内容和重复的内容进行回顾和思考,加深双方的理解和沟通。另外,停顿有时还可给对方提供抒发己见的机会,从而打破沉默,活跃谈判桌上的气氛。

(五)如何弥补语言错误

谈判人员在叙述的过程中,有时候会因为紧张或者其他的原因出现错误,谈判者应及时纠正,以防造成不应有的损失。有些谈判者发现自己叙述中有错误或者遗漏时,碍于面子,就会采取顺水推舟、将错就错的做法,这种做法是不恰当的。说出去的话犹如泼出去的水,一旦被对方抓准把柄或者漏洞,就可能被对方作为攻击的要素。

当然在商务谈判叙述的过程中,如果遇到对方不理解、没听清楚或有疑问等情况,这时就要求谈判人员应放慢速度或重复叙述。如果对方持笔记录我方所述内容时，叙述的节奏就更要慢一点，或者适当重复叙述关键内容。如果经过复述对方还不理解，就要耐心地加以解释；即使对方误解我方的原意，也不要烦躁，要耐心地进行引导和解释。

五、谈判中“问”的技巧

在谈判人员听完对方叙述的观点以后，接下来就要针对叙述的问题进行提问。“问”是商务谈判中非常重要的语言技巧，通过巧妙而恰当的提问可以更加清楚地探知对方的意图，还可以补充己方很关注但是对方却并没有详细说明的信息，从而达到探求情报、获取信息、引导话题、继续谈判的目的。灵活地运用提问的技巧不仅可以引起针对性的讨论，获取信息，而且还可以控制谈判的方向。应该问什么问题，什么时候问，怎样问，哪些问题不可以问，什么场景适合提问等，这都属于提问的技巧。

（一）提问的类型

1. 封闭式的提问

封闭式的提问是指在特定的领域中带出特定的答复即“是”或“否”的问句。“贵公司在下周之前能发货吗?”这样的提问可以使提问者获得指定的资料，而这种问题的答案往往是很简单明了的。

2. 澄清式的提问

为了得到更确切的答案，重新提出问题以便对方进一步澄清或补充原先答复的一种问句。例如：“您刚才说买的数量多还可以再商量，这是不是说明价格还有下浮的空间?”这种问句可以确保谈判双方进一步沟通，而且还是针对对方的话语进行信息回馈的有效方法，这是双方之间通过提问和回答的方式直接交锋。

3. 强调式的提问

这种提问主旨是强调自己的观点和立场。例如：“根据刚才所说的，我们的观点不是已经表达得很清楚了吗?”这种提问是不需要回答的。

4. 强迫选择式的提问

这种问句旨在将己方的意见抛给对方，让对方在一个规定的范围内进行选择回答。“贵公司说需要考虑的时间，那么我们休息半小时以后等您给出的答复，可以吗?”值得注意的是，使用这种提问方式要特别慎重，一般应在己方处于一定的优势地位时可以使用，否则很容易出现僵局甚至导致谈判的破裂。即使选用这种提问方式，也要尽量重话轻说，语调温柔，措辞得体。

5. 开放式的提问

开放式的提问是指在广泛的领域引出广泛的答复。比如“您对我公司的印象如何?”“您对当前的市场竞争状况有什么看法?”开放式的提问是不限定答复的范围，对方可以畅所欲言，提问者也可以得到更广泛的信息。

6. 委婉式的提问

委婉式的提问是指在对谈判另一方不了解的情况下，采用委婉的语气或方法向对方提出问题。例如，“这种产品的功能还不错吧? 您能评价一下吗?”这样可以显得己方态度谦和的同时探求对方的想法。

7. 诱导式的提问

有时在谈判中的提问不是真的要问对方问题，而是通过对对方答案的强烈的暗示，使对方的回答符合己方预期的目的。例如“如果违约是应该承担责任的，对不对?”“既然您赞同我的说法,那我们是现在签合同还是下午签?"这类提问几乎使对方毫无选择余地而按提问者所设计好的答案进行回答。

(二)提问的时机

1. 在对方发言之后

在对方发言的时候,一般不要急于提问。一方面打断别人的发言是不礼貌的,容易引起别人的反感;另一方面,如果没有听清楚对方叙述的内容,就不可能提出针对性的问题。在对方发言时,即使发现了对方的问题,很想立即提问,也不要打断对方,可以先记录下要问的问题,待对方发言完毕之后再提问。

当然,如果对方的发言冗长、不得要领,或是纠缠细节、离题太远而影响谈判的进程,那么,你可以借对方停顿或间歇时提问。这样可以控制谈判节奏。比如,当对方停顿时,你可以借机提问:"您刚才说的意思是……"

2. 在议程规定的辩论时间

有的商务谈判程序中,会事先商定谈判的议程,设定辩论时间,也就是提问的时间。在双方各自介绍情况或阐述的时间里是不宜向对方提问的。辩论时间就是专门给双方用来互相提问的,双方可以自由提问,进行辩论。这就要求在谈判开始之前就设计好要问的问题,所提的问题最好能一针见血,用提问来强化己方观点,强调己方意图。在辩论的开始阶段,要做好记录,最好是归纳出双方的分歧,再进行提问。

3. 在己方发言的前后

在谈判中,当轮到自己发言时,可以在谈自己的观点之前,针对对方的发言进行提问,这时候的提问可以是自问自答。通过自问自答的方式可以强化己方的观点,防止对方接过话茬,影响自己发言。例如:"您刚才的发言要说明什么问题呢? 我的理解是……,对这个问题,我谈几点看法"。在充分表达了自己的观点之后,为了使谈判沿着自己的思路发展从而主导这场谈判,通常还可以进一步提出要求,让对方回答。例如,"我们的基本观点和立场就是这些,您对此有何看法呢?"

知识链接

谈判就是一系列的提问和回答,在谈判过程中有四种提问方法:

(1)"yes or no 型提问":为了确认具体事实情况的提问,回答不是"yes"就是"no";

(2)限定性事实确认型提问:为了确认具体事件的事实情况的提问,回答一般是数值等具体内容;

(3)限定性说明型提问:为了获知针对具体事件的理由或见解的提问;

(4)广角型提问:并不限定事件的特定方向,而是广泛求征对方意见的提问。

谈判中的提问类型有以下两种:

(1)基础信息收集型问题:寻求谈判对手的相关客观事实和数据提问,采取"yes or no 型提问"或"限定性事实确认型提问"的形式;

(2)问题发现型提问:为了发掘谈判对手的不满或问题的提问,采取"限定性说明型问题"或"广角型提问"的形式。

(三)提问的要诀

1. 要预先准备好问题

提问在谈判中可以作为攻击对方的手段,因此所提的问题一定是事先准备的,最好能准备一些对方不能够迅速想出适当答案的问题，这样可以打乱对方的阵脚，暴露对方真实的想法。同时，也可以预先设想对方可能会问的问题，准备好合理的答案。经验丰富的谈判人员，往往是先提出一些看上去很一般，并且比较容易回答的问题，而这个问题可能是因对方回答困难问题的陷阱。这时，如果对方思想比较松懈，突然面对所提出的困难问题时往往会措手不及。有时候对方在回答问题时发现后面的问题不管怎么作答不能自圆其说，对方会下意识地按照原来的思路来回答问题，而这个答案或许正是我们所需要的。

2. 不要强行追问

如果对方的答案不够完整，甚至对某个问题进行回避，这时不要强行追问，而是要有耐心和毅力等待时机的到来再次提问。这样做，就可表示对对方的尊重，同时再继续回答问题也是对方的义务和责任，因为时机成熟，对方自然不会推卸。

3. 避免提出那些可能会阻碍对方让步的问题

商务谈判中所提问的问题应时刻围绕着谈判的主题来展开。提问时，不仅要考虑自己的退路，同时也要考虑对方的退路，要把握好时机和火候，切忌不要提出那些可能会阻碍对方让步的问题。否则就是搬起石头砸自己的脚，影响谈判的效果，对谈判的结果产生不利的影响。

4. 提问后安静等待对方回答

商务谈判中，谈判人员提出问题后应该安静而耐心地等待对方回答，如果对方没有立即作答己方也要保持沉默。由于己方提出了问题，对方就必须以回答问题的方式来打破沉默，或者说打破沉默的责任应当由对方来承担。

5. 提问时态度要诚恳

提问时态度要诚恳，不管所提的问题容不容易回答，以诚恳的态度来问对方，以此来激发对方回答问题的兴趣。提问时态度诚恳也显示出对对方的尊重，有利于双方情感上的交流以及谈判的顺利进行。另外，在商务谈判的过程中，所提出的问题句式尽量简短，而由问题引出的回答则是越长越好。因此，我们应尽量用精简的问句来向对方提问。

提问是为了与对方进行沟通，从而促进谈判的顺利进行，因此怎样问、问什么是至关重要的。第一要注意提问的态度，不应提出带有敌意的问题，应尽量避免那些可能会刺激对方产生敌意的问题。第二，提问的内容不应涉及对方个人生活或隐私方面。对于大多数国家和地区的人来讲，回避个人生活和隐私问题已经成为一种习惯，例如宗教信仰等。第三，提问不要直接评价对方品质和信誉方面的问题。因为这样做不仅会使对方感到不快，而且还会影响彼此之间的真诚合作，甚至还会引起他的不满和怨恨。第四，谈判人员需要明确提问的目的，不要为了表现自己而故意提问，这样很容易引起对方的反感，特别是不能提出与谈判内容无关的问题，以显示自己的“好问”。第五，还应根据对方的特点进行提问，避免使用威胁性、讽刺性的语言，提问是为了和对方进行探讨，而不是“审问”。像法官那样“审问”谈判对手，会造成对方的敌对与防范心理和情绪，应该心平气和地提问。

案例窗口

有一个秀才去买柴，他对卖柴的人说：“荷薪者过来！”卖柴的人听不懂“荷薪者”是什么意思，就愣在那儿，不敢朝秀才走过去。于是秀才只好自己走上前去问：“其价如何？”卖柴的人听不太懂这句话，但是听懂了一个字——“价”，于是就告诉秀才价钱。秀才接着说：“外实而内虚，烟多而焰少，请损之。”卖柴的人因为听不懂秀才的话，担着柴转身要走。

见卖柴人要走，想到这么冷的天，没有柴怎么取暖？秀才急了，一把抓住卖柴人的柴担，说："你这柴表面上看起来是干的，里头却是湿的，烧起来肯定会烟多火焰小，请减些价钱吧！"

这个故事说明，态度其实是沟通的一种筹码。如果你很强大，你的态度一定很强硬；如果你的力量不足或者你的立脚点不强、你的证据不足时，你的态度立刻就软化了。作为信息的输出者，必须充分了解接受者的情况，以选择合适的沟通方式以利于接受者的理解、达成预定目标。

六、谈判中"答"的技巧

商务谈判中回答问题也需要一定的技巧。因为谈判者对回答的每一句话都负有责任，都将被对方理所当然地认为是一种承诺。如果回答得不好，则会成为被对方攻击的突破点。因此回答问题的人面临着更大的精神负担和压力。在谈判过程中，谈判者无法预知对方可能提出的每一个问题，大多数时候只能随机应变，即兴回答。掌握熟练提问技巧的谈判人员会在双方辩论的过程中提出千奇百怪的问题，而这些看似奇怪的问题其实是对方人员精心设计的陷进，回答问题的技巧在于知道该说什么和不该说什么。

（一）回答问题的技巧回答

1. 从容不迫地回答

在谈判中，面对所提出的问题，应该考虑周全再作答。提问者在提问的时候会给答题人施压，给答题者心理暗示，似乎非马上回答不可，有些提问者会不断地催问，迫使你在对问题没有进行充分思考的情况下仓促作答。谈判者回答问题是为了展示己方的观点说服对方，因此问题回答得好坏，并不是看回答速度的快慢。作为答复者应保持清醒的头脑，沉着稳健，让自己获得充分的思考时间，从容不迫作答。答题者可以通过喝口水、调整一下自己坐的姿势和椅子、整理一下桌子上的资料或翻一翻笔记本等动作来拖延一定的时间，给自己以充分的思考。当然，这种行为不能做作，也不能拖延太长时间。

2. 不要全盘托出

通常，面对对方的提问，不要"全盘托出"，要有所保留地回答，避免轻易亮出自己的"底牌"。在谈判中，对于一些不值得回答的问题可以直接忽略，有些问题只需做出局部回答。不要全盘托出，就是为了将问话的范围缩小，掌握谈判的主动权。

3. 尽量减少对方的追问

在谈判中，对方的谈判人员常常会采取连续提问的方式，环环相扣，步步紧逼，使答话者陷于被动，诱使答题者落入对方的圈套。因此，谈判者在答复时尽量不要让对方有追问的借口，让对方就某个谈判内容继续提问。面对对方步步紧逼的时候，可以找一些合适的理由打断对方的提问。例如，在答复中，用"我们考虑过，情况没有你说的那么严重""现在讨论这个问题还为时过早"等回复。

4. 回答要有针对性

谈判人员回答问题要有针对性，要明确、具体，不要言辞闪烁、答非所问。这就需要认真倾听对方的谈话，摸清对方提问的目的和意图，然后有针对性地做出有利于自己的答复。此外，还应根据对方提问的类型、对方的态度、你对对方的印象和期望值等各个方面有区别地进行回答。

5. 避正答偏

在沟通过程中，会由于双方理解的角度不一样而产生歧义，当对方回答问题时误会问题而回答错误，但是恰巧这种误解符合己方的利益，那就没必要纠正了。还有一种情况，己方对于对方提出的问题很难直接从正面回答，但又不能以拒绝的方式来逃避问题。这时，谈判高手往往用"答偏"的办法来回答，即在回答这类问题时，故意避开问题的实质，而将话题引向别的方向。比如，可以跟对方讲一些与所提问题既有关系而又没有实际关系的问题。说了一大堆话，看上去回答了问题，其实并没有回答。此法看似头脑糊涂，其实大智若愚，对方也无计可施。例如，一名西方记者在一次记者招待会上曾经向周恩来总理提问："请问，中国人民银行有多少钱？"周总理深知对方是在嘲笑新中国的贫困，如实话实讲，自然会使对方的计谋得逞，于是答道："中国人民银行的钱嘛，有十八元八角八分。中国银行发行面额有十元、五元、二元、一元、五角、二角、一角、五分、二分、一分的十种主辅人民币，合计为十八元八角八分。"周总理的回答巧妙地避开了对方的话锋，使对方无机可乘，被中国人民传为佳话。

6. 采取推卸责任的方法

有时候面对毫无准备的问题，人们往往不知所措，即便能够回答，但也不能精准地说出答案。在这种情况下，可以这样回答："对这个问题，我虽没有调查过，但曾经听说过……"或"贵方的问题提得很好，我曾经在某份资料上看过有关这一问题的记载，就记忆所及，大概是……"这样对那些为了满足虚荣心及自己也不明确提问目的的提问者常能收到较好的效果。另外对于某些问题，可以模棱两可地、富有弹性地进行回答，不把话说死。例如："对类似的问题，我们过去是这样处理的……""对这个问题，那要看……而定"

（二）回答问题的方法

1. 以问代答

当回答者面临那些一时难以回答或不想回答的问题时就可以以问代答，即以彼之矛攻彼之盾。例如，谈判中会面临一些棘手的问题，一方问道："你对合作的前景怎么看？"对方可采用以问代答的方式："那么，你对合作的前景又是怎么看呢？""在回答您的问题之前，我能不能先向您请教个问题呢？"这时双方自然会认真加以思考，对于打破窘境会起到良好的作用。

2. 委婉拒答

面对一些可能会损害己方形象或者一些和谈判主题无关的问题时，可以以委婉的方式拒绝回答。例如，"现在还不是回答这个问题的时候"。

3. 顺水推舟

当对方针对自己的薄弱环节进行进攻连续提问时，不管己方如何回答都可能被看作强辩，这时可以顺水推舟，表示赞同对方的观点，这样可以使对方停止步步紧逼，等扭转局面后再寻找机会反击。例如，"我们也在考虑这方面的问题……"

七、谈判中"辩"的技巧

谈判中双方进行问题的往来就是"辩"的过程，是谈判者表达自己的意见、驳斥对方的观点、谋求双方共同利益的信息交流活动。由于谈判双方立场不同，会不可避免地出现对立的情况，商务谈判中"辩"最能体现谈判的特征，它能使谈判双方进行沟通，与此同时又使谈判双方相互依赖、相互对抗，是人类语言艺术和思维艺术的综合运用，具有较强的技巧性。

(一)辩论的方法

1. 归纳法

即从真实论据直接推理出真实结论的逻辑论证方法。

2. 类比法

类比法是由两个或两类以上具有某些相同属性的事物,推出它们在另一属性上也相同的结论,简称类比或类推。

3. 归谬法

归谬法是指为了反驳对方的观点,利用假设条件进行判断,进行归纳或演绎推理,从而证明对方的观点是错误的。这种辩论方法不从正面反驳对方,而是以退为进,先承认对方的说法,再推出一个谬论,使对手的观点不攻自破。

(二)辩论的技巧

1. 态度公正,措辞严谨

谈判中的辩论要充分体现现代文明的谈判准则,无论双方的观点如何不同,如何针锋相对,双方都必须以客观公正的态度,准确措辞,切忌用侮辱诽谤、尖酸刻薄的语言进行人身攻击。否则,不但会损害自己的形象,也会给对方留下话柄和攻击的软肋,降低谈判的质量,甚至会导致谈判破裂。

2. 观点明确,立场坚定

商务谈判的实质就是要论证己方的观点,反驳对方的观点。辩论的过程就是通过真实的论据论证自己的观点是正确的,表明自己的立场,说服对方。因此,辩论时,首先要清晰、明了地阐述己方观点的正确性和公正性,接着运用客观的材料和其他的论据来支持、论证自己观点的正确性和公正性。

3. 坚持原则,不纠缠细枝末节

在辩论的过程中,谈判人员要有战略的眼光,将双方的精力集中在讨论主要的问题上,而不要因为和对方讨论细枝末节的问题陷入纠缠之中。论证自己的观点时,要重点突出,层次分明,简明扼要,不要东拉西扯,言不对题。在反驳对方的观点时,要紧紧抓住对方的要害,有的放矢,而不能断章取义,强词夺理。

4. 思维严谨,逻辑严密

商务谈判中的辩论一般是围绕双方的分歧产生的讨论。经验丰富的谈判者应该头脑冷静、思维敏捷、论辩思维严密而且富有逻辑性。只有具备这样的素质和能力,才能应对各种困局,摆脱困境,赢得谈判。特别是在谈判双方条件和实力差不多的情况下,谁在辩论中思维敏捷、逻辑严密,谁就能赢得谈判的成功。

5. 辩论进退有度

辩论的目的是为了论证自己观点、立场的正确性,反驳对方观点、立场的不足,争取说服对方,以便能够争取有利于己方的谈判结果,但是不能认为辩论是一场对抗赛,谈判的结果是共赢,而不是通过打击对方来获取胜利。因此辩论中要掌握好进攻的尺度,一旦达到了目的,就应适可而止,而不要得理不饶人,猛追不舍。如果出现一方被另一方穷追猛打的局面,被逼得走投无路的一方可能会产生强烈的敌对心理,甚至会采取更加激烈的反击行为。这样即使对方可能暂时口头认可某些事情,事后也不会善罢甘休,最终会对双方的合作不利。

6. 辩论中宠辱不惊

在商务谈判的辩论中,双方的优势和劣势往往会交替出现。处于优势时,要注意以优势压顶，并且可以借助身体语言的配合，从视觉效果和听觉效果两方面渲染自己的观点，维护己方的立场。但是此时一定不能得意忘形，反而给对方反击的机会。相反，在处于劣势时，不要垂头丧气，慌乱不堪，而是应该沉着冷静，从容不迫。只有这样，才有可能保持己方的阵脚不乱，进而对对方构成威胁。

7. 举止优雅，气度不凡

辩论中谈判人员优雅的举止和不凡的气度可以给对方留下良好的印象，更能在一定程度上创造一种和谐、健康的谈判气氛。一个人优雅的举止和不凡的气度可能会比语言更有感染力。

八、谈判中"劝说"的技巧

谈判中的"劝说"即"说服"，是综合运用"听""说""看""问""答""辩"的各种技巧，改变对方的初衷，接受己方的意见。说服是谈判中最艰巨复杂、最富有技巧性的工作。要想说服对方，不仅要掌握正确的观点，而且要使用高超的技巧。在谈判中，说服对方的基本原则是：有理，要以理服人，而不是以力压人；有力，提出有力的证据、材料来说服对方；有节，在说服对方时要适可而止，不能咄咄逼人。

（一）"劝说"的障碍

1. 沟通障碍

沟通障碍在谈判中会经常出现。由于谈判人员表达能力欠佳，不能清楚地表达自己的观点，这个时候就很难说服对方。或者对方不能清晰地理解说服者的意图，双方之间对所沟通的问题存在巨大的认识差距，这些都是说服过程中形成的沟通障碍。

案例窗口

哈佛商学院的一位教授去非洲给土著人讲课。为了表示对土著人的尊敬，他西装革履、一本正经。可一上讲台便直冒汗，是天热吗？不是。原来土著人以最高礼仪在听课——不论男女全都一丝不挂，只戴着项圈，凡私处只用树叶遮挡。

第二天，为了入乡随俗，教授只好一丝不挂走上讲台，只戴个项圈，私处也用树叶遮挡。可这一天也让他直冒汗，原来土著人为了照顾教授的感情，吸取了前一天的教训，全部都是西装革履，一本正经，只有教授一个人光着身子在台上。

直到第三天，双方才做了很好的沟通，台上台下全穿西装，教授在台上才没再冒汗。

由此可见，信息沟通具有重要意义，从小处说能避免人们交往中的误会，从大处说它关系到一个组织的自下而上的发展。因此，要想处理好人际关系，使组织高效运转，必须进行有效沟通，防止出现沟通障碍。

2. 准备不充分

谈判中要想说服对方，必须要有充分的准备。准备不充分，就不能深刻理解谈判的目的，也就不知道哪些方面需要得到对方的共识，需要说服对方。目标不明确的说服是达不到效果的，更不可能取得谈判的成功。

3. 将对方定位为敌人

谈判对手是沟通的对象，双方只是由于立场不同所以需要各抒己见，但并不意味着对方是我们的敌人。将谈判对手定位为敌人，就会认为必须击败对方，通常会引起双方的对抗。事实上，谈判双方之间应该相互尊重，相互理解，达成共识。

（二）“劝说”的技巧

1. 寻找双方的共同点，强调利益的一致性

（1）寻找双方的共同点。双方的共同点是双方谈判的基础，这是谈判人员之间沟通的桥梁。谈判双方可以从工作、生活、爱好以及双方共同熟悉的第三者开始寻找之间的共同点。这样可以在彼此之间建立起信任感，有利于说服对方。

（2）强调彼此利益的一致性。说服工作的立足点是彼此利益的一致性，这就要求谈判人员淡化相互之间的矛盾性，用双方立场的一致性为契机，因势利导地解决双方的分歧，说服才能奏效。

2. 强调双方受益的结果

为了有效地说服对方可以向对方诚恳地说明你的充分理由，清楚地分析对方可能的利弊得失，特别是对方接受你的意见后的益处。人都有趋利避害的心理，在谈判中，谈判者最关心的问题是：如果和对方意见达成一致，能否给己方带来利益？能带来多大利益？如果说服工作能为对方解开心中的疑团，就能取得谈判的成功。因此，说服工作必须能给对方开出一张光明的“保票”，使对方对双方受益的结果产生憧憬。

当然也要坦诚地告知如果对方接受你的意见，你也将获得一定的利益。这样，对方会觉得你诚实可信，会自然而然地接受你的意见。

3. 说服要有耐心

谈判者必须耐心细致，不厌其烦地动之以情、晓之以理，把接受你方意见的好处和不接受你方意见的弊端讲得深入透彻，一直到对方能够听取你的意见为止。在谈判实践中，有时候会碰到对方的工作已经做通，但对方基于面子或其他原因，一时还下不来台的情况。这时谈判者不能心急，要给对方时间。

耐心地说服应遵照循序渐进的方针。开始时应避开重题、难题，先进行那些容易说服对方的问题，打开缺口，逐步扩展，并且恰当地把正在争论的问题与已经解决的问题联系起来。一时难以解决的问题可以暂时抛开，等待适当时机再进行商议。

4. 取得对方的信任

信任是双方能顺利进行谈判的基石。要说服对方，就要站在对方的角度设身处地地去思考问题，从而使对方认为你很客观、公正，消除对方的戒心、成见，对方就会信任你。当对方产生信任感后，说服变得简单。这个技巧就是要抓住对方的心理动态，迎合其心理，事先计划好先说什么，后说什么，该说什么，不该说什么，做到心中有数。

5. 说服“顽固者”的方法

所谓“顽固者”，是指那些固执己见、难以说服的对手。这类谈判人员在很大程度上是倔强的性格所致，并非他们不懂道理。他们有时心肠很软，但表面上不轻易投降，有时甚至还会十分强硬。对付“顽固者”通常可采取以下一些方法：

（1）“下台阶”法。当对方固执地不愿意承认自己的错误，而你的说服无济于事时，你不妨先给对方一个“台阶”下，说一说他正确的地方，或者说一说客观事实来提醒对手的错误认识，这也就是给对方提供自我反省的条件和机会，这样，他就会感到没有失掉面子，因而也就容易接受你善意的说服。

（2）等待法。谈判如果陷入僵局，对方的态度强硬，拒绝承认己方的观点，这时可以减缓谈判的节奏，给对方思考的时间。对方虽没有当面表示改变看法，但事后他会进行思考，回忆己

方的措辞。在谈判过程中给对方留有思考和选择的时间，等时机成熟时再和他交谈，这种以退为进的方法带来的谈判效果往往比较好。

(3)迂回法。如果正面讲道理已经很难说服对方，就不要强行地进行下去，而应采取迂回前进的方法。即暂时避开主题，谈论一些对方感兴趣的事情，从中找到他的弱点，然后针对他的弱点，发表己方的看法，让他感到你的话对他是有用的，使他感到你是可信服的。这时，你再逐渐把话转入主题，晓之以利害，他会更加冷静地考虑你的意见然后被说服。

知识链接

三维谈判方法

某公司谈判经验丰富的经理就总结了一种三维谈判法，谈判人员应该把目光放远，超越谈判桌上的战术。具有说服力的战术是三维谈判的第一个层面；第二个层面是谈判人员系统地预见和创造性地安排协议的结构，从而提示交易的经济和非经济价值。第三个层面就是确认、谈判需求的方案。每当利益或观念相异，各方要互相依靠才有结果时，谈判的需求就出现了。谈判的本质是什么？是讨价还价？是建立关系？瓜分经济蛋糕？把蛋糕做大？这些都有道理。但是用意大利外交家 Daniele Vare 的话来说：谈判就是让他人为了他们自己的原因按你的方法行事的艺术。

首先，要画一张图，其中包括所有潜在的会使问题复杂的各方，如律师、银行家和其他的代理。考虑一桩交易的全面经济性是必要的，但还不够。不要忘记画出内部有不同利益的小集团，他们的影响不可忽视。

其次，评估利益。最佳谈判者对自己的和他方的最终利益非常清楚。他们也清楚可作为交换的稍次一点的利益。他们在手法方面异常灵活，富有创造性。谈判一般谈的是有形的因素，如价格、时间和计划书。但是一位老资格的谈判专家观察到，大多数的买卖达成的要素，50％是感情上的，50％是经济方面的。决定性的利益往往是无形的，主观的，如谈判中的感受，对方的信誉，沟通理解的程度等。

再次，评价你预想中的协议的最佳替换物。也就是说如果提出的协议行不通，你将会采取的行动。这包括从散伙、转向另一个对手直至更严厉的任何手段。

最后，解决双方共有的问题。为了解决共同的问题，要采用三维的做法。一维的谈判是最熟悉的景象：人际过程，包括诱劝、文化敏感性、研究报价等。二维谈判从人际过程前进到创造价值的实质：设计能创造持续的价值的协议框架。但是这两者都有局限：当有关各方面对面地在一个定下来的日程下讨价还价时，模具的大部分已经铸就。最佳的谈判者采用三维的方法。他们的做法就像创业者。他们往往在谈判桌外预见到了最有前景的结构和行动，而且付诸行动。他们把最合适的各方带到谈判桌边，以适当的次序谈判适当的问题，在适当的时刻通过适当的过程，直面适当的最佳替换方案。三维谈判者不只是按照规定的方法来做游戏，他们是建立游戏的大师，并且改变规则，以求最优结果。

总之，把谈判视作一个三维问题，会提醒你解决他方的问题就是解决你自己的问题。在画出一个买卖关系图，全面评估各方利益并决定最佳替代方案后，你的战略就是判断他方是如何看待他们的基本问题的，然后他们为了他们的原因选择了你要的东西。目标是创造并获取可持续的价值。

第二节　商务谈判中的行为技巧

一、谈判中“听”的技巧

在商务谈判中，“倾听”是谈判者所必须具备的一种修养，听是尊重对方，改善或加深人际关系的手段。谈判语言包括两个方面，一是善于倾听，二是善于表达。在谈判中我们往往容易陷入一个误区，那就是主动进攻的思维意识，其实并不是这样。倾听是正确表达自己观点的基础和前提，谈判过程是一个寻求合作解决双方所面临问题的过程，只有找到了对方的真实意图才能顺利地解决问题。倾听是了解和把握对方立场和观点最主要的手段，只有在了解对方观点和立场的真实含义以后才能更好地针对对方提出己方的观点，倾听别人说话的同时，也要对对方的发言做出积极的回应并做适当的记录，作为后续谈判的参考。谈判人员必须十分注意收集整理对方的情况，力争了解和掌握更多的信息。但是没有什么方式能比倾听更直接、更简便地了解对方的信息了。

案例窗口

美国谈判界有一位号称“最佳谈判手”的考温，他非常重视倾听的技巧。有一年夏天，当时他还是一名推销员，他到一家工厂去谈判。他习惯于早到谈判地点，四处走走，跟人聊聊天。这次他和这家工厂的一位领班聊上了。善于倾听的考温，总有办法让别人讲话，他也真的喜欢听别人讲话，所以不爱讲话的人遇到了考温，也会滔滔不绝起来。而这位领班也是如此，在侃侃而谈之中，他告诉考温说：“我用过各公司的产品，可是只有你们的产品能通过我们的试验，符合我们的规格和标准。”后来边走边聊时，他又说：“嗨！考温先生，你说这次谈判什么时候才能有结论呢？我们厂里的存货快用完了。”考温专心致志地倾听领班讲话，满心欢喜地从这位领班的两句话里获取了极有价值的情报。当他与这家工厂的采购经理面对面地谈判时，从工厂领班漫不经心的讲话里获取的情报帮了他的大忙，他在之后谈判中的成功是自然而然了。

(一)“听”的障碍

在商务谈判中，有时候由于谈判者的疏忽，没有认真倾听对方的阐述就会失去不可再得的信息。为了能够听得完全，听得清晰，就必须了解“听”的障碍有哪些。

1. 不想去听

谈判人员为了表达自己的观点往往会把注意力放在“说”上面，而不去听对方的说辞，而且总是急于反驳对方。

2. 听不进去

商务谈判人员在谈判中精神一直处于高度紧张的状态，长时间的谈判使谈判人员得不到充分休息，特别是在谈判的中后期，通过连续几日作战，此时很多谈判人员也会出现因精力不集中而发生少听或漏听的现象。

3. 带有偏见的听

在谈判中几种比较普遍的偏见也会造成倾听的障碍：

(1)先入为主地把对方要说的话定个标准,再去听别人的话。带有这种偏见的人往往会用自己的行为准则去判断:他接下来要说的是不重要的、没有吸引力的,或是太复杂的内容。有偏见的听话者常常会按自己的好恶对传进耳朵里的话进行曲解。他们常常根据自己过去的经验把别人的话限制在自己所设的某种条件中,也就是自以为是地把某些话附加上自己的意义。这样就不能真正理解对方希望传递的意思。

(2)因为讨厌对方的外表而拒绝听对方讲话的内容。即使对方的话很重要或者有很多值得注意的地方,也会因为讨厌其外表而不想听其讲话的内容,故不能从其中获得确实有用的信息。

(3)主观上对谈话者表达的内容不感兴趣。为了掩饰自己的注意力不集中会假装自己很注意听。这种伪装倾听者的行为实际上也是一种偏见,因为他们把注意力都集中在伪装的姿态上,而根本没有什么心思去专心倾听。还有的人喜欢试着去记住别人所讲的每一句话,却忽视了话题的主要意义。这些伪装者常使讲话者以为他们是在专心倾听,因此,这种伪装的"听"很容易使双方产生误会,影响沟通。

4. 环境干扰而形成的听力障碍

由于各地环境不同,商务谈判的环境也是千差万别。由于环境的干扰比如天气突然变化而电闪雷鸣、建筑噪音或过往行人及车辆等,也常常会使人们的注意力分散,从而形成听力效果的障碍。

(二)"听"的技巧

1. 要专心致志、集中精力地听

谈判人员在倾听对方讲话时应做到聚精会神,同时还要以积极的态度去倾听。精力集中地听,是倾听最基本、最重要的问题。据统计,一般人的说话速度为每分钟120～200个字,而听话及思维的速度则大约要比说话的速度快4倍左右。因此,往往说话者的话还没说完,听话者就大部分能够理解了。这样,听者常常由于精力的富余而"开小差"。也许恰在这时,讲话人的内容与听者理解的内容出现了偏差,或是传递了一个重要的信息。因此,我们应当时刻集中精力并用积极的态度去倾听,我们可以主动与讲话者进行目光接触,并做出相应的表情以鼓励讲话者,如可以扬一下眼眉,或是赞同地点点头,或是否定地摇摇头,也可以不解地皱皱眉头等,这些动作的配合可以帮助我们集中精力,起到良好的收听效果。作为一名商务谈判人员,应该养成有耐心地倾听对方讲话的习惯,这是商务谈判人员良好个人修养的一个标志。

2. 要通过记笔记来集中精力

绝大多数人即席记忆并保持的能力是有限的,为了弥补这一不足,应当在养成倾听别人讲话时做笔记的习惯。一方面,笔记可以帮助自己回忆和记忆,而且也有助于在对方讲完话以后就这些问题向对方提出质询,同时,还可以帮助自己做充分的分析,理解对方讲话的确切含义与精神实质;另一方面,通过记笔记可以给讲话人一个重视其讲话内容的印象,当听话人停笔抬头看看讲话者时,又会对其产生一种鼓励的作用。对于商务谈判来说,一般情况下,信息量都很大,所以一定要动笔作记录,而不能相信自己的记忆力而很少记笔记。因为在谈判的过程中,人的思维高速运转,大脑接受和处理大量的信息,加上谈判现场的气氛又很紧张,对每个议题都必须认真对待,所以只靠记忆是办不到的。实践证明,即使记忆力再好,也只能记住一个大概的内容,有的干脆忘得干干净净,因此,记笔记是必不可少的,也是比较容易做到的用来清除倾听障碍的一种很好的方法。

3. 要有鉴别地倾听对方的发言

通常,人们说话时是边说边想,来不及整理,有时表达一个意思要绕着弯子讲许多内容,也根本谈不上什么重点突出。因此，听话者就需要在用心倾听的基础上，鉴别传递过来的信息的真伪，去粗取精，去伪存真，这样才能抓住重点，收到良好的倾听效果。

4. 要克服先入为主的倾听习惯

先入为主地倾听，往往会扭曲说话者的本意，忽视或拒绝与自己心愿不符的意见。这种倾听的方法不是从谈话者的立场去分析对方的讲话内容，而是按照自己的主观框框来听取对方的讲话。其结果往往是所听到的信息变形地反映到自己的脑中，从而导致自己所接受的信息不准确、判断失误，最终造成选择性的错误。所以，在谈判中，必须克服先入为主的倾听做法，将讲话者的意思听全、听透。

5. 不要因轻视对方而抢话、急于反驳而放弃听

如果一个人轻视对方，常常会自觉不自觉地表现在行为上，比如说对对方的谈话充耳不闻，甚至抢话的现象也时有发生。抢话不仅会打乱别人的思路，也会耽误自己倾听对方的全部讲话内容。另外，谈判人员有时也会出现在没有听完对方讲话的时候就急于反驳对方的某些观点，这样，势必会影响倾听的结果。事实上，如果我们把对方的讲话听得越详细、全面，反驳对方时就越准确、有力。相反，如果对对方谈话的全部内容和动机尚未全面了解时，就急于进行反驳，不仅会显得自己浅薄，而且常常还会使自己陷于被动，对自己十分不利。

6. 不要为了急于判断问题而耽误倾听

在谈判中，当听了对方的有关内容以后，不要急于判断其正误，因为这样会分散我们的精力而耽误倾听其下文。虽然人的思维速度快于说话的速度，但是如果对方还没讲完你就去判断它的正误，无疑会削弱己方听话的能力和质量，从而影响倾听的效果。因此，切不可因为急于判断问题而耽误了倾听。

7. 不要回避难以应付的话题

有时谈判的话题会涉及一些诸如政治、经济、技术以及人际关系等方面的问题，可能会令谈判人员一时回答不上来。但在这个时候，切记不可持充耳不闻的态度。因为这样回避对方，恰恰是暴露了本方的弱点。在遇到这种情况时，我们要有信心、有勇气去迎接对方提出的每一个问题。只有用心去领会对方提出的每个问题的真实用意，才能找到摆脱难题的真实答案。另外，为了培养自己急中生智、举一反三的能力，应多加训练和思考，以便自己在遇到问题时不慌不乱。其实，作为一个倾听者，不管在什么情况下，如果你不明白对方说出的话是什么意思，你就应该用各种方法使他知道这一点。你可以向对方提出问题加以核实，或者积极地表达出你听到了什么，或者让对方纠正你听错之处。

8. 谈判中“类语言”的区分

在商务谈判中，类语言是指一种有声而无固定语义的语言。其形式主要有语调、重音和笑声。

(1)语调。是指贯穿整个句子的调子，主要可以分为升调和降调两种基本类型。一般来说，升调表示惊讶和不满，降调表示遗憾和灰心。波动的语调反映谈判者在思考、在犹豫，平静的语调反映出自信和果断。

(2)重音。在谈判中，人们经常根据表达的需要，故意把某句话、某个词或词组的发音说得重一些，这就是所谓的重音。重音主要起强调的作用。如“这个价格我们不能接受”，如果重音落在“这个价格上”，强调的是这个价格，而不是另一种价格；如果重音落在“我们”上，强调的是我们而不是别人；如果重音落在“不能接受”上，强调的是不要，而不是要多少的问题。有时，重音表示的意思与该词本身的意思完全相反。例如“您可真会报价”，如果重音落在“真会”上，意

思就由赞美变成了不满。

(3)笑声。笑声与微笑不同,它是通过主体出声的笑来传递信息。在谈判中,笑声既可传递正面的信息,也可传递负面的信息。如仰头大笑,可能表示"高兴"、"赞同",也可能表示"不怀好意"。因此,谈判人员要善于从不同的笑声中揣摩出对方所传递出来的真实含义。

(4)咳嗽。交谈时,咳嗽常有许多含义,有时是焦躁不安的表现,有时是稳定情绪的缓冲,有时是掩饰说谎的手段,有时是对说话人态度过于自信或自夸表示怀疑或惊讶,也可用假装清清喉咙表示不信任。

二、谈判中"看"的技巧

谈判不仅是语言的交流,同时也是行为的交流。谈判中,我们不仅要听其言,而且还要观其行。谈判中的"看"就是指"观其行"。谈判者可以通过对方的目光、形体、姿态、表情来判断对方真实的意图,人的肢体和动作语言所传递的信息是下意识的、真实可信的,这就是对微表情的观察。有时候,人们通过姿势、动作传递的信息甚至超过有声语言所起的作用。因为通过有声语言这种方式来传递信息,对信息的发出者来说,是可以控制的。但是通过无声的姿态和动作语言来传递信息,其信息的发出者通常是难以控制的。因此可以肯定地说,人们在无意识或下意识中完成的姿态和动作语言,其传递的信息往往是比较真实可信的。

商务谈判中,非语言交流依赖于对行为语言的认识程度。行为语言主要依据认知者过去经验及对有关线索的分析。随着人们认知水平的不断提高,行为语言的特点使非语言沟通在商务谈判中发挥着特殊作用。商务谈判是人与人心理、生理的完全对抗,为了促使谈判成功,除了注重有声语言外,注意收集、观察对方的身体语言也是非常重要的。世界著名非语言传播专家伯德威斯泰尔有这么一个结论,一个信息传递给对方,55%靠面部表情,36%靠的是语言,而真正有声语言的效果只占到7%。这说明无声语言在信息传递中起着非常重要的作用。作为一名商务谈判者,应该具有丰富的身体语言知识,掌握身体语言技巧尤为关键,善于洞察对方的心理状况,了解其心理活动的蛛丝马迹,从而使谈判朝着对己方有利的方向发展。

(一)眼睛的"语言"

人们常说"眼睛是心灵的窗户",人的很多情绪是可以通过眼睛显示出来的,这往往比语言更难控制,眼睛里显示的信息通常不能刻意去掩饰。通过眼睛的方向、不同的眼神,可以传递不同的信息。因此,在谈判过程中,谈判人员一方面可以用眼神和同伴之间传递信号,也可以通过观察对方的眼神来分析对方的意图。

1. 眼神交流时间长短

谈判过程也是一个人与人交谈的过程,在这个过程中应该有眼神交流的机会。视线接触对方脸部的时间正常情况下应占全部谈话时间的30%～60%。超过60%,则认为对谈话者本人比谈话内容更感兴趣;低于30%,则表示对谈话者和谈话内容都不怎么感兴趣。

2. 回避眼神交流

在谈判过程中,如果一方谈判人员不敢正视对方的眼睛,那么就表明该人员在某些方面可能比较心虚,回避眼神交流是为了试图掩饰。因此,在谈判中,面对对方的注视,可以直接回视过去,以表示自信和真诚。

3. 眼睛瞳孔的变化

眼睛瞳孔变大,炯炯有神的眼神,表示此人处于欢喜与兴奋状态;瞳孔缩小,神情呆滞,目光无神,则表示此人处于消极、戒备或愤怒的状态。一般而言,瞳孔的放大传递出正面的信息,缩小则传递出负面的信息。实验证明，瞳孔所传达的信息是无法用人的意志来控制的。

4. 眼睛闪烁不定

这是一种反常的举动，常被认为是为了掩饰自己心虚的表现。一个做事虚伪或者当场撒谎的人，其眼睛常常闪烁不定，以此来掩饰其内心的秘密，这是一个典型的特征。

5. 瞪大眼睛看着对方

这是对对方有很大兴趣的表示。

(二)眉毛的“语言”

眉毛和眼睛的配合是密不可分的，二者的动作往往共同表达一个含义，但仅凭眉毛也能反映出人的许多内心情绪。例如，人们处于惊喜或惊恐状态时，眉毛上耸，即所谓的“喜上眉梢”；处于愤怒或气恼状态时，眉角下拉或者倒竖，人们常说“剑眉倒竖”，即形容这种气怒的状态；眉毛迅速地上下运动，表示亲切、同意或愉快；紧皱眉头，表示人们处于困窘、不愉快、不赞同的状态；表示询问或疑问时，眉毛会向上挑起。

(三)嘴巴的“语言”

人的嘴巴可以有许多细微的动作，借以反映人的心理状态。紧紧地抿住嘴，往往表示意志坚决；撅起嘴是不满意和准备攻击对方的表现；咬嘴唇，通常是遭受失败时的一种自我惩罚的动作，有时也可以解释为自我嘲解和内疚的心情；嘴角稍稍向后拉或向上拉，表示听者比较注意倾听；嘴角向下拉，是不满和固执的表现。微笑被称为无声的“交际世界语”。在谈判中，微笑可以在心理上给人带来稳定、优势感，可以深化感情、融洽气氛，是友好的标志。

当然，在通常情况下，人们的面部表情是由面部的各个器官协同动作来表现的。比如，一个极端具有攻击性并充满敌意的谈判者，在谈判中往往会有如下典型的面部表情：睁大眼睛盯着对方，嘴唇紧闭，眉角下垂，有时甚至嘴唇不动而含糊地从牙缝挤出话来。因此，要注意观察对方面部各个器官的动作配合，以掌握其变化规律。

案例窗口

一个美国公司和一个日本公司谈判，美方代表首先报出了产品的价格，日方代表按照本国的习惯沉默了半分钟。

美方代表对这种沉默感到不安，以为日方代表觉得报价太高，于是就主动降低价格。日方代表对此既高兴又迷惑不解，因为他们本来是可以接受原来的报价的。

由此可见，准确识别对方表情的含义在商务谈判中是多么的重要。

(四)上肢的“语言”

手和臂膀是在商务谈判中使用最多的部位。借助手势或与对方手与手的接触，可以帮助我们判断对方的心理活动或心理状态，同时也可以帮助我们将某种信息传递给对方。手势是谈判中辅助语言的手段，它能使语言表达得更贴切、更恰当。它能加强谈判者的语气，也能使对方的精神振奋起来。

(1)拳头紧握，表示向对方挑战或自我紧张情绪的表现。握拳的同时如伴有手指关节响声，或用拳击掌，则表示向对方无言的威吓或发出攻击的信号。握拳会使人肌肉紧张，能量比较集中，一般只有在遇到外部的威胁或挑战时，人们才会紧握拳头，以准备进行抗击。在谈判中，握拳也表示下决心或不满。

(2)用手指或手中的笔敲打桌面，或在纸上乱画，往往表示对对方的话题不感兴趣、不同意或不耐烦的意思。这样做，既可以打发和消磨时间，又可以起到暗示或提醒对方注意的作用。

(3)两手手指并拢并置于胸的前上方呈塔尖状，表示充满信心。它通常可表现出讲话者的高傲与独断的心理状态，对听话人起到一种震慑的作用。

(4)手与手连接放在胸腹部的位置，是谦逊、矜持或略带不安的心情的反映；不停地搓手通常是"为难"的表现。

(5)两臂交叉于胸前，表示保守或防卫；两臂交叉于胸前并握拳，往往是怀有敌意的标志。

(6)拇指与食指合成一个圈。由于各国文化的差异，这一手势对于不同国家的谈判者有着不同的含义：对美国和黎巴嫩等国的人来说意味着"OK"；对日本人来说则表示"钱"；而对突尼斯人来说则意味着极端的挑衅行为。

(7)握手所传达的信息。握手的原本含义不仅表示问候，而且也表示一种信赖、契约和下保证之意。标准的握手姿势应该是，用手指稍稍用力握住对方的手掌，对方也用同样的姿势用手指稍稍用力回握，时间大约为1～3秒钟。如果双方握手出现与标准姿势不符的情况，便可能有其他的含义。

(五)体态及下肢的"语言"

1. 体态"语言"

谈判者有时候也会用静态的体态来表达自己的心理和情绪。通常，人的体态主要有三种：躺卧式、坐式和直立式。商务谈判中一般采取坐式。坐姿一般能毫不掩饰地反映谈判个体的心理状态：深深坐入椅内，腰板挺直，是谈判者想在心理上表示出一种优势；交叠双臂多是一种防范性心理的表示。此外，谈判者的某些体态也可以传达某种信息：歪头斜肩、伸脚抖腿，通常说明这是个自律性差、不爱整洁的人；战战兢兢、慌张不定、两脚打颤，说明这个人缺乏自信；昂首挺胸、步履稳健、风度十足，说明这个人充满信心，值得信赖。

2. 下肢的"语言"

人们的腿和脚往往是最先表露潜意识情感的部位，它们主要的动作和所传达的信息有：

摇动脚部或用脚尖拍打地板或抖动腿部，都表示焦躁不安、无可奈何、不耐烦或欲摆脱某种紧张感。

双脚交叉而坐，往往表示从心理上压制自己的表面情绪。比如对某人某事持保留态度，表示警惕、防范；或表示尽量压制自己的紧张或恐惧。对女性来讲，如果再将两个膝盖并拢起来，则表示拒绝对方或一种防御的心理状态。这往往是比较含蓄而委婉的举动。

张开腿而坐，表明此人很自信、豁达、开放，并愿意接受对方的挑战。如果一条腿架到另一条腿上就座，一般在无意识中表示拒绝对方并保护自己的势力范围，使之不让他人侵犯。如果频繁变换架腿姿势，则表示情绪不稳定、焦躁不安或不耐烦。

(六)腰部的"语言"

腰部在身体上起着"承上启下"的作用。腰部位置的"高"或"低"与一个人的心理状态和精神状态是密切相关的。

1. 弯腰动作

鞠躬、点头哈腰属于低姿势，把腰的位置放低，精神状态也随着"低"了下来。向人鞠躬时表示谦逊、尊敬。在心理上自觉不如对方，甚至惧怕对方，也会不自觉地采取弯腰的姿势。从"谦逊"再进一步，即演变成服从、屈从，心理上的服从反映在身体上就是在居于优势的个体面前把腰部放低的动作，如跪、伏等。因此，弯腰、鞠躬、作揖、跪拜等动作，除了礼貌、礼仪之外，都是服从或屈从对方，压抑自己情绪的表现。

2. 挺直腰板

使身体及腰部位置增高的动作，表示情绪高昂、充满自信。站立、行走或坐下都经常挺直腰部的人往往有较强的自信心及自制、自律的能力，但为人可能比较刻板，缺少弹性或通融性。

3. 手叉腰间

这表示胸有成竹，对自己面临的事情已做好了精神上或行动上的准备，同时也表现出某种优越感或支配欲。有人将这看作领导者或权威人士的风度。

（七）其他姿态的语言

(1)谈话时不断变换站、坐等体位，身体不断摇晃，常表示焦躁或情绪不稳；不时用一种单调的节奏轻敲桌面，则表示极度不安，并极具警戒心；对方在一段时间内动作变得不自然起来，笑得很尴尬，或是特别大声，或者抽烟忽然抽得多了起来，这些都是明显的不自信的表现。

(2)慢慢打开笔记本，表示关注对方的讲话；快速打开笔记本说明发现了重要问题；猛推一下眼镜，说明因某事而气愤；摘下眼镜，轻轻揉眼或擦擦镜片，可能反映其精神疲劳，或对争论不休的问题感到厌倦，或是喘口气准备再战。

(3)手中玩笔，表示漫不经心，对所谈的问题没有兴趣，或显示其不在乎的态度；拿着笔在空白纸上画圈或写数字等，双眼不抬，若无其事的样子，说明已经厌烦了；拿着打火机，打着了火，观看着火苗，也是一副厌烦相；放下手中的物品，双手撑着桌子，头向两边看、看后面，双手抱臂向椅子上一靠，暗示对方："没有多少爱听的啦！随你讲吧。"

(4)扫一眼室内的挂钟或手腕上的表，或是把桌上的笔收起，把记事簿合上，或是轻轻拿起桌上的帽子，女士则照照镜子或拢拢头发，整整衣裙，都是准备结束的架势。若再抬眼看着对方的眼睛，似乎在问，"可以结束了吧？"这种表现足以说明"别谈了"的意思；给助手使个眼神或做个手势，起身离开会议室，或在外面抽支烟、散散步，也表明可以结束谈判了。

（八）肢体语言的规范

以上内容讲述了肢体语言的具体含义，在商务谈判中可以借助分析对方的内心世界，与此同时，这也要求我们在谈判中的肢体动作应做到恰到好处，因为对方也在借由肢体语言观察我们。所以规范我们的肢体语言，势在必行。具体要求如下：

1. 肢体语言要和谐

"规范的礼仪使人们接近，错误的礼仪使人们疏远"，这就要求我们在使用"肢体语言"时必须适合谈判的需要，必须与有声语言相协调，不能语言和动作脱节，让人发现破绽。如谈判中语言上表示对对手的价格不满意，而实际心理比较满意，在动作上也表现为瞳孔放大、嘴张大、眉毛上扬这类兴奋性的动作，这即是我们平时所称的"表里不一"，这样就会让对手发觉你的不真诚或找到你的纰漏。与此同时，在人们需求和利益的驱使下开展谈判工作，如果在谈判中出现了不和谐的肢体动作，会使谈判对手觉得难以相处，产生隔阂，还极有可能导致谈判僵局。为此我们在谈判中还要避免以下动作：谈判中双手叉于腰间——威胁性姿态；弓腰驼背、眼睛斜视——形象猥亵；一肩高一肩低，双腿不停抖动，将手插在衣裤里，这些现象大大破坏了谈判中的和谐气氛，会让人贻笑大方。

2. 肢体语言力求标准

俗话说"坐有坐相，站有站相"，这要求我们在谈判中必须保持肢体动作的标准性。具体来讲：谈判中，如果站立谈判必须要头正、肩平、身直，从侧面看去必须要含颌、挺胸、收腹、直腿；如果谈判对手处于座位上必须做到头部端正、上肢直立、手臂自然、下肢双腿姿势规范，无论是采用垂腿开膝式、双腿斜放式还是双脚交叉式，或者是双脚内收式等，我们都要做到力求标准；

而像双腿大叉、脚位不当、手位不当、浑身乱动、双腿直伸、架腿方式欠妥、脚尖指向别人、将双手夹在腿间、头部靠椅背、上身向前趴伏等这些动作都是我们谈判人员所不允许的，我们要避免这类现象的产生。

3. 肢体语言的差异性

由于政治、文化、经济、历史的差异，在与不同民族、不同国别的人谈判时，不仅仅是语言不同，而且许多意识形态会产生分歧，其身体语言的含义自然也存在差别。我们在涉外商务谈判中一定要出国问禁、入乡问俗，不能做出一些自认为合理而又违背当地文化背景的肢体语言，如：在我国香港，人们见面需轻轻握手，并且握手时要伴随点头或鞠躬；在马来西亚，握手只限于男性之间，男女之间很少握手，男子要向女子点头或行鞠躬礼；在瑞典，见面用力握手表示热情和诚意，而此举在我国很多地区被认为个人在炫耀力量。所以我们应将肢体语言放在具体的谈判环境下、具体事务中区别对待。

知识链接

六个小细节，帮你赢得商务谈判

每个小细节都可能会在商务谈判中释放出信号，你和你的肢体语言也不例外，适当的肢体语言技巧可以帮助你增加商务谈判的自信。本文就将教给你六个小细节，帮你赢得商务谈判。

(1)点头表示同意或意见分歧

稍微点头可能会有两种不同的意思传达，这取决于谈话的气氛。当谈判进展顺利，点头表明你的赞同。但当谈话变得有点细微甚至很有争议时，点头则弥漫了紧张的氛围。

注意：使用这个动作时，请保持目光对视，表明你正在听但仍然坚持自己的立场。

(2)不要有过多的手势

研究表明，当一个人在说话时，使用手势可以帮助他更清楚地思考，但要保持你的手势与语气一致。例如，当你说到重点的时候，伸手指会显得很自然。但在许多情况下，这个手势会产生一种压迫感。请尽量避免这种手势，或者你可以模仿奥巴马总统，把拇指和食指捏在一起强调某些词，但没有敌意。

(3)张开双臂是敞开心胸的信号

开放的姿势能够传达你冷静的思维。除非有意识地让你的手臂和手保持一个姿势，不然会让你看起来像坐立不安，过多的手臂动作和手势反而起到反作用。值得注意的是，如果你的胳膊和腿交叉，即使这是你最舒适的首选姿势，但你的谈话对象很可能将其解释为一个信号，表明你不想对他们说什么。如果要证明你敞开心扉，请注意双手之间的距离。

(4)适当的目光接触

最近的研究表明，保持眼神交流在紧张的谈判中可能对你不利。这项研究中，来自哈佛大学和弗莱堡大学的结论是，有说服力的谈判家如果保持眼睛直视那些不同意其观点的人，可能会产生不利的影响。研究人员认为，这种肢体语言与恐吓有关。他们建议，不要死盯着对方，偶尔看他或者其他任何一个人的脸，而不是眼睛。

(5)模仿还是不模仿？

一般来说，模仿别人的行为可以帮助提升两人之间的和谐关系。成为对方的镜子，是人下意识的倾向，因此，不要觉得毛骨悚然。但是故意模仿你的谈话对象可能适得其反，结论来自非言语交际研究人员杰夫·汤普森(Jeff Thompson)："如果在交流时你刻意模仿他人，它可能会创建一种认知压力并且导致压力泄漏。”

(6)一起进餐

这并不是一个身体语言,因为它是一项建设性举措。提供点心是一种对环境产生积极性影响的有效的非语言方式。研究表明,饥饿的人会变得容易生气。所以提供一些零食和冷饮不仅能让你有礼貌,更是种聪明的行为。

第三节　谈判中“拒绝”的技巧

在商务谈判中,有时候会迫于无奈拒绝对方的无理要求,但如果不是到了紧要关头,就不应贸然采取这种消极的方式。当你无法接受对方所提出的要求和建议时,如果直截了当地拒绝,就可能造成尖锐对立的气氛,对整个谈判产生消极的影响。拒绝是需要勇气和智慧的,经验丰富的谈判者在拒绝对方时要既不伤害对方的感情,又能达到了自己的目的。谈判中拒绝的技巧有很多,但是原则只有一个:既要明确地表达出“不”,又让对方能够理解和接受,从而为接下来的合作保留一定的余地。在商务谈判中,会说“是”的谈判者,不是最优秀的谈判者,只有善于说“不”的谈判者才是成熟老练的谈判者,既会说“是”,又会说“不”的人才可能被称之为谈判家。

一、谈判中“拒绝”的含义

(一)让步与拒绝共生

谈判中的拒绝不是一味的,而是和让步在一起共生的。如果说,没有让步就没有谈判的话,那么,没有拒绝不仅没有了让步,而且也没有了谈判。让步的本身就是一种拒绝,因为让步是相对的,有条件或限度的。一方的让步既说明他答应了对方的某种要求,同时也就意味着拒绝了对方更大的要求。

(二)拒绝是相对的

拒绝本身是相对的,因为谈判中的拒绝并不是宣布谈判的破裂、彻底失败,而是为了争取合理的利益。拒绝只是否定了对方的某一些要求,却暗示着对另外一些问题的让步,而且谈判中的拒绝并不是全面的拒绝,大多数的拒绝是有针对性的。所以,谈判中拒绝某些东西,却给对方留有在其他方面讨价还价的可能性。换句话来说,谈判中对某种要求的拒绝,并不意味着对所有要求的拒绝。经验不足的谈判者往往在某一方面遭到对方拒绝后,就觉得谈判没有希望了,就轻易地放弃了努力,放弃了谈判。如何面对“拒绝”也是一门高深的学问,也需要高超的艺术。谈判的目的不是为了拒绝,而是为了获利,或者为了避免损失,从而获得谈判的成功。这一点,似乎是谁都明白的道理。但是,的确有不少的谈判者为感情所支配,宁可拒绝也不愿意妥协,宁可失败也不愿成功,其根源就是为了争面子,或者说就是为了出一口气。

二、拒绝的技巧

(一)提出问题让对方回答

有时候,面对对方提出的过分要求,己方可以有针对性地提出一连串的问题,通过这些问题来表达自己的态度。如果对方回答你这一连串的问题,那么他将不得不承认他所提的要求太过分了;如果对方没有回答,那么这个过分的要求就不需要再继续谈下去了,这是一种变相的拒绝方式。当然，使用这种方法来拒绝对方时，必须十分注意语气，不能用带有嘲弄、挖苦或教训的语气来提问。否则，反而会激怒对方，使双方处于对立的关系，不利于继续谈判。

（二）寻找合理借口

企业可以根据自己掌握的信息寻找一些合理的借口从而拒绝对方，谈判者可以拖延时间为手段从而给己方更充足的思考时间，寻求合适的借口。在一场谈判已经达成某阶段性成果时，谈判者不便于反对或撤出已做出的承诺，便“硬着头皮”往下谈，从形式上说，他并没有拒绝。然而，他只须在某个最后的关键性的、看起来不是“他能做主”的问题上不给予配合（如某些批文、许可证、外汇指标、手续等）就会使签约悬起来，致使最后签字的时间往后延长一周、一个月甚至一年、几年。最后因“事过境迁”，各种宏观条件发生了如谈判者预料或声称的那种变化，他便有理由重新修改原谈判中达成的某些协议的内容，否则签约就有困难，最后达到拒绝的目的。

（三）对对方进行补偿

谈判人员在拒绝对方的同时，给予某种补偿。这种补偿一般不是可以兑现的金钱、货物或某种利益等，而是某种将来情况下的允诺、某种未来有条件的让步、某种未来的前景勾画，甚至将来会提供的某种信息、服务等。这样，如果再加上一番交流诚恳地列举己方的苦衷，就能在拒绝一个“朋友加对手”的同时，继续保持友谊。这种带有补偿性的拒绝，实际上是弥补了对方因遭到拒绝而产生的不满、失望等。

（四）先肯定再否定

这种拒绝技巧就是首先肯定对方的某些观点，并且从对方的观点、意见中找出双方的共同点，再加以肯定赞赏，或者站在第三者的角度对对方的观点表示理解，从而减少对方的抵制心理，减弱其心理防线，然后再用婉转的语言陈述自己的观点，来拒绝对方，甚至说服对方。

（五）提出一定的条件

直截了当、不加修饰地拒绝对方势必会恶化双方的关系，甚至导致双方之间相互进行攻击。如果在拒绝对方之前，先要求对方满足你的某个条件，如对方能满足，则你可以满足对方的要求；如果对方不能满足，那你也无法满足对方的要求，从而达到拒绝对方的目的。

（六）以柔克刚

感情丰富的谈判者还可以扮演一种弱者的形象以柔克刚，以“老实”的态度、“无奈”的表情、“脆弱”的眼泪来打动对方。比如“如果……，公司的同事就会看不起我”“如果……，我就可能会被撤职”；“这是公司的政策所禁止的”“如果要……，是需要很高的费用的”。特别是异性之间的胜利常常奇迹般地被“弱者”获得。不过，采用这种方法来拒绝对手时，其效果并不好把握，它要取决于对方的经验和态度。

第四节 商务谈判的探测技巧

在商务谈判中，对方的底价、时限、权限及最基本的交易条件等内容，均属机密。谁掌握了对方的这些底牌，谁就会赢得谈判的主动。因此，在谈判初期，双方都会围绕这些内容进行信息的收集，也是一种探测。能否获得有效的信息是谈判成功的关键，接下来给大家介绍几种常见的探测技巧。

一、火力侦察法

先主动抛出一些带有挑衅性的话题，刺激对方表态，然后，再根据对方的反应，判断其虚实。比如，A公司和B公司，A公司向B公司指出了几种不同的交易品种，并询问这些品种各自的价格。B公司一时搞不清楚对方的真实意图，A公司这样问，既像是在打听行情，又像是在谈交易条件；既像是个大买主，又不敢肯定。面对A公司的期待，B公司很矛盾，如果据实回答，万一对方果真是来摸自己底的，那自己将会处于被动的地位；但是自己如果敷衍应付，有可能会错过一笔好的买卖，也许对方会是位可以长期合作的伙伴呢？在情急之中，B公司想：我何不探探对方的虚实呢？于是，他急中生智地说："我是货真价实，就怕你一味贪图便宜。"我们知道，"一分钱一分货""便宜无好货"。B公司的回答，暗含着对A公司的挑衅意味。除此而外，这个回答的妙处还在于，只要A公司一接话，B公司就会很容易地把握A公司的实力情况，如果A公司在乎货的质量，就不怕出高价，回答时的口气也就大；如果A公司在乎货源的紧俏，就会急于成交，口气也就显得较为迫切。在此基础上，B公司就会很容易确定出自己的方案和策略了。

二、迂回询问法

迂回询问可以使对方松懈，然后攻其不备，巧妙探知对方的真正的目的。在主场谈判中，东道主往往利用自己在主场的优势，实施这种技巧。例如，有一家企业的谈判人员接待来自外地的对方公司的谈判人员，己方谈判人员在接机的时候就以安排送机为由探知了对方的返程时间，接下来表现出自己的热情好客，除了将对方的生活做周到的安排外，还盛情地邀请客人参观本地的山水风光，领略风土人情、民俗文化，却一直没有进入谈判环节，等接近对方返程的时间才开始谈判，这个时候对方谈判人员已经没有充足的时间讨价还价了。

三、聚焦深入法

聚焦深入法是就某方面的问题一一进行提问，在探知对方的隐情所在之后，再深入探讨关键问题，从而把握问题的症结所在。例如，一笔交易双方谈得都比较满意，但B公司人员还是迟迟不肯签约，A公司谈判人员感到不解，于是他就采用这种方法达到了目的。首先，A公司证实了B公司的购买意图。在此基础上，A公司分别就对方对自己的信誉、对本人、对本公司的产品质量、包装装潢、交货期、适销期等逐项进行探问，B公司谈判人员的回答表明，上述方面都不存在问题。最后，A公司谈判人员又问到货款的支付方式，B公司表示目前的贷款利率较高。A公司终于得知对方这一症结所在，随即又进一步深入，从当前市场的销势分析，指出B公司如果照目前的进价成本在市场上销售，即使扣除贷款利息，也还有较大的利润。这一分析得到了B公司谈判人员的肯定，但是他们又担心，销售期太长，利息负担可能过重，这将会影响最终的利润。针对这点隐忧，A公司谈判人员又从风险的大小方面进行分析，指出即使那样，风险依然很小，最终促成了签约。

四、示错印证法

示错印证法是指谈判一方有意通过犯一些错误，比如念错字、用错词语，或把价格报错等种种示错的方法，诱导对方表态，然后借题发挥，最后达到目的。例如，在某次商务谈判过程中，对方还在纠结于价格的时候，己方可以表示如果还想要更多的折扣那么就加大订单量，之前商量的订单量是500件，如果能一次性购买800件产品，可以得到8%的优惠。这时己方可以煞有其事地说“真的吗？那是之前的价格，现在折扣修改了，可能价格介绍打印时出了问题。不过既然这样，那就还是按10%的折扣算吧，做生意讲究诚信，虽然这次少赚点，但是可以和你们合作是很愉快的。这种假装口误将价涨了上去，诱使顾客做出反应，巧妙地探测并验证了顾客的购买需求，起到引蛇出洞的效果。

本章小结

商务谈判是谈判双方进行博弈的过程，为了能在谈判的过程中实现己方的谈判目标，除了依靠自身的实力外，谈判技巧也是非常重要的制胜因素。在商务谈判中熟练地运用谈判技巧就能掌握谈判的主动权。谈判不仅要善于表达自己的观点，还要求会倾听对方的诉求，并通过向对方提问获得宝贵的信息，最终说服对方。

语言是传递信息的媒介，语言就是为了沟通交流。商务谈判的实质是谈判双方运用语言传达意见、交流信息的过程。而谈判中的信息传递与接受则需要通过谈判者之间的听、看、问、答、叙、辩和拒绝等方式来完成。在商务谈判中使用语言技巧时应该遵循客观性、逻辑性、针对性和规范性原则。

商务谈判的有声语言是叙述、阐明己方的观点、方案等，从而向对方表明自己的观点，以使对方有所了解。有声语言技巧包括开场陈述技巧、问与答的技巧、辩的技巧和劝说的技巧。

商务谈判不仅有有声语言，还有行为语言的交流，因此行为语言技巧包括倾听语言、眼睛语言、腿部语言和手势语言。

在商务谈判中，有时候会迫于无奈拒绝对方的无理要求，但如果不是到了紧要关头，就不应贸然采取这种消极的方式。在商务谈判中，会说“是”的谈判者，不是最优秀的谈判者，只有善于说“不”的谈判者才是成熟老练的谈判者，既会说“是”，又会说“不”的人才可能被称之为谈判家。拒绝技巧包括提出问题让对方回答、寻找合理借口、对对方进行补偿、先肯定再否定、提出一定的条件、以柔克刚。

在商务谈判中，对方的底价、时限、权限及最基本的交易条件等内容，均属机密。谁掌握了对方的这些底牌，谁就会赢得谈判的主动。因此，在谈判初期，双方都会围绕这些内容进行信息的收集，也是一种探测。探测技巧有火力侦察法、迂回询问法、聚焦深入法、示错印证法。

关键词

有声语言　行为语言　倾听　眼睛的“语言”　眉毛的“语言”　嘴巴的“语言”　上肢的“语言”　体态及下肢的“语言”　腰部的“语言”　探测技巧

课后习题

1. 在商务谈判中应当如何进行叙述？
2. 在商务谈判中应避免哪些言辞？
3. 在商务谈判中应把握哪些提问的时机？

4. 在商务谈判中辩论有哪些方法和技巧?
5. 在商务谈判中如何克服“听”的障碍?
6. 你对商务谈判中的“拒绝”是怎么理解的?
7. 为了知晓谈判对方的真实目的,谈判人员可以运用哪些探测技巧?

实训操作

模拟商务谈判计划书

一、谈判主题

二、谈判团队组成

甲方或买方:　　　　　　　　乙方或卖方:

主谈:公司谈判全权代表

决策人:负责重大问题的决策

技术人员:负责技术问题

法律顾问:负责法律问题

三、谈判前期调查

本行业的背景:(产品市场的供求状况,价格变动状况,未来发展趋势等)

我方企业的背景:(企业规模,产品市场占有率,生产能力等)

对方企业的背景:(同上)

四、双方利益及优劣势分析

1. 双方希望通过谈判得到的利益及优劣势分析

我方利益:

对方利益:

我方优势:

我方劣势:

对方优势:

对方劣势:

2. 谈判议题的确定(即谈判可能涉及重点问题分析)

问题1.

分析:

问题2.

分析:

依次类推(问题不限)

五、谈判目标

1. 最理想目标:

2. 可接受目标:

3. 最低目标:

目标可行性分析:

六、程序及谈判策略

1. 开局

开局方案一：采用哪种开局策略及分析

开局方案二：(同上)

2. 谈判中期策略及分析

3. 休局讨论方案(即总结前期谈判，如有必要根据原方案进行改动)

4. 最后冲刺阶段(策略和分析)

七、制定应急方案

谈判中可能遭遇哪些困难？如何解决？

如遇谈判僵局该如何处理？

对方故意拖延时间该如何处理？

注：上述罗列的七个要点必须写到，其他要点可适当补充；要点具体内容除上述提到内容，其他可自由发挥。

第七章　破解商务谈判僵局

本章重难点

1. 了解谈判僵局产生的原因；
2. 掌握处理谈判僵局的原则；
3. 掌握避免出现谈判僵局的方法；
4. 掌握破解商务谈判僵局的技巧。

引入案例

我国浙江省一个玻璃厂就玻璃的生产设备的有关事项与美国诺达尔玻璃公司进行谈判。在谈判过程中，双方就全套设备同时引进还是部分引进的问题发生分歧，双方代表各执一端，互不相让，导致谈判陷入尴尬的僵持局面。在这种情况下，为了使谈判达到预定的目标，我方玻璃厂的首席代表决定主动打破这个僵局。谈判代表思索了片刻于是主动面带微笑地换上一种轻松的语气，避开双方争执的尖锐问题，向对方说："你们诺达尔公司无论在技术、设备还是工程师方面，都是世界一流水平。用你们的一流技术和设备与我们进行合作，我们就能够成为全国第一的玻璃生产厂家，利润是非常可观的。我们的玻璃厂发展了，不仅仅对我们有好处，对你们公司的利益就更大，因为这意味着你们是在与中国最大的玻璃生产厂合作，难道你们不是这样认为的吗？"

对方的谈判首席代表正是该公司的一位高级工程师，听到赞扬他的话，他立即表现出很高兴的样子，谈判的气氛顿时豁然开朗，双方之间一下子就轻松活跃起来。我方代表趁机将话题一转，强调资金的有限是客观现实，我方无法将设备全部引进，迫不得已才提出部分引进的想法。同时，还强调其他很多国家与我国北方的一些厂家进行谈判和合作，如果他们仅仅因为不能全部引进设备这一小问题而不能投入最先进的技术和设备，那么就将很快面临着失去中国市场的不利局面。

对方代表听到这番话，终于意识到双方合作的广阔发展前景，如果因为设备引进规模的问题而不能够顺利达成协议，不仅将要损失暂时的经济利益，而且还有失去中国市场的严峻考验。竞争如此激烈，一旦被别人占领，很难再进入中国的市场；另外，如果因为对公司影响不是很大的问题而导致谈判破裂，对公司也不好交代。至此，美方代表也只有按照我方的意愿，在双方进一步讨论后，顺利达成了部分引进设备的协议。在这次谈判中，我方玻璃厂不仅成功地节省了大笔的外汇，而且该厂在诺达尔公司的帮助下迅速发展起来，最终在市场竞争中顺利占得先机，成为同行中的佼佼者。

第一节 商务谈判僵局的概念

在商务谈判过程中，如果谈判双方之间的期望太大，但是彼此又不肯做出任何让步或者妥协，这个时候谈判就陷入僵局了。僵局在谈判过程中是不可避免会出现的。双方进行谈判的原因就是目的不一致，为了达成一致而面对面地进行商谈，因此任何谈判主题都有可能形成分歧和对立。谈判僵局呈现的方式是多种多样的，但其实质是由于双方感到在多方面谈判中期望相差甚远，并且在各个主题上这些差异突出得尤为明显，这时双方的谈判就陷入胶着的状态，谈判陷入僵局。为了能够打破谈判僵局，我们将了解谈判僵局产生的原因、表现方式以及处理方法。

一、形成商务谈判僵局的原因

根据过去的谈判经验总结，我们可以看出很多僵局甚至是谈判破裂都是由细节引起的，比如谈判者之间的性格差距、个人的权限、环境的改变、公司内部的纠纷等。不论是谈判中的何种僵局，其形成都是有一定原因的。当我们冷静地对谈判中出现的僵局进行分析时，发现以下几点原因常常会导致僵局出现。

1. 立场观点的争执

谈判僵局产生的最根本原因就在于双方所持立场观点的不同，因而产生意见不合，形成僵局。谈判过程中，如果双方就某个问题发表各自的看法、坚持自己的立场，并且谁也不愿意做出让步时，谈判就会出现僵局。例如，在中美恢复外交关系的谈判中，双方在公报如何表述台湾问题上发生了争执。中方认为台湾是中国领土的一部分，而美方不想得罪台湾当局，双方谈判代表为此僵持不下。中美两国的谈判代表在如何称谓台湾的问题上都认为，这是关系到本国政府外交政策的重大立场性问题，因此都不肯轻易让步。在谈判中，如果谈判双方越是坚持自己的立场，双方之间的分歧就会越大，这个时候就很难达成协议了。谈判对手为了维护自己的正当利益，会提出自己的反对意见。这些反对意见得不到解决的时候，便会借由僵局来表明自己绝不能让步的想法。

2. 不合理的强迫

在商务谈判中，谈判人员常常有意无意地采取一些不合理的强迫手段而使谈判陷入僵局。这种情况经常出现在处于明显优势的谈判方。例如，在国际业务交往中，有些外商常常要求中方企业向他们派驻在中国工作的外方工作人员支付高额报酬，或要求低价包销由其转让技术所生产的市场旺销产品，或者强求购买其已淘汰的设备等，都属于强迫行为。如果处于弱势一方不答应，就反过来以取消贷款、停止许可证贸易等相威胁。

3. 谈判人员素质低下

谈判是由具体的人来实施的，因此谈判人员素质的低下很容易导致谈判僵局的出现，甚至导致谈判破裂。事实上，谈判实质就是一个沟通的过程，仅就导致谈判僵局的因素而言，不论是何种原因，最终都归结为人员素质的原因所致。在谈判过程中，谈判人员的谈判作风、知识经验、策略技术方面的不足或失误，都可导致谈判的僵局。

4. 信息沟通的障碍

谈判本身就是靠“讲”和“听”来进行沟通的。如果沟通出了问题，或者一方完全听清了另一方的讲话内容，而且也能接受这种理解，但不意味着就能够完全把握对方所要表达的思想内涵。谈判中谈判双方信息沟通过程中的失真情况时有发生。信息沟通障碍是指双方在交流彼此的情况、观点，洽商合作意向、交易条件等的过程中所遇到的由于主观与客观的原因造成的理解障碍，主要表现为下面三种情况：

第一种沟通障碍是由于双方文化背景差异，一方语言中的某些特别表述难以用另一种语言表述而造成误解。

第二种沟通障碍是一方虽已知悉却未能理解另一方所提供的信息内容，即使一方完全听懂了另一方的讲话，但仍有可能不能完全把握对方所要表达的思想。

第三种沟通障碍是一方虽已理解却不愿接受这种理解，因为他是否能够接受现实往往受其心理因素的影响，包括对方的态度、与对方以往打交道的经历，以及个人的偏见或成见等。

5. 利益要求的差距

谈判人员都会从自己这一方的立场和角度出发进行洽谈，双方要为自己争取更多的利益需求。在商务谈判中谈判双方的成交底线的差距太大，对各自利益的预期也有很大差距，而这种差距难以协调时，谈判就会陷入僵局。而且，这种僵局难以处理，基本都会以谈判失败或破裂而告终。

二、处理商务谈判僵局的原则

1. 理性思考

许多商务谈判者害怕在谈判中面对僵局，所以会尽力去避免出现僵局，但是这种想法恰恰是消极的，在僵局真正来临时会不知所措。真正的僵局形成之后，谈判气氛随之紧张，这时双方都不可失去理智，应该理性思考。谈判一方如果迫切需要与对方签约，那么为了避免出现僵局就会事事迁就对方；当僵局出现时就会很快地失去耐心，无法执行预先制定的谈判计划。这种不理智的行为也会使自己在谈判中陷入被动的局面。谈判者必须明确冲突的实质是双方利益的矛盾冲突，而不是谈判者之间个人的矛盾，因此要把人与事严格区分开来，不可夹杂个人情绪的对立，以免影响谈判气氛。

虽然大家都不想谈判中出现僵局，这对双方都不利，但是如果能够正确认识僵局及其影响，就会用理性思考去面对谈判僵局。只有具备耐心和理性，才能灵活运用各种技巧打破僵局，引导谈判顺利进行。

2. 协调双方利益

很多谈判的实际经验告诉我们，打破僵局最根本是要协调双方的利益。当谈判僵局发生时，应认真分析双方的利益是什么，从各自的目前利益和长远利益两方面来考虑，对双方的目前利益、长远利益做出调整，寻找双方都能接受的平衡点，最终达成谈判协议。因为如果只是一味追求目前利益，可能失去长远利益，得不偿失，这对双方都是不利的。只有双方都做出让步，协调双方的利益关系，才能保证双方的利益都得到实现，从而实现共赢。例如，英特尔就曾经希望通过收购阿尔特拉(Altera)来增加市场占有率，但是双方就合作方式的问题上陷入了谈判僵局。到英特尔和阿尔特拉进行收购谈判之前，包括英飞凌在内，英特尔近 10 多年实施的一系列交易，均未能帮助公司的通信芯片赢得客户的青睐。比如，收购安全软件生产商迈克菲，也并没有让英特尔如预期的那样——在营收上获得软件业务的提振。因此，英特尔会重新考虑如何打破与阿尔特拉的谈判僵局。因为PC市场的持续走弱，英特尔面临来自投资者的压力。英特尔以167亿美元收购阿尔特拉，也是为尽量减少其对衰退的PC市场的依赖。据TIG公司基金经理德鲁·费格多(Drew Figdor)称，阿尔特拉的投资者对董事们错失与全球最大芯片制造商的谈判和交易机会大感失望。他表示，公司管理层非常看好公司基本面、增长前景和价值。但英特尔可帮助其获得的市场价值，是阿尔特拉公司靠自身能力无法实现的。他相信每股54美元的定价已经高于阿尔特拉现有市场价值水平。英特尔为了减少其对衰退的PC市场的依赖也会考虑阿尔特拉的利益，而阿尔特拉为了实现公司的市场价值，同样也会考虑自身的利益。只有双方都站在对方的角度考虑各自的利益，这样才能突破僵局，实现共赢。

3. 欢迎不同的意见

不同意见，既是谈判顺利进行的障碍，也是一种信号，它表明实质性的谈判已经开始，也是双方博弈的过程。作为一名谈判人员，不应对不同意见持拒绝和反对的态度，而应持欢迎和尊重的态度。这种态度会使我们更加心平气和地倾听对方的意见，掌握更多的信息和资料，也体现了一名谈判者应有的宽广胸怀。

4. 避免争吵

谈判中双方可能会展开激烈的辩论，但不是争吵，争吵无助于矛盾的解决，只能使矛盾激化。如果谈判双方出现争吵就会使双方负面情绪加重，要想打破僵局就更加困难了。即使谈判一方在争吵中获胜，另一方无论从感情上还是心理上都很难再接受对方的说辞，更不会认同对方的意见，谈判仍有重重障碍。所以经验丰富的谈判高手是通过据理力争，而不是和别人大吵大嚷来解决问题的。

谈判出现僵局很正常，只要以平常心去看待有时反而能避免僵局出现。在谈判过程中，谈判者应该冷静、理智地面对对方提出的异议。对方如果提出反对意见也说明对方对这个议题很有兴趣或者是为了达成交易而进行的进一步确认。秉着这样的态度面对争议或者双方的分歧，就会避免一些僵局的产生。在适当的时候要表扬对方的优点，例如"我认为您分析得很全面，对这个问题看得很深入"，这样对方不会刻意去激化矛盾，谈判就可以顺利进行下去。

第二节　僵局的处理方法

一、避免僵局的方法

正确客观地认识僵局，理智地面对僵局并采取相应的方法破解僵局是非常必要的，处理僵局最优的办法就是将僵局尽可能地消灭在萌芽中。接下来就为大家介绍几种有效的方法去避免僵局产生。

1. 立场服从利益

谈判双方洽谈的目的是为了达成利益一致，为了避免僵局产生，谈判人员就应该立场服从利益，不能盲目地坚持自己的立场，甚至忘记自己进行谈判的目的是什么。双方能坐下来进行协商谈判的基础就是共同的利益目标。

2. 坚持使用客观的标准

客观标准是不以任何一方意志为转移的，是独立于双方意志之外的合乎情理的标准。商业惯例、科学标准、道德标准、职业标准都是客观标准。只有双方都遵守客观标准才能客观冷静地分析问题，全面地看待双方之间的分歧，最终达成一个公正的协议。

3. 换位思考

谈判人员如果能站在对方的立场上换位思考，就能理解对方提出反对意见的原因，设身处地从对方立场上来思考问题也能避免僵局的产生。换位思考也可以帮助谈判人员转换思维，只有很好地理解了对方的想法，才能找到应对之策去有效地说服对方，并且能增进双方的相互理解。

二、处理僵局的方法

虽然在谈判中可以使用一些方法来避免一些僵局的产生，但是不可能完全不出现僵局，因此面对僵局时谈判人员也应该有一些方法来处理，下面就针对不同的僵局介绍不同的处理方法。

1. 缓解意见对立性僵局

(1)委婉地否定对方的意见。首先可以先肯定再否定。在面对对方的反对意见时，可以先肯定对方一些无关紧要的意见，再去否定核心问题，并提出有力的论据加以说服。其次，可以诱导对方否定自己：谈判一方可以引入客观事实或者通过反问的方式要对方意识到自己这一方的问题，进而自我否定。

(2)求大同存小异。如果谈判双方的意见完全一致就不需要谈了，之所以进行谈判就是为了协商出一个两方都赞同的结果。谈判是为了达成利益目标的一致，但并不意味着双方所有的意见都要一致，互利的一个要求就是求大同存小异。首先，不管谈判进入什么阶段，都要把双方的最终利益放在首位。参与谈判的每一方都是为了追求自己这一方的利益，由于立场不一样因此对待利益的立场就不会相同。谈判的目的是为了追求利益一致，但不是立场一致。一次成功的商务谈判并不是置对方一败涂地，而是双方之间达成协议，怎样才能达成协议呢？就是去努力发现双方的共同之处。有了共同点，双方才有交换意见的基础和可能。当然存小异也要把分歧和差异限定在合理的范围之内，因为差异太大就不能共存了，更难互利。

2. 缓解情绪性对立僵局

谈判中如果双方进行激烈的辩论最后导致争吵往往是由情绪失控所引发的，这也叫情绪性对立僵局，大多数是由措辞不当引起的。当双方讨价还价时，一方谈判人员说："价格太高，你们简直是坐地起价"，另一方立刻反击"难道要我白送给你？"这时谈判很难继续下去。在谈判中因为赌气斗狠而阻碍谈判顺利进行是一种情绪化、不理智的做法。因此，当出现这种僵局时，应该做到以下几点。

(1)暂时休会冷处理。当谈判双方的情绪都很激动的时候，就应该暂停一下谈判，让双方都冷静下来。双方在洽谈过程中常常会产生各种分歧，如果各抒己见、互不妥协就会使谈判陷入僵局，甚至因为激烈的言语制造紧张的气氛。这时，如果谈判双方还继续谈判就会沉浸在紧张的气氛中，导致局面越来越难以控制，双方剑拔弩张。这时暂停谈判进程就可以缓解紧张的局面。例如，可以邀请对方去吃顿饭，或者出去观光，或者休闲娱乐一下，把紧绷的神经松弛一下。

谈判出现僵局，双方情绪都比较激动、紧张，会谈一时也难以继续进行。这时，提出休会是一个较好的缓和办法。谈判的一方把休会作为一种积极的策略加以利用，可以达到以下目的：仔细考虑争议的问题，构思重要的问题，可进一步对市场形势进行研究，以证实自己原来观点的正确性；思考新的论点与自卫方法，召集各自谈判小组成员，集思广益，商量具体的解决办法；探索变通途径，检查原定的策略及战术；研究讨论可能的让步；决定如何对付对手的要求；分析价格、规格、时间与条件的变动；阻止对手提出尴尬的问题；排斥讨厌的谈判对手；缓解体力不支或情绪紧张；应付谈判出现的新情况；缓和谈判一方的不满情绪。

(2)用语言鼓励对方打破僵局。面对谈判僵局时，可以通过赞美或鼓励对方来缓和对立的氛围。“许多困难的问题我们都达成了一致的解决方案，现在就剩这一点了，如果不一并解决的话，那不是太可惜了么?”这种说法往往会起到鼓励的作用。有时也可以与对方叙叙旧情，回顾一下以往的合作历史，强调和突出双方的共同点和合作的成果，并对对方过去的帮助表示感谢，这样可以削弱彼此的对立情绪，打破僵局。

(3)利用第三方调解。当谈判严重对峙而陷入僵局的时候，谈判双方会因为信息沟通障碍而互不信任，互相存有偏见，但是谈判必须取得成果不能中止或者破裂结束，这时就需要第三方出面周旋和调解。有了第三方作为沟通中介，双方就能继续沟通洽谈下去。但是第三方的人选很重要，这个第三方必须是双方所熟识和能接受的，否则很难发挥其作用。在第三方人员的考虑上，不仅要考虑他的能力，还要考虑他的权威性，这种权威性对双方的影响尤为重要。

第三节　破解商务谈判僵局的技巧

谈判出现僵局，就会影响双方达成谈判协议，毫无疑问这是谈判人员都不愿看到的。因此，双方会采取一定的措施，尽量避免出现僵局。但是，谈判本身又是双方利益的分配，是一个讨价还价的过程，出现僵局不可避免。谈判人员从主观愿望上不愿出现谈判僵局是不现实的，必须正确认识、慎重对待、认真处理僵局问题，掌握处理谈判僵局的策略与技巧，从而更好地争取主动，为谈判协议的签订做好铺垫。

一、采取横向式的谈判打破僵局

当谈判陷入僵局，经过协商而毫无进展，双方的情绪均处于低潮时，可以采用避开该话题的办法，换一个新的话题与对方谈判，以等待再次商谈原话题的时机。横向谈判是回避谈判低潮的常用方法。由于话题和利益间的关联性，当其他话题取得成功时，再回来谈陷入僵局的话题，便会比以前容易得多。

把谈判的面撒开，先撇开争议的问题，谈另外一个比较容易达成共识的问题，而不是盯住一个问题不放，不谈妥誓不罢休。例如，在价格问题上双方互不相让，僵住了，可以先暂时搁置一旁，先谈交货日期、付款方式等其他问题。如果在这些议题上对方感到满意了，再重新回过头来讨论价格问题，阻力就会小一些，商量的余地也就更大些，从而弥合分歧，使谈判出现新的转机。

二、寻找替代的方法打破僵局

俗话说得好，“条条大路通罗马”，在商务谈判上也是如此。谈判中一般存在多种可以满足双方利益的方案，而谈判人员需要有预备方案，当一种方案不能为双方同时接受时，就可以选择另外一个备选方案，这样就可以避免僵局的产生。

商务谈判不可能总是一帆风顺的，双方磕磕碰碰是很正常的事，这时，谁能创造性地提出可供选择的替代方案(这种替代方案一定既要能有效地维护自身的利益,又要能兼顾对方的利益要求),谁就掌握了谈判的主动权。要在谈判开始就确定什么是最佳的方案,什么是次优的方案,在谈判准备时期预备备选方案,这样就能使谈判如顺水行舟,一旦遇有障碍,只要及时更改路径,就能顺畅无误地到达目的地。同时也可以对一个方案中的某一部分采用不同的替代方法,如:

(1)另选商议的时间。当出现僵局时意味着双方的氛围比较紧张,这个时候需要彼此再约定好重新商议的时间,以便讨论引起僵持的问题。因为谈判人员可以利用空隙收集到更多的资料,准备更充分的说服理由。

(2)改变售后服务的方式。建议减少某些繁琐的手续,以保证能快速有效地提供售后服务。

(3)改变承担风险的方式、时限和程度。在交易的利益得失不明确的情况下,不应该讨论分担的问题,否则只会导致争论不休。同时,如何找到一个双方都满意的承担风险的方式,可能会使双方找到利益的平衡点。

(4)改变交易的形态。使互相争利的情况改变为同心协力、共同努力的团体。让交易双方老板、工程师、技工彼此联系,互相影响,共同谋求解决的办法。

(5)改变付款的方式和时限。在成交的总金额不变的情况下,加大定金的比例,缩短付款时限,或者采用其他不同的付款方式。

三、运用休会打破僵局

休会是谈判人员为控制、调节谈判进程,缓和谈判气氛,打破谈判僵局而经常采用的一种基本技巧。它不仅是谈判人员为了恢复体力、精力的一种生理需求,而且是谈判人员调节情绪、控制谈判过程、缓和谈判气氛、融洽双方关系的一种策略技巧。谈判中,双方因观点产生差异、出现分歧是常有的事,如果各持己见、互不妥协,往往会出现僵持严重以致谈判无法继续的局面。这时,如果继续进行谈判,双方的思想还沉浸在刚才的紧张气氛中,结果往往是徒劳无益,有时甚至适得其反,导致以前的成果付诸东流。因此,比较好的做法就是休会,因为这时双方都需要找到时间进行思索,使双方有机会冷静下来,或者每一方的谈判成员之间需要停下来,客观地分析形势、统一认识、商量对策。

谈判会场是正式的工作场所,容易形成一种严肃而又紧张的气氛。当双方就某一问题发生争执,各持己见,互不相让,甚至话不投机、横眉冷对时,这种环境更容易使人产生一种压抑、沉闷的感觉和烦躁不安的情绪,使双方对谈判继续下去都没有兴致。在这种情况下,可暂时停止会谈或双方人员去游览、观光、出席宴会、观看文艺节目,也可以到游艺室、俱乐部等地方消遣,把绷紧的神经松弛一下,缓和一下双方的对立情绪。这样,在轻松愉快的环境中,大家的心情自然也就放松了。更主要的是,通过游玩、休息、私下接触,双方可以进一步熟悉、了解,消除彼此间的隔阂;也可以不拘形式地就僵持的问题继续交换意见,寓严肃的讨论和谈判于轻松活泼、融洽愉快的气氛之中。这时彼此间心情愉快,人也变得慷慨大方,谈判桌上争论了几个小时无法解决的问题、障碍,在这儿也许会迎刃而解了。

休会后,双方再按预定的时间、地点坐在一起时,会对原来的观点提出新的、修正的看法。这时,僵局就会较容易被打破。休会的策略一般在下述情况下采用:

(1)当谈判出现低潮时,人们的精力往往呈周期性变化,经过较长时间的谈判后,谈判人员就会精神涣散、工作效率低下,这时最好提议休会,以便休息一下,养精蓄锐,以利再战。

(2)在会谈出现新情况时。谈判中难免出现新的或意外的情况和问题,使谈判局势无法控制。这时可建议休息几分钟,以研究新情况,调整谈判策略。

(3)当谈判出现僵局时。在谈判双方进行激烈交锋时,往往会出现各持己见、互不相让的局面,使谈判陷入僵局。这时,比较明智的做法是休会,让双方冷静下来,客观地分析形势,及时地调整策略。等重开谈判时,会谈气氛就会焕然一新,谈判就可能顺利进行。谈判各方应借休会之机,抓紧时间研究一下,自己一方提出的交易方案,对方是否可以承受?对方态度强硬的真实意图是什么?我方准备提出哪些新的方案?等等。以便重开谈判后,提出对方可以接受的方案,从而打破僵局。

(4)当谈判出现一方不满时。有时谈判进展缓慢、效率很低、拖拖拉拉,谈判一方对此不满。这时,可提出休会,经过短暂休整后,重新谈判,可改善谈判气氛。

(5)当谈判进入某一阶段的尾声时。这时双方可借休会之机,分析研究这一阶段所取得的成果,展望下一阶段谈判的发展趋势,谋划下一阶段进程,提出新的对策。

四、更换谈判人员或者由领导出面打破僵局

谈判中出现了僵局,有时是由于谈判人员本身的因素造成,并非都是因为双方利益的冲突。双方谈判人员如果彼此之间有成见,特别是主要谈判人员,在辩论过程中对他方人格进行攻击,伤害了双方谈判人员的自尊心,必然引起对方的对抗,会谈就很难继续进行下去,谈判就会陷入僵局。即使是改变谈判场所,或采取其他缓和措施,也难以从根本上解决问题。形成这种局面的主要原因,是由于在谈判中不能很好地区别对待人与问题,由对问题的分歧发展为双方个人之间的矛盾。

这种由于谈判人员的性格、年龄、知识水平、生活背景、民族习惯、个性心理、随意承诺、好表现自己、对专业问题缺乏认识等因素造成的紧张局面,虽然想要去补救但是没有效果时,可以征得对方同意,及时更换谈判人员,消除不和谐因素,缓和气氛,就可能轻而易举地打破僵局,保持与对方的友好合作关系。这是一种迫不得已的、被动的做法,必须慎重。

还有一种更换人员的情况并不是因为谈判人员的失职,而可以是一种自我否定的策略,用调换人员来表示:以前我方提出的某些条件不能作数,原来谈判人员的主张欠妥,因而在这种情况下调换人员也常蕴含了向谈判对方致歉的意思。

临阵换将,把自己一方对僵局的责任归咎于原来的谈判人员,不管他们是否确实应该担负这种责任,还是莫名其妙地充当了替罪羊的角色,这种策略的目的是为自己主动回到谈判桌前找到了一个合理的借口,缓和了谈判场上对峙的气氛。不仅如此,这种策略还含有准备与对手握手言和的暗示,成为我方调整、改变谈判条件的一种标志,同时这也向对方发出新的邀请信号:我方已做好了妥协、退让的准备,对方是否也能做出相应的灵活表示呢?

谈判双方通过谈判暂停期间的冷静思考,若发现双方合作的潜在利益要远大于既有的立场差距,那么调换人员就成了不失体面、重新谈判的有效策略,而且在新的谈判氛围中,在经历了一场暴风雨后的平静中,双方都会更积极、更迅速地找到一致点,消除分歧,甚至做出必要的、灵活的妥协,僵局由此而可能得到突破。但是,必须注意两点:第一,换人要向对方做婉转的说明,使对方能够予以理解;第二,不要随便换人,即使出于迫不得已而换,事后也要对换下来的谈判人员做一番工作,不能挫伤他们的积极性。

在有些情况下,如协议的大部分条款都已商定,却因一两个关键问题尚未解决而无法签订合同。这时,我方也可由地位较高的负责人出来参与谈判,表示对僵持问题的关心和重视。同

时，这也是向对方施加一定的心理压力，迫使对方放弃原先较高的要求，做出一些妥协，以利协议的达成。

五、从对方的漏洞中借题发挥打破僵局

谈判技巧高超的谈判人员善于在一些特定的形势下，抓住对方的漏洞，小题大做，给对方制造混乱，让对方措手不及。这种谈判技巧对于突破谈判僵局会起到意想不到的效果，这就是所谓的从对方的漏洞中借题发挥。从对方的漏洞中借题发挥的做法有时被看作一种无事生非、有伤感情的做法。然而，对于谈判对方某些人的不合作态度或试图恃强凌弱的做法，运用从对方的漏洞中借题发挥的方法做出反击，往往可以有效地使对方有所收敛。相反，不这样做反而会招致对方变本加厉的进攻，从而使我们在谈判中进一步陷入被动局面。事实上，当对方不是故意地在为难我们，而我方又不便直截了当地提出来时，采用这种旁敲侧击的做法，往往可以使对方知错就改、主动合作。

六、利用“一揽子”交易打破僵局

所谓“一揽子”交易，即向对方提出谈判方案时，好坏条件搭配在一起，就像卖“三明治”一样，要卖一起卖，要同意一起同意。往往有这种情况，卖方在报价中包含了可让与不可让的条件。所以向他还价时，可采用把高档与低档的价加在一起还的做法。比如把设备、备件、配套件三类价均分出 A、B、C 三个方案，这样报价时即可获得不同的利润指标。在价格谈判时，卖方应根据谈判气氛、对方心理再妥协让步。作为还价的人也应同样如此，即把对方货物分成三档价，还价时采取设备 A 档价、备件 B 档价、配套 C 档价，而不是都为 A 档价或 B 档价。这着棋的优点在于具有吸引力、平衡性，对方易于接受，可以起突破僵局的作用。尽管在一次还价总额高的情况下该策略不一定有突破僵局的作用，但仍不失为一个合理还价的较好理由。

七、有效退让打破僵局

达到谈判目的途径是多种多样的，谈判结果所体现的利益也是多方面的，有时谈判双方对某一方面的利益分割僵持不下，就轻易地让谈判破裂，这实在是不明智的处理方式。谈判人员应该换个角度辩证地思考一下，其实只要在某些问题上稍做让步，而在另一些方面就能争取到更好的条件。这种辩证的思路是一个成熟的商务谈判者应该具备的。

就拿从国外购买设备的合作谈判来看，有些谈判者常常因价格分歧，而不得不不欢而散，至于诸如设备功能、交货时间、运输条件、付款方式等尚未涉及，就匆匆地退出了谈判。事实上，购货一方有时可以考虑接受稍高的价格，然而在购货条件方面，就更有理由向对方提出更多的要求，如增加若干功能，或缩短交货期，或除在规定的年限内提供免费维修外还要保证在更长时间内免费提供易耗品，或分期付款，等等。

谈判犹如一个天平，每当我们找到了一个可以妥协之处，就等于找到一个可以加重自己谈判的砝码。在商务谈判中，当谈判陷入僵局时，如果对国内、国际情况有了全面了解，对双方的利益所在又把握得恰当准确，那么就应以灵活的方式在某些方面采取退让的策略，去换取另外一些方面的得益，以挽回本来看来已经失败的谈判，达成双方都能接受的合同。谈判人员要牢记大家聚在谈判桌前的目的是为了成功地达成共识而不是为了攻击和打败对方。因此，当谈判陷入僵局时，我们应有这样的认识，即如果促使合作成功所带来的利益大于坚守原有立场而让谈判破裂所带来的好处，那么有效退让就是我们应该采取的策略。

案例窗口

“您这种机器要价750元一台，我们刚才看到同样的机器标价为680元。您对此有什么话说吗？”

“如果您诚心想买的话，680元可以成交。”

“如果我是批量购买，总共买35台，难道您也一视同仁吗？”

“不会的，我们每台给予60元的折扣。”

“我们现在资金较紧张，是不是可以先购20台，3个月以后再购15台？”

卖主很是犹豫了一会儿，因为只购买20台，折扣是不会这么高的。但他想到最近几个星期不甚理想的销售状况，还是答应了。

“那么，您的意思是以620元的价格卖给我们20台机器。”买主总结性地说。

卖主点了点头。

“干吗要620元呢？凑个整儿，600元一台，计算起来都省事。干脆利落，我们马上成交。”

卖主想反驳，但“成交”二字对他颇具吸引力，几个星期完不成销售定额的任务可不好受，他还是答应了。

八、适当馈赠打破僵局

谈判者在相互交往的过程中，适当地互赠些礼品，会对增进双方的友谊、沟通双方的感情起到一定的作用，也是普通的社交礼仪。西方学者幽默地称之为“润滑策略”。每一个精明的谈判者都知道：给予对方热情的接待、良好的照顾和服务，对于谈判往往产生重大的影响。它对于防止谈判出现僵局是一个行之有效的途径，这就等于直接明确地向对手表示“友情第一”。

所谓适当馈赠，就是说馈赠要讲究艺术，一是注意对方的习俗，二是防止贿赂之嫌。有些企业为了达到自身的利益乃至企业领导人、业务人员自己的利益，在谈判中把送礼这一社交礼仪改变了性质，使之等同于贿赂，不惜触犯法律，这是错误的。所以，馈赠礼物要是在社交范围之内的普通礼物，突出“礼轻情义重”。谈判时，招待对方吃一顿地方风味的午餐，陪对方度过一个美好的夜晚，赠送一些小小的礼物，并不是贿赂，提供这些平常的招待也不算是道德败坏。如果对方馈赠的礼品比较贵重，通常意味着对方要在谈判中“索取”较大的利益。对此，要婉转地暗示对方礼物“过重”，予以推辞，并要传达出自己不会因礼物的价值而改变谈判的态度的信息。

九、场外沟通打破僵局

谈判会场外沟通又称“场外交易”“会下交易”等。它是一种非正式谈判，双方可以无拘无束地交换意见，达到沟通、消除障碍、避免出现僵局之目的。对于正式谈判出现的僵局，同样可以用场外沟通的途径直接进行解释，消除隔阂。

（一）采用场外沟通策略的时机

（1）谈判双方在正式会谈中，相持不下，即将陷入僵局。彼此虽有求和之心，但在谈判桌上碍于面子，难以启齿。

（2）当谈判陷入僵局，谈判双方或一方的幕后主持人希望借助非正式的场合进行私下商谈，从而缓解僵局。

(3)谈判双方的代表因为身份问题，不宜在谈判桌上让步以打破僵局，但是可以借助私下交谈打破僵局，这样又可不牵扯到身份问题。例如：谈判的领导者不是专家，但实际做决定的却是专家。这样，非正式场合，专家就可不因为身份问题而出面从容商谈，打破僵局。

(4)谈判对手在正式场合严肃、固执、傲慢、自负、喜好奉承。这样，在非正式场合给予其恰当的恭维（因为恭维别人不宜在谈判桌上进行），就有可能使其做较大的让步，以打破僵局。

(5)谈判对手喜好郊游、娱乐。这样，在谈判桌上谈不成的东西，在郊游和娱乐的场合就有可能谈成，从而打破僵局，达成有利于己方的协议。

(二)运用场外沟通应注意的问题

(1)谈判者必须明确，在一场谈判中用于正式谈判的时间是不多的，大部分时间都是在场外度过的，必须把场外活动看作谈判的一部分，场外谈判往往能得到正式谈判得不到的东西。

(2)不要把所有的事情都放在谈判桌上讨论，而是要通过一连串的社交活动讨论和研究问题的细节。

(3)当谈判陷入僵局，就应该离开谈判桌，举办多种娱乐活动，使双方无拘无束地交谈，促进相互了解，沟通感情，建立友谊。

(4)借助社交场合，主动和非谈判代表的有关人员（如工程师、会计师、工作人员等）交谈，借以了解对方更多的情况，往往会得到意想不到的收获。

(5)在非正式场合，可由非正式代表提出建议、发表意见，以促使对方思考，因为即使这些建议和意见很不利于对方，对方也不会追究，毕竟讲这些话的不是谈判代表。

十、以硬碰硬打破僵局

有时对方谈判人员是为了施加压力故意制造僵局，这时己方谈判人员的妥协退让已无法满足对方的欲望，应采用以硬碰硬的办法向对方反击，让对方自动放弃过高要求。可以直接指出对方制造僵局的用心，让对方自己放弃所要求的条件。有些谈判对手会直接离开谈判桌，以显示自己的强硬立场。如果对方想与你谈成这笔生意，他们会再来找你；这时，他们的要求就会改变，谈判的主动权就掌握在了你的手里。如果对方不来找你也不可惜，因为如果自己继续同对方谈判，只能使自己的利益降到最低点；这样，谈成还不如谈不成。

谈判陷入僵局时，如果双方的利益差距在合理限度内，即可明确地表明自己已经没有退路，希望对方能让步，否则只能无奈地接受谈判破裂的结局。当对方意识到这种说法的合理性时，才有可能忍痛割舍部分期望利益、委曲求全，使谈判继续进行下去。相反，如果双方利益的差距太大，说明双方已经失去了谈判的基础了，只靠单方面的努力与让步根本无法弥补差距时，就不能采用这种策略，否则就只能使谈判破裂。当谈判陷入僵局而又实在无计可施时，以硬碰硬策略往往成为最后一个可供选择的策略。在做出这一选择时，我们必须要做最坏的打算，否则就会不知所措。切忌在毫无准备的条件下盲目滥用这一做法，因为这样只会吓跑对手，结果将是一无所获。当然，如果由于运用这一策略而使僵局得以突破，我们就要兑现承诺，与对方签订协议，并在日后的执行中，充分合作，保证谈判协议的顺利执行。

对于谈判的任何一方而言，坐在谈判桌前的目的是为成功达成协议，而绝没有抱着失败的目的前来谈判的。谈判中，达到谈判目的的途径往往是多种多样的，谈判结果所体现的利益也是多方面的。当谈判双方对某一方面的利益分配僵持不下时，往往容易轻易地使谈判破裂。其实，这实在是一种不明智的举动。因为之所以会出现这种结果，原因就在于没有掌握辩证地思考问题的方法。如果是一个成熟的谈判者，这时他应该明智地考虑在某些问题上稍作让步，而在另一些方面去争取更好的条件。从经济的角度来讲，这样做比起匆匆而散的做法要划算得多。

案例窗口

1985年7月，任传俊主持了一次和联邦德国吉玛公司的索赔谈判，对手是理扬·奈德总经理。索赔的原因是引进的圆盘反应器有问题，中方提出的索赔数是1 100万西德马克，而德方只同意300万马克，二者相去甚远。这是一场马拉松式的谈判。在久久僵持不下时，任传俊突然建议休会，并提议第二天陪理扬·奈德到扬州游览。扬州，大明寺，花木扶疏，风景宜人。任传俊对德方代表团介绍道："这里纪念的是一位为了信仰，六渡日本，双目失明，终于达到理想境界的中国唐朝高僧鉴真。今天，中日两国人民都没有忘记他。你们不是常常奇怪日本人的对华投资为什么比较容易吗？那其中很重要的原因就是日本人了解中国人的心理，知道中国人重感情、重友谊。"接着，他对理扬·奈德笑道："你我是多年打交道的朋友了，除了彼此经济上的利益外，就没有一点个人之间的感情吗？"理扬·奈德大为感动。旅行车从扬州开回仪征，直接开到谈判室外，谈判继续进行。任传俊开门见山地说："问题既然出在贵公司身上，为索赔花费太多时间就是不必要的，反正要赔偿……"理扬·奈德耸耸肩："我公司在贵国中标，总价值才1亿多美元，我无法赔偿过多，我总不能赔着本干……"任传俊抓住了一个事实，江苏仪征化纤工程是当时全世界最大的化纤工程，他当仁不让地说："据我得到的信息，正是因为贵公司在世界上最大的化纤基地中标，才得以连续在全世界15次中标。这笔账又该怎么算呢？"这个反问很有技巧，理扬·奈德一时语塞。任传俊诚恳地说："我们是老朋友了。打开天窗说亮话，你究竟能赔多少？我们是重友谊的，总不能让你被董事长敲掉了饭碗；而你也要为我想想，中国是个穷国，我总得对这里1万多名建设者有个交代……"谈判结束，德方同意赔偿800万马克。事后，理扬·奈德说："我付了钱，可我心里痛快！"

商务谈判僵局处理得成功与否，从根本上来讲，要取决于谈判人员的经验、直觉、应变能力等综合素质。从这种意义上讲，僵局突破是谈判的科学性与艺术性结合的产物。在分析、研究及策略的制定方面，谈判的科学成分大一些；而在具体运用上，谈判的艺术成分大一些。

在具体谈判中，最终采用何种策略应该由谈判人员根据当时当地的谈判背景与形势来决定。一种策略可以有效地运用于不同的谈判僵局之中，但一种策略在某次僵局突破中运用成功，并不意味着在其他同样类型的谈判僵局中也适用。只要僵局构成因素稍有差异，包括谈判人员的组成不同，各种策略的使用效果都有可能是迥然不同的。关键还在于谈判人员的素质、谈判能力和本方的谈判实力，以及实际谈判中的个人及小组的力量发挥情况如何。那些应变能力强、谈判实力强，又知道灵活运用各种策略与技巧的谈判者一定能够成功对付、处理所有的谈判僵局，而实现谈判目标。

本章小结

僵局在谈判过程中是不可避免会出现的。双方进行谈判的原因就是目的不一致，为了达成一致而面对面地进行商谈，因此任何谈判主题都有可能形成分歧和对立。为了能够打破谈判僵局，本章分析了谈判僵局产生的原因，阐述了僵局的表现方式以及给出了相应的处理方法。

1. 谈判僵局产生的原因有立场观点的争执、不合理的强迫、谈判人员素质低下、沟通存在障碍和利益要求的差距。

2. 处理谈判僵局应遵循以下的原则：理性思考原则、协调双方利益原则、欢迎不同的意见原则、避免争吵原则。

3. 在谈判过程中首先要尽量避免僵局的产生，如果实在无法避免僵局产生也要采取积极的方法去处理。

4. 有效破解僵局的技巧有采取横向式的谈判打破僵局、寻找替代的方法打破僵局、运用休会打破僵局、更换谈判人员或者由领导出面打破僵局、从对方的漏洞中借题发挥打破僵局、利用“一揽子”交易打破僵局、有效退让打破僵局、适当馈赠打破僵局、场外沟通打破僵局、以硬碰硬打破僵局。正确使用这些技巧，可以在谈判中争取主动权，为谈判签订协议铺平道路。

关键词

立场观点　不合理的强迫　利益要求的差距　换位思考　客观的标准　意见对立性僵局　情绪性对立僵局

课后习题

1. 处理谈判僵局的原则有哪些？
2. 如何看待商务谈判中出现的僵局？
3. 如何有效地避免僵局的产生？
4. 出现意见对立性僵局时应采取什么处理方法？
5. 破解谈判僵局的策略有哪些？什么情况下使用？

案例分析

江西某市G工厂与C进口公司（以下称中方）联合组团赴法国巴黎与法国P公司（以下称法方）谈判铝电解电容器用铝箔生产线的技术与商务条件，由于工程进度要求，此行希望能够在过去双方技术交流的基础上完成最终签署合同的谈判。为此，该谈判组共有各类专家9人，时间定为两周。带队的是工厂的F厂长与C公司主管业务部门的B经理，阵容虽说不上庞大，可力量不能小视，摆出一副决战的架势。

到了巴黎后，法方P公司总经理、生产经理、设备经理、律师迎战中方谈判组。技术谈判仅用了两天双方即交换了意见，进入了草拟技术文件的阶段。当进入价格谈判时，法方态度开始强硬，480万美元的报价，不论中方怎么说，在调整5%的价格后，就不动了。为了充分利用时间，中方建议价格谈判与合同文本谈判同时进行，法方表示同意。双方将人员分成两组，继续谈判。在法方律师与中方B经理的努力下，合同文本的大部分条款在两天之中也谈得差不多了，但价格小组的谈判几近停顿。更严重的是P公司的总经理不露面了，当问及对方律师时，答案是“他到国外开会去了，什么时候回来不知道”。中方谈判组陷于困境。法方在想什么？中方应如何办？一周不到，谈判就中断了，是回国还是继续留下？虽然对价格手上还有余地，但能否让出？让出后是否就能成交呢？谈判组围绕这些问题进行了认真分析。最后统一的意见是：先沉住气，进一步摸清情况后，再做打算。于是决定分头行动，一部分人收集市场信息，以分析价格条件；一部分人把握谈判形势，B经理设法与对方律师接触拉关系，套信息。

B经理与律师联系上了，谈得还很投机。由于交易成功律师收入更高，再说他还想找机会游览中国，所以他也很乐意与中国人交朋友。两人很愿意单独约会。律师邀请B经理去他家作客，B经理欣然接受，因为这正是他需要的。

B经理按地址找到了律师的家，他的家在一幢公寓的五层。因为他是单身汉，两居室的房子中摆设很简单，地上放着垫子就算床，桌子上放着杂七杂八的东西，一看就是不拘生活小节的人。B经理送上中国特产作为见面礼，然后从家庭、生活、兴趣、朋友、文化的话题逐步转移到交易的谈判上。由于彼此聊得痛快，生意上的事也当生活见解倾诉出来。

律师："P公司经理不够意思，既让中国朋友来了，就应安排好。再有分歧，坐下来谈嘛！"

B经理："可能总经理是有急事需出国处理。"

律师："事是有，但可以定个时间表。"

B经理："他太忙，无法确定日程，也可能我们的交易额太小，不值得优先考虑。"

律师："贵公司的交易对他很重要。这是第一次将其产品与技术卖到中国。贵方来之前，他与助手们多次商量，不像不重视。只是此人是日耳曼移民，性格较直率，处理问题手法较简单。加上这回他可能真有急事出差了，显得失礼。"

B经理："我说与他对话不像与您这样的当地法国朋友容易呢！"

律师："他是总经理，自以为身份高，太傲气，不好交朋友，就是我与他交谈也觉别扭。"

B经理："可是为了交易，我们得找到彼此能理解交流的方法。"

说到这里，两人又沉默了，交易谈不成两人都不舒服。

B经理突然情绪高涨起来，对律师说："我们是朋友，我也信任您。有些话不好对总经理先生说，可对您讲，您可以从中帮助我们沟通，也可给我方提建议。"

律师："可以啊！我很乐意做这件事。"

B经理："我认为总经理先生是压我方让步。也许他已回其办公室了，只是不想见我们，非要我方让步才肯恢复谈判。我可以告诉您，我们是可以让步，但要成交，必须双方让步。按P公司目前的谈判态度，我们即使可以让步也不会让。

律师："我能理解中方的立场，但如果这样下去，我很难看到贵方本次巴黎谈判的结果。"

这是个很实际的问题。B经理严肃地看着律师点了点头，承认其看法，表示宁可空手回国，也不会接受P公司现在的交易条件。两人又换了些轻松的话题，吃完饭，律师送B经理出门。这时，B经理试探性地问律师："我有个想法不知行不行。"律师说："请讲。"B经理说："若有可能，请你转告P公司总经理，我方的交易条件可以调整，但我方对他目前的态度与做法有意见。他不改变，我们将无法谈判。这样的话，我们就准备回国了。此外，如您能施加影响，说服他带助手到中国来，我们将欢迎他并可恢复谈判。否则，我们将另做打算。"律师说："当然可以转达贵方的意见。我也会尽全力说服他到中国去。"说完，两人告别。

B经理将情况与谈判组人员沟通后，决定缩短在法逗留时间，利用2～3天调查研究并适当参观巴黎文化景点，同时再通过律师与P公司联系一次，看总经理是否回巴黎或是否愿意恢复谈判，再决定具体回国日期与航班。两天后，B经理与律师通话，得知P经理仍未回国，于是全团决定提前回国。

中方回国一个月后，律师来电，说P公司总经理回国后即与其交换了意见，他表示歉意，但同时表示重视与中方的交易，若中方邀请，他们可组团来华谈判。双方很快办妥了相关手续。

P公司的谈判组几乎是巴黎谈判时的原班人马，只是多了总经理的夫人。在为法方人员接风的晚宴上，双方人员很兴奋，尤其总经理夫人更是高兴，她说："中国的菜，色、香、味俱全，真是艺术品，还是营养品。虽说法国菜不能与中国菜比，但在西餐中，法国菜是第一，下次贵方到巴黎时，我一定要请你们品尝法国菜。"B经理接道："我们在两个月前到巴黎去过，并与您的丈夫商讨交易事宜。"总经理夫人惊讶地问："我怎么不知道呢？"她转身面对丈夫。总经理很尴尬地点头。B经理接着说："我们去巴黎没几天，总经理说要出差，把会停下来了。"这时，夫人盯着总经理的眼神变化很多，但仍说："把中国客人邀请来巴黎，自己却走了，这不太礼貌。"总经理的脸有些泛红，也不知是不好意思还是酒劲上涌。席间，说说笑笑，气氛还算融洽。双方看到了谈判成功的希望。

这次谈判仍分两组进行，一组谈判价格，一组陪总经理夫人去游玩。由于这是上次谈判的继续，双方均同意先谈关键分歧点。虽然在巴黎时双方差距有50%，但这次谈判双方真正体现了互相配合求公正的态度。P公司承担了22%的差距，加上在巴黎谈判时改善的5%，总量达27%；中方承担了28%的差距，退让似乎比法方大，但总体差不多。双方人员迅速整理交易内容及合同文本，中方组织人员打印合同。在签字仪式后的庆祝宴会上(这次是法方出钱宴请中方)，中心人物是P公司总经理的夫人，她替其丈夫招呼中方客人。中方人员一方面向总经理敬酒，一方面赞扬其夫人："她一出马，谈判就成功。"该合同执行非常顺利。

案例讨论：

1.如中方在听到P公司总经理称"出国开会"后，即拿出新条件吸引其继续谈判行吗？

2.B经理与律师谈话中直接说出中方交易条件让其转达，效果又会如何？

3.如果P公司谈判组没有在较短的时间内来华谈判，怎么办？

4.P公司谈判组来华谈判，若仍达不成协议，后果会如何？

第八章　商务谈判签约

本章重难点

1. 了解商务合同履行的相关内容；
2. 掌握企业签订合同时需要防范的风险；
3. 了解合同争议产生的原因；
4. 掌握履行合同的管理方法。

引入案例

托马斯和许多在芝加哥北海岸地区有着卓越声誉的建筑师进行了会谈。他和妻子弗兰齐斯卡经过深思熟虑选择了其中一位建筑师。这位建筑师用8个月左右的时间为托马斯夫妇设计了他们理想中的新住宅。双方约定设计完成后再谈价格。只有当托马斯夫妇都对设计方案相对满意时，建筑师再报出住宅的建造价格。正当托马斯夫妇与建筑师谈判时，情况发生了变化。从建筑师报出第一个价格开始到双方启动谈判的那段时间，美国经济出现萎缩，大多数建材的价格大幅度下降。你可能想到了，托马斯希望能从建材价格的下降中获益。建筑师所在的欧安地(OAD)公司的法定代表人罗德坚持认为，分包商由于建材价格下降而获得的任何收益，都属欧安地公司所有。有趣的是，欧安地公司并不打算消化分包商由于建材成本上升而造成的损失。

托马斯觉得，节约下来的潜在成本也许数额十分巨大。最初的价格是在2008年年初由欧安地公司报出的，那时的经济环境与2009年年末的经济环境有着天壤之别。双方展开了激烈的争论，最后，由于双方都开始严肃考虑取消整个项目，谈判陷入了僵局。一天晚上，双方在经过一整天艰苦的谈判后，罗德在离开时给托马斯留下了这样一句话："我无法相信，你会由于不到3 000美元的价格争议而退出这场谈判。"托马斯感到非常震惊，原因有二：其一，他已经计算过，潜在的利润比罗德提出的"不到3 000美元"大得多；其二，如果他本人仅仅因为3 000美元而退出谈判，那么罗德以及欧安地公司同样也只为了这笔小钱退出。就其本身而言，托马斯确定，建材价格下降带来的实际利润一定大于3 000美元，否则罗德的行为没有任何道理。第二天早晨，托马斯再次与罗德联系，提出了如下建议：欧安地公司可以首先从节约的成本中扣除3 000美元，剩下的节余，由双方按照1∶3的比例进行分割，欧安地公司得到25%，托马斯得到

75%。托马斯知道，如果罗德准确地说出了对节约成本的真实估值，那么这个建议方案对欧安地公司会有吸引力，因为他们将获得全部的潜在节约成本3 000美元。但如果潜在节约成本大大超出3 000美元（托马斯正是这么怀疑的），那么这个建议方案对罗德来说吸引力将大大降低。双方又经过了多轮谈判，包括与公司负责人的谈判，最终达成了一致。双方将后效契约修改为：欧安地公司首先从成本节约数额中扣除3 000美元，剩下的节余由托马斯和欧安地公司均分。因此，似乎在罗德看来，这3 000美元是达成协议真正且重要的障碍。

托马斯原本就打算将欧安地在利润分配中的份额从25%增加到50%，但这样做并不只是因为他是个慷慨的人。相反，他希望欧安地公司尽可能降低成本。他一直担心，如果按1∶3的比例来分割，就没有给欧安地公司提供足够的激励去要求分包商降低成本，因此他最后做出了让步，按照欧安地公司满意的1∶1的比例分割利润。欧安地公司随后开始了施工。

第一节　签订合同

一、签订合同的概念

1. 合同的概念

合同又称为契约，具有广义和狭义两种。广义的合同泛指双方或多方当事人之间订立的发生一定权利、义务关系的协议；狭义的合同专指“当事人之间设立、变更、终止民事关系的协议”。谈判双方最终是通过合同来确定双方的权利和义务的。

合同是具有法律效应的，是一种民事法律行为；签订合同的双方必须全面、适当地履行合同中约定的各项义务；合同依法成立以后，除非通过双方当事人协商同意，或者出现了法律规定的原因，可以将合同变更或解除外，任何一方当事人都不得擅自更改或删除合同。

如果出现当事人一方不履行或未能全部履行合同义务时，便构成违约行为，要依法承担民事责任。另一方当事人有权利请求法院强制其履行义务，并支付违约金或赔偿损失。

2. 签订合同的原则

(1)平等互利原则。平等原则是指合同当事人的民事法律地位平等。

(2)自愿原则。自愿原则是指当事人依法享有自愿订立合同的权利，任何单位和个人不得干预。

(3)公平原则。公平原则要求合同双方当事人之间的权利义务要公平合理，要大体上平衡，强调一方给付与对方给付之间的等值性，合同上义务的负担和风险的合理分配。

(4)诚实信用原则。诚实信用原则是指当事人在订立合同时诚实守信。不得隐瞒事实的真相，诱使对方签订意思表示不真实的合同。

二、商务合同的含义及内容

(一)商务合同的含义

所谓商务合同，是指谈判双方为了实现一定利益目的而设立、变更、终止民事权利义务关系的协议。

商务合同也是具有法律效应的。商务合同之所以能够发生法律效力，就是由于当事人在订立、履行合同时遵守法律、行政法规，尊重社会公德，不扰乱社会秩序、损害社会公共利益，因而被国家法律所承认和保护。商务合同依法成立,就具有法律约束力。

(二)商务合同的形式

商务合同的形式是指商务合同当事人达成协议的表现形式。依据合同法规定,谈判双方订立合同可以采取以下几种形式。

1. 书面形式

书面合同是指商务合同是以合同书、信件和数据电文(包括电报、电传、传真、电子数据交换和电子邮件)等可以有形地表现所载内容的形式进行的。对于关系复杂的合同、重要的合同,最好采用书面形式。

2. 口头形式

口头合同是指商务活动当事人以谈话方式所订立的商务协议。一般来讲,对于一些比较重要的商务协议合同最好不要采用口头形式。

3. 推定形式

谈判双方没有用语言、文字表达其意思表示,仅用行为向对方发出要约,对方接受该要约,以做出一定或指定的行为作承诺,合同成立。例如,租期届满后,承租人继续交纳房租,出租人接受之,由此可推知当事人双方做出了延长租期的法律行为。

(三)商务合同的主要内容

商务合同的内容是指商务合同当事人依照约定所享有的权利和承担的义务。商务合同的内容主要有以下方面:

(1)当事人的名称(或姓名)和住所。

(2)标的。标的是商务合同当事人的权利义务所共同指向的对象,在法学上称为标的,就是合同法律关系的客体。在商务合同中标的必须明确、具体、肯定。

(3)数量。数量是以数字和计量单位对商务合同标的进行具体的确定。数量也是确定商务合同当事人权利义务范围、大小的依据。

(4)质量。质量是以成分、含量、纯度、尺寸、精密度、性能等来表示合同标的内在素质和外观形象的优劣状态。

(5)货款或者报酬。货款或者报酬是当事人一方取得标的物或接受对方的劳务而向对方支付的对价。

(6)履行期限、地点和方式。

(7)违约责任。

(8)争议的解决方法。争议的解决方法是当有一方不能按照合同履约时,另一方通过什么样的方法来解决当事人之间的争议。争议的解决方法有协商、调解、仲裁和诉讼。

三、商务合同的履行

商务合同的履行,是指商务合同生效后,当事人按照商务合同的规定,全面完成各自承担的义务。商务合同的履行是商务合同法律约束力的具体表现。

(一)商务合同履行的原则

1. 实际履行的原则

该原则指当事人按照合同约定的标的完成合同各自义务的原则。对有效成立的合同,其约定的标的是什么,当事人就应该履行什么样的标的;实际履行标的,不能以其他方式代替原标的履行。

2. 全面履行原则

该原则是指当事人按照合同约定的全部条款来履行自己的义务。就是按照约定的数量、质量、价金、履行期限、履行地点全面完成合同约定义务的履行原则。

3. 协作履行原则

该原则是指合同当事人不仅要履行自己的合同义务，同时应协助对方当事人履行合同义务的履行原则。

4. 经济履行原则

该原则要求在履行合同时，讲求经济效益。债务人在履行债务时可以选择合理的运输方式、合理的履行期限履行合同义务，当履行原合同的费用超过原合同的价值时，可以适当考虑用其他方法来代替原合同的履行。

（二）违约

当事人一方不履行合同义务或者履行合同义务不符合约定的，在履行义务或者采取补救措施后，对方还有其他损失的，应当赔偿损失。赔偿损失的金额应当以因违约所造成的损失为限，包括权利人的直接损失和间接损失，但不得超过违反合同一方订立合同时预见到或者应当预见到的因违反合同可能造成的损失。当事人一方违约后，非违约方应当采取适当措施防止损失的扩大；如若没有采取适当措施而放任损失扩大的，不得就扩大的损失要求赔偿。当事人因防止损失扩大而支出的合理费用，由违约方承担。

（三）支付违约金

违约金是指由当事人通过协商预先确定或者法律直接规定的，当一方违约时，违约方向对方支付的一定数额的货币。

（四）定金

定金是指合同当事人约定一方事先向对方所支付的一定数额的货币，以担保合同的履行。债务人履行债务后，定金应当抵作价款或者收回。如果给付定金的一方违约，无权要求返还定金；接受定金的一方违约，应当双倍返还定金。合同法规定，如果当事人既约定有违约金，又约定有定金的，一方违约时，非违约可以选择适用违约金或者定金条款。即定金和违约金条款不能同时适用。

（五）免责事由

免责是指在合同履行的过程中，因出现了法定的免责条件或合同约定的免责事由，违约人将因此而免于承担违约责任。

这些法定的免责条件和约定的免责事由被统称为免责事由。我国《合同法》仅承认不可抗力为法定的免责事由。《合同法》第117条规定，不可抗力“是指不能预见、不能避免并不能克服的客观情况”。

案例窗口

温州某公司与A公司签订了一笔USD40 000.00 FOB宁波的出口合同，付款方式是订单确认后先支付USD1 000.00作为订金，剩余货款于货物装船前通过电汇(T/T)付清，并且约定客户将在货物生产完毕之时来工厂检验。我方收到订金后开始生产，在货物即将生产完毕之时通知对方来工厂检验。但对方要求货物在装运港——宁波港实施，检验合格后，对方将直接给我方银行汇票。与此同时，我方了解到，船公司是客户指定的，提单将由船公司直接放给客户。这样做客户已经改变合同条款，主要体现在以下三个方面：

(1)客户改工厂检验为装运港检验。这样无形增加我方风险，万一对方检验后认为不合格，我方将增加不必要的费用。

(2)客户改电汇(T/T)为银行汇票(D/D)。付款行为"汇丰银行上海分行"，由于异地托收，所需时间较长，大约为20天，对我方资金周转有影响。而且据已经发生的案例说明，在收款人兑现汇票之前，对方有权利要求银行止付。

(3)提单将由船公司直接放给客户。按照惯例，船公司只有在收到托运人的委托书后才可以将提单放给收货人(买方)。但这里的船公司与收货人之间有长期良好的合作关系，因此，船公司答应在装船后3～4天将提单放给收货人，这显然会影响到我方利益。

鉴于上述问题，我方提出自己的看法：

(1)我方要求对方来工厂检验。对方坚持装运港检验，理由是他要在装运港同时检验很多工厂的货物，没有时间到每个工厂去检验。我方只好同意客户的决定。

(2)要求船公司出具保函，凭我方的书面通知才可以放提单给对方，保证在汇票兑现前替我方保留提单。要求船公司即传真相应保函给我方。

在上述协议达成以后，我方将货物发往装运港，并派业务员前往装运港。客户在装运港检验，货物均符合合同要求，因此，客户当即将银行汇票给了我方。我方即去船公司取得保函正本。

我方将汇票交给我方银行向汇丰银行上海分行托收。其间客户来电要求放单，我方拒绝。经过20天左右才收到货款，我方放单给对方。

第二节　企业签订合同时常见的风险规避方法

一、确认合同的主体

一般情况下，合同的主体应该具有甲方和乙方。甲方在签合同时一般应有甲方公司的全称，并且要保证公章和营业执照上面的名称相一致，及法定代表人的签名，这样才具有法律效应。在签订合同时针对乙方则应特别注意以下几点：

(1)首先应特别注意乙方营业执照上的公司名称和合同上的乙方公司名称保持一致，还应注意公司公章上的名称和营业执照上的一致。

(2)要确认合同上企业法定代表人的签字，并核对签字的人的身份，如果不是法定代表人，则应特别注意该人员是否有公司或法定代表人的授权委托书，并且应把授权委托书、合同书及个人的身份证明放在一起保管，以保证签订合同的有效性。

(3)在签订合同前一定要审核乙方的资产信用及信誉，以保证合同的有效履行。

(4)在履行合同的过程中涉及乙方人员签字的地方都要注意签字方的身份，是否具有合法的授权委托书，否则签字可能会变为个人的行为，最好在涉及乙方签字的地方都加盖公司的印章加以确认。

二、考察合同主体

(一)乙方的主体资格

(1)乙方为个人时,法律要求必须是完全民事行为能力人,即乙方精神正常且年满18周岁或者16~18周岁但以自己的收入为主要生活来源,在此情况下可以要求其提供身份证、详细的家庭地址、联系方法及个人的其他情况,方便在必要时对其进行实地的考察和确认。

(2)乙方为企业时,则应注意企业下属部门是不具备主体资格,不能签约的,如果在签订合同时由这些不具备主体资格的下属部门签字,合同可能会因为主体不适格而被认定无效;而企业的分支机构,如分厂、分公司、办事处等,则应看其是否具被授权对外开展业务资格,是否有授权法人营业执照,如果有授权才有签订合同的资格。对分公司、分厂、办事处的审查,除审查分支机构的履约能力外,还应审查母公司的履约能力,因为在分支机构无力承担责任的情况下,公司还应承担补充责任,这样对于甲方来说就多了一层保障。对企业主体资格的审查,一般是对企业营业执照进行审查,主要应查看的内容包括企业名称,看该名称与拟签合同当事人的名称是否一致,不一致则风险较大;看注册资本,是否与拟签合同标的额相称,如差别较大,则可能风险较大,应加以注意;看企业经营范围,看拟签合同业务是否在经营范围内,不是,风险也较大;看企业是否通过了工商部门年度检验,如果没有,则签订合同时风险也会较大。除以上的方式以外,还应依据营业执照中记载的情况,对公司的办公地点、人员、固定资产等进行实地考察和确认。

(二)要核实乙方的资信情况

在审核了乙方的主体资格,确认没有问题后,则应核实签约对方的资信情况。核实资信的方式与签约对象可以根据是新客户还是老客户,采取不同的审核方法。如果是老客户,可以根据对方之前的履约情况来考虑与其签合同,如果对方一直信誉良好就可以省略一些商谈环节快速签订合同;如履约情况差,一般不能再与其签合同,即使签,也只能签现款现货的合同。如果交货期较长,则应要求对方先支付一定的订金,并要求在交货的同时付清全部货款。在核对履约记录情况后,如履约情况一般或曾经出过一些状况,企业应考察对方的资信证明文件:包括企业简介、营业执照、效益情况、税务证明、银行信用等级证明以及单位的基本情况等资信证明资料,同时可以通过了解对方客户的评价、调取工商资料等其他手段核实对方所提供的资信证明情况,还可以对公司的注册资本情况、会计资料、股东等进行核实,最后依据对方的资信情况确定是否应签合同或签什么样的合同。

对于新客户在合作的第一次一般会签现钱现货的合同,除此之外还应该要求对方提供资信证明材料,到对方企业去进行实地考察,在确认有良好资信及履约能力后再与对方企业签订合同,如这样就能大大降低因为对方不具备良好的履约能力而给企业带来的风险。

三、订立合同

(一)要约

依据合同法的规定,当事人订立合同采取要约和承诺的方式。要约是指希望和他人订立合同的意思表示,一个有效的要约包括以下几个特点:(1)要约的内容具体明确;(2)要约人要严格遵守承诺;(3)要约应包含合同的主要条款。作为商务企业,如果有和他人订立合同的愿望,则应当向他人发出合格的要约,这样一旦对方对要约做出承诺,则双方间的合同就宣告成立。如果发现要约有问题应以书面的方式及时撤回要约,有效的要约撤回应在要约到达对方之前或与要约同时到达对方，才会产生相应的法律效果。在合同签订的要约阶段存在以下的风险：(1)把要约误认为要约邀请；(2)要约内容不当；(3)要约撤回不当。由于要约一经对方承诺，合同就宣告成立，这样的合同如果不违反法律强制性规定，就会在双方间产生约束力。

(二)承诺

承诺是受要约人同意要约的意思表示，承诺应以通知的方式做出，如果在要约中明确了承诺的时间，则承诺应当在要约确定的期限内到达，承诺通知到达要约人时生效，承诺生效时合同成立。应特别注意的是，承诺的内容应当与要约的一致，不能随意做出变更。企业如果打算接受对方的要约，应在对方要求的承诺期限进行承诺，并不对要约做出实质性的变更。在承诺阶段的法律风险主要有：(1)承诺方式不当。承诺一定要以书面的形式做出，不要未经书面承诺直接以行为的方式给予承诺，以免给自己造成风险。(2)把新要约当承诺。对方在承诺的过程对我方的要约进行了实质性变更，是发出了新要约，如果我把新要约当成承诺，误以为合同已经成立，就会给自己造成不必要的损失。

如果承诺以后，发现承诺对自己不利，则应及时撤回承诺；有效的承诺撤回的方式应以书面的方式做出，并在承诺到达对方之前到达对方，才为有效。有效地利用承诺撤回权可以避免许多风险。

(三)考虑己方的履约能力

如己方的履约能力能达到拟签合同约定的要求，则可以签约，否则应慎重考虑订立合同。许多合同欺诈是对方企业引诱己方签订超过自己履约能力合同后，当己方并不能完成合同内容，就会掉进对方的索赔陷阱。

(四)确认合同谈判成果

企业在和对方客户以要约、承诺的形式反复接触并基本达成一致后，应学会以明确、有效的方式对谈判成果进行确认，作为双方签订正式合同的依据。一般而言，在谈判结束以后，应以缔约的方式确认谈判成果，包括谈判备忘录、缔约意向书等形式，以备正式签订合同时参照。对于签订的合同，应对内容进行确认并写上时间、地点、当事人、达成一致的谈判条款，然后由双方签字、盖章。在法律效力上，缔约意向书、会谈纪要等主要具有以下的特点：(1)按照合同法如果一方最终无正当理由拒绝签订正式合同，则应承担缔约过失责任，赔偿对方因缔约而受到的损失。(2)这些文书有时可以起到补充正式合同的重要作用，正式合同对有关事项约定不明或者没有约定，而该事项又对合同的履行或者争议处理不可或缺，那么依据合同法的规定，可以按照这些文书记载的内容处理合同中的有关问题。(3)这些文书有时可解释合同条款。由于在缔约意向书中一般包括已决条款和未决条款两部分，对于已决条款会直接成为合同中的条款，故在意向书中确定已决条款时应特别谨慎，千万不要以为不是正式合同就随意承诺，避免在签订正式合同时给自己造成不利；而对于未决条款由于是双方的分歧所在，可能会影响正式合同的签订，故在意向书中应对因未决条款达不成一致造成正式合同不能签订的情况，约定有相应的处理方式，以免有不必要的法律风险。

(五)合同的形式

合同的形式有书面形式、口头形式和其他形式。除了交货的同时付款的合同外，一般应以书面的形式签订合同，在以信件和数据电文(包括电报、电传、传真、电子数据交换和电子邮件)等形式签订合同时，一定要要求以书面的形式做最后的确认，以避免双方在履行过程中发生分歧。法律、行政法规规定或者当事人约定采用书面形式订立合同的，一定要先以书面形式订立合同，千万不要因为熟人就无视这样的约定，因为这里面隐藏了许多的法律风险。当然如果当事人未采用书面形式但一方已经履行主要义务，对方接受的，该合同是成立并有效的，但这样的行为会给企业带来许多不必要的风险和麻烦，应当尽量避免。

（六）合同条款

签订的合同条款包含合同标的、数量、质量、履约条款、违约条款等都应当准确，不得有含糊不清的内容，任何的歧义都会引起不必要的纠纷。

案例窗口

在签订外贸合同过程中，买卖双方都有可能在合同中明显设置或隐含许多“风险条款”，因而，如何充分利用“风险条款”有效地规避风险，就成为买卖双方在签订合同时须慎之又慎的关键所在。

1994 年，某省精明化工厂利用加拿大政府贷款通过蓝天公司分批从该国王牌公司引进 280 万美元的化工产品，在商订合同时，精明化工厂为协调配套设备资金及建设情况，在合同装运条款中加列了“卖方在装运前通知买方，并取得买方的同意，方可进行装运”的条款。卖方对此无异议，并如期签订了合同。日后，卖方按合同要求开始备货，在首批货物中，30%为外购货，70%为自己生产的产品。完成备货后，王牌公司向蓝天公司发出装运通知，但是，精明化工厂以配套资金没有到位，附属设施没法开工为由，拒绝卖方发货。

后经多次协商，精明化工厂同意在王牌公司同意支付每年 2 万美元仓储费的前提下，接受第一批货物。鉴于当时当地化工市场的情况，为避免损失，精明化工厂不再同意接受后几批的货物。最后，该合同以精明化工厂另外找到新的买家，才得以继续执行。

1. 标的条款

标的条款中主要包括标的数量和标的质量，在标的数量中应明确计量单位、计量方式、数量以及其他可能影响数量的内容；标的质量保证条款应包括权利性保证（即对标的物有完全处分权的保证）、完整性保证（保证标的及其配套设施完整、齐备）、效能性保证（保证标的符合事先约定的指标参数、能够达到预定的用途与目的）以及质量检验的机关、方式、方法、维修保证和保证期等，对标的条款应尽可能准确，具体以确保不发生歧义为原则，最好能根据行业特点提供格式标准合同，再以该合同为基础依据具体的情况进行调整，这样可以减少合同签订过程中的随意性。

2. 价格条款

在签订价格条款时应该确认金额的大小写一致，且不能发生涂改以避免产生歧义；同时还要注明金额中涉及税金的承担方式；明确货款的支付条件及支付方式，以降低交易风险。

3. 履约条款

在合同的履行条款中应明确合同履行的地点、合同履行的时间、合同履行的义务人及合同履行的内容；对于合同履行的时间应当明确，是时间点还是期限，并且要力求精确，并明确时间的计算方式；对于合同履行的地点则应尽可能详细，写明城市、街道及其号码，甚至可能时要明确到房间的号码；履行内容则要求义务人应当做什么，如何做，达到什么标准等，是履行条款的核心内容。由于履行条款与违约条款、风险分担分割点以及纠纷管辖间都联系，因此在签订时应该力求准确，并应系统考虑，综合衡量后才能确定。履约风险是合同风险中最为多见的一种，这源于两点：一是对方履行能力弱；另一种是对方利用履行条款中的漏洞或者双方对履行条款的理解产生误解导致最终的风险。

4. 质量条款

现今有很多人在利用合同赚钱，其利用得最多的一点就是质量条款。在合同中约定质量条款时一定要注意质量保证的能力，不要为拿下合同签一些超出自己能力的合同；一旦最终的质量无法保证，可能会带来各种形式的索赔。在质量条款中要约定质量的达标标准和质量检验期限。

5. 违约条款

没有违约条款的合同是没有约束力的合同，不能保证合同双方履约。因此在合同中必须明确说明违约条款。违约的表现形式为一方不履行合同义务或者履行合同义务不符合约定的，在此情况下违约方一般应当承担继续履行、采取补救措施或者赔偿损失等违约责任。这里面最要紧的是约定好一方违约应支付另一方违约金的数额或约定因违约产生的损失赔偿额的计算方法，这样可以有效地避免双方在产生分歧时在违约金上纠缠不清。这里要特别说明的一点是定金和订金的区别，在法律上只有定金存在双倍返还的问题，其他的都只有返还本金的义务。

案例窗口

中国某进出口公司与某国某公司签订了1亿条沙包袋出口合同，交货期限为合同成立后的3个月内，价格条款为1美元CIF中国香港，违约金条款为：如合同一方在合同履行期内未能履行合同规定的义务，则必须向另一方支付合同总价3.5%的违约金。中方公司急于扩大出口，赚取外汇，只看到合同利润优厚，未实际估计自己是否有能力履行合同，便与外商订立了合同。而实际上中方公司并无在3个月内加工1亿条该类沙包袋的能力。合同期满，能够向外方交付的沙包袋数量距1亿条还相差很远。中方无奈，只有将已有的沙包袋向外方交付并与之交涉合同延期。外方态度强硬，以数量不符合同规定拒收，并以中方公司违约而要求按合同支付违约金。双方协商未果，最后中方某进出口公司只得向对方支付违约金300多万美元，损失巨大。

（六）标的物灭失的风险

标的物毁损、灭失的风险，在标的物交付之前由出卖人承担，交付之后由买受人承担，但法律另有规定或者当事人另有约定的除外。为了分清交付过程中的灭失风险，在签订合同时一定要把履行的时间、地点、履行的标准明确化，以避免产生意外灭失时无法确定责任。

四、无效合同

签订一个无效的合同会给善意履行方带来很大的风险，也会给恶意方一些随意解除合同的借口，其风险是非常大的，所以在签订合同时应特别注意是否存在合同无效的风险。合同无效主要出于以下几种原因之一：

(1)一方以欺诈、胁迫的手段订立合同，损害国家利益；

(2)恶意串通，损害国家、集体或者第三人利益；

(3)以合法形式掩盖非法目的；

(4)损害社会公共利益；

(5)违反法律、行政法规的强制性规定。

五、解除合同

解除合同过程中最容易产生风险的地方是解除合同的程序及解除合同条件的理解上，解除合同一般应当以书面的形式通知对方，合同自通知到达对方时解除。在解除合同时一定要特别注意，随意地解除合同会给企业带来很大的风险。在解除合同时如果对方有异议，可以请求人民法院或者仲裁机构确认解除合同的效力，在行使合同解除权的过程中，一定要把解除合同的通知送达对方的手上，并留有证据。以免在是否已经解除的问题上发生争议。

解除合同分约定的解除和法定的解除。约定解除应以双方合同约定的解除条件为准。法定的解除是指只要具备以下情形之一的，当事人可以解除合同：

(1)因不可抗力致使不能实现合同目的；

(2)在履行期限届满之前，当事人一方明确表示或者以自己的行为表明不履行主要债务；

(3)当事人一方迟延履行主要债务，经催告后在合理期限内仍未履行；

(4)当事人一方迟延履行债务或者有其他违约行为致使不能实现合同目的；

(5)法律规定的其他情形。

解除合同是有期限的，一定应在法律规定(一般为一年)或者当事人约定解除权行使期限内要求解除，期限届满当事人不行使的，该权利消灭。合同解除后，尚未履行的，终止履行；已经履行的，根据履行情况和合同性质，当事人可以要求恢复原状、采取其他补救措施，并有权要求赔偿损失。合同的权利义务终止，不影响合同中结算和清理条款的效力。

六、可撤销的合同

当具有以下几种情况时，合同是可以撤销的：(1)一方因自己的过错对合同的背景、目的、内容产生重要误解而订立的合同；(2)一方在缺乏经验的情况下，订立了明显对自己不利的合同；(3)一方利用他人的危难处境或紧迫需要强迫对方接受违背意志的合同。

以上三种类型合同是属于可撤销的合同，受害人一方可以在知道或者应当知道存在以上情况之一时起一年内要求撤销上述的合同。

七、合同履行过程中的几种特殊情形

1. 同时履行抗辩权

合同双方互负债务，没有履行的先后顺序，如果存在对方不履行或不完全履行的情形，则另一方有权拒绝相应的履行。

2. 不安抗辩权

先行履行债务的一方有确切的证据证明对方可能丧失履行能力，可中止履行，并要求对方提供担保，否则可不予履行合同。

3. 后履行抗辩权

在后履行一方发现在先履行一方的履行不符合合同的要求，则在后履行一方可以中止履行。

4. 撤销权

债务人放弃到期债权或无偿、低价转让财产造成损失的，债权人可请求法院撤销该行为。

以上四种是当事人一方在合同履行过程中发现债权可能存在损害时常见的补救措施，利用好了，可有效避免损失，减少法律上的风险。在上述的前三种履行方式中，争取在合同中承担后履行义务，因为这是风险最小的：如果实在不行，可争取同时履行的方式（上述第一种）。对于采用第二种，即先履行义务时，则应建立在这样的一个基础上，即对方是自己的老客户，资信非常好，而且并无履行不良的行为存在，但即便如此，也应慎之又慎，谨防给自己造成不必要的损失。

八、签订合同时还应注意的细节

（1）保留好营业执照复印件、法定代表人身份证明、授权委托书、身份证复印件等有关可以证明身份的材料；

（2）盖公章时一定要清晰；

（3）合同中有修改的地方一定要盖章确认。

第三节　合同的履行与管理

一、合同的履行

谈判双方最终是以合同的形式来确定所达成的协议。合同一旦签订就必须履行，因为合同是具有法律效应的。谈判双方必须按照合同内容，履行各自应承担的义务并享有相应的权利。在履约时，谈判双方都应该"重合同，守信用"，保证按时、按质、按量交货、提供服务或者履行义务。总而言之，履约是谈判后续工作中最核心的一个环节。一般针对没有按时履约的后果也会在合同中标明：当事人不能在规定的时间履约，将会被认为是履约延迟，要承担相应的责任。

在合同履行的过程中，有时会发生一些意外导致履约变得复杂。因此，为了能有效执行合同条款，企业需要与合同另一方经常沟通，及时检查督促对方履行约定。

案例窗口

2011年6月，A文化用品公司与美国C贸易公司签订一份买卖合同，约定C贸易公司向A文化用品公司购买一批塑料文具。

A文化用品公司委托美国B运输公司将这批塑料文具运往纽约，并根据承运人的要求在指定时间将货物运到指定的装运港口。9月，货物装船，船长代理承运人签发了一式三份正本记名提单。货到目的港后，C贸易公司始终未付款，A文化用品公司拟将货物运回。在与美国B运输公司的交涉过程中，A文化用品公司于同年12月得知货物已被C贸易公司凭汇丰银行出具的保函提取。A文化用品公司遂要求美国B运输公司承担无单放货的责任，而美国B运输公司认为应由买方C贸易公司自己承担责任。双方协商不成，A文化用品公司遂提起诉讼。

二、合同的管理

合同是具有法律效力的文件，因此企业需要对签订的商务合同进行有效的管理。根据企业组织及业务的情况，建立相应的合同管理制度。

（一）合同的审核制度

企业应该有专门的部门负责审核合同：合同是否符合政策，客户是否可靠，价格是否合理，货源是否落实，支付方式是否合适，以及合同条款是否具体、完整等。对于一般性合同，可由企业的业务部门自行审核，但是面对一些存有特殊条款的合同，该有专人负责研究。企业的合同管理人员，应该争取参加洽谈交易和签订合同的活动。

（二）合同的登记制度

合同签订以后，企业要建立合同登记卡，要在卡片上注明合约编号、客户名称、成交日期、付款方式、产品名称、数量单位、总价格、交货时间、折扣等。这样方便在履约过程中随时查询。

（三）合同进程管理制度

为了能够按照合同规定的进程按时履约，企业可以掌握货源、来证、托运、结汇等进程，做好资料的登记管理工作。例如，记录调整价格、变更交货期。与此同时，要确保履行合同的各个环节都要有联系单据和复核制度，加强双方的沟通和联系。

（四）合同履约率的检查

履约率是企业一个重要的考核指标，通过它可以反映出企业的管理效率。合同履约率包括当月履约率和累计履约率两种。当月履约率考核合同规定的装运交货时限，累计履约率考核的是延期或提前履行合同的交货数。在履约过程中会由于市场和政策的变化导致衔接出现问题，出现延期或者不能履约的情况。那么企业就需要加强合同的管理工作，才能提高合同的履约率。

本章小结

商务谈判取得成功并不意味着谈判工作结束，谈判人员还需要做好谈判的后续工作，即商务谈判合同的签订和履行。只有签订合同并履行合同条款才能真正实现谈判目的。

1. 所谓商务合同是指谈判双方为了实现一定利益目的而设立、变更、终止民事权利义务关系的协议。商务合同具有法律效应。商务合同之所以能够发生法律效力，就是由于当事人在订立、履行合同时遵守法律、行政法规，尊重社会公德，不扰乱社会秩序、损害社会公共利益，因而被国家法律所承认和保护。

2. 商务合同的履行，是指商务合同生效后，当事人按照商务合同的规定，全面完成各自承担的义务。商务合同的履行是商务合同法律约束力的具体表现。履行商务合同时应该遵循一定的原则：实际履行原则、全面履行原则、协作履行原则、经济履行原则。

3. 为了确保签订的合同能有效地被履行，企业签订合同时应该规避一些风险：考察合同主体资格、核实乙方的资信情况、考虑己方的履约能力。

4. 商务谈判过后要对所签的合同进行管理，具体包括合同的审核制度、合同的登记制度、合同进程管理制度、合同履约率的检查制度和逾期合同检查制度。

关键词

履行条件　履约率　契约　合同主体　要约　抗辩

课后习题

1. 签订合同的原则是什么？
2. 商务合同有哪几种表达形式？
3. 考察合同对方的主体资格时，应重点考虑哪些方面？
4. 什么情况下可以无责解除合同？
5. 合同的管理制度有哪些？

案例分析

3月15日，A公司向新加坡客户G公司发盘：报童装兔毛衫200打，货号CM034，每打CIF新加坡100美元，8月份装运，即期信用证付款，25日复到有效。3月22日收G公司答复如下：你15日发盘收到。你方报价过高，若降至每打90美元可接受。A公司次日复电：我方报价已是最低价，降价之事歉难考虑。3月26日G公司又要求航邮一份样品以供参考。29日，A公司寄出样品，并函告对方：4月8日前复到有效。4月3日，G公司回函表示接受发盘的全部内容，4月10日送达A公司。经办人员视其为逾期接受，故未做任何表示。

7月6日，A公司收到G公司开来的信用证，并请求用尽可能早的航班出运。此时因原料价格上涨，公司已将价格调整至每打110美元，故于7月8日回复称：我公司与你方此前未达成任何协议，你方虽曾对我方发盘表示接受，但我方4月10日才收到，此乃逾期接受，无效。请恕我方不能发货。信用证已请银行退回。如你方有意成交，我方重新报价每打CIF新加坡110美元，9月份交货，其他条件不变。

7月12日G公司来电：我方曾于4月3日接受你发盘，虽然如你方所言，4月10日才送达你方，但因你我两地之邮程需3天时间，尽管我方接受在传递过程中出现了失误，你我两国均为《联合国国际货物销售合同公约》的缔约国，按《公约》第21条第2款规定，你方在收到我方逾期接受后未做任何表示，这就意味着合同已经成立，请确认你方将履行合同，否则，一切后果将由你方承担。

案例讨论：

G公司的上述观点是否正确？

知识链接

技术转让合同

甲方：武汉市×××公司　　　　乙方：武汉市×××学院

甲乙双方通过友好协商，于______年____月____日在____________签订××××产品的技术转让与合作生产合同。合同条款如下：

第一章　术语定义

第一条　“合同产品”系指本合同附件一定义和描述的××××产品。

第二条 “样品”系指乙方向甲方提供的，符合附件一的定义，专用于技术分析和研究的××××产品。

第三条 “考核产品”系指根据乙方提供的技术资料，并按附件五的规定进行考核验收的，由甲方制造的××××产品。

第二章 合同内容及范围

第四条 由乙方向甲方转让合同产品的设计、制造、销售、安装和维修使用技术，合同产品的规格和技术参数详见本合同附件一。

第五条 乙方负责向甲方提供合同产品全部有关技术和技术资料(以下简称资料)，提供专用于技术分析和研究的样品。资料和样品的具体内容、交付时间详见本合同附件二及附件三。

第六条 乙方授予甲方在中国制造和销售合同产品的权利。

第七条 合同期间，如甲方需要，乙方有义务以优惠价格向甲方提供制造合同产品所需的部件及原材料，双方将通过协商另签合同。第一台及其后诸台合同产品的分工详见附件四。

第八条 乙方负责在乙方提供的科研与生产环境培训甲方技术人员。乙方应尽最大努力使甲方人员掌握合同产品的生产技术(乙方的具体培训职责见本合同附件三)。

第九条 在合同签订后一年以内，乙方派遣一名技术人员到甲方现场提供技术服务(乙方的具体服务职责详见本合同附件四)。

第十条 乙方同意向甲方提供生产所需的专用工具以及检测合同产品所需的技术资料(详见本合同附件二)。

第十一条 在合同有效期内，乙方同意甲方在其合同产品上标注甲方注册商标或商业标志。

第三章 价格和支付方式

第十二条 鉴于乙方按本合同第二章所提供的技术和服务，甲方同意向乙方支付人民币(大写)____________________的技术转让费用。

第十三条 合同期内，如甲方要求乙方提供其他规格产品的全部资料，则甲方应为每件产品另行支付人民币(大写)____________________的费用。

第十四条 甲方应就每台出售的合同产品向乙方支付提成费，提成费为合同产品净销售价的7%。为方便甲乙双方计算提成费用，甲方应遵循以下规定：

(1)甲方应在每年1月31日前以挂号信方式书面通知乙方过去的一年里合同产品的总销售数量。

(2)如乙方需要，甲方应提供可以证实年销售数量的财务报表，供乙方财务代表查阅与核对，但查阅与核对工作须在甲方现场进行。

第十五条 甲方向乙方支付的本合同费用均以银行电汇方式支付。乙方开户行和收款账号为：______________________________

第十六条 甲方向乙方支付提成费应遵循以下条款的规定：____________________

第四章 考核和验收

第十七条 为了验证乙方技术资料的正确性和可靠性，合同产品考核试验应有乙方技术人员参加，双方人员在甲方现场共同进行。考核方法见合同附件五。

第十八条　经考核，如合同产品的性能符合本合同附件五规定，即通过验收，双方联合签署合同产品的考核证书一式四份，每方各持两份。

第十九条　经考核，如合同产品的技术性能达不到合同规定的技术性能，双方应通过友好协商，共同研究分析原因，在采取措施消除缺陷后，进行第二次性能考核。合格后，按本合同第十八条的规定，双方签署考核证书。

第二十条　如第一次考核不合格系乙方的责任，则参加第二次考核的乙方技术人员的费用及更换和修复缺陷件的费用由乙方承担。如系甲方责任，上述费用由甲方承担。

第二十一条　如经过第二次考核仍不能验收合格且又系乙方责任，乙方应采取有效措施消除缺陷，进行第三次试验，费用由乙方承担。

第五章　侵权和保密条款

第二十二条　乙方保证自己是本合同规定提供的技术的合法所有者，并有权向甲方转让。如果发生第三方指控侵权，乙方应负责与第三方交涉并承担由此产生的一切法律和经济责任。

第二十三条　甲方同意对乙方提供的技术予以保密。如果上述技术内容之部分或全部被乙方或第三方公布，而且甲方获得了已公布的证据，则甲方不再承担保密义务。

第二十四条　合同终止后，甲方仍有权使用乙方提供的技术，即甲方有权继续设计、制造使用、销售和出口合同产品。

第六章　仲　裁

第二十五条　因执行本合同所发生的或与本合同有关的一切争议，双方应通过友好协商解决。如协商仍不能达成协议时，则应提交仲裁解决。

第二十六条　仲裁地点在北京，按北京仲裁委员会的仲裁规则进行仲裁。

第七章　不可抗力

第二十七条　签约双方中的任何一方，由于战争、严重水灾、火灾、台风、地震和其他不可抗力而影响合同执行时，可相应延长履行合同的期限，延长时间相当于不可抗力所影响的时间。

第二十八条　责任方应尽快将发生不可抗力事故的情况用传真或电报通知对方，并于30天内以挂号信方式将有关当局出具的证明文件提交给另一方确认。

第二十九条　如不可抗力事故的延续时间超过180天，双方应通过友好协商尽快解决继续执行合同的问题。如不可抗力事故的延续时间超过360天，双方可通过友好协商方式终止合同的执行。

第八章　合同生效、终止及其他

第三十条　本合同从签订之日起生效。

第三十一条　本合同的终止不影响双方发生的债权和债务，债务人应继续偿付未了债务，直至偿清债权人的全部债务为止。

第三十二条　本合同一式四份，双方各执两份。

第三十三条　本合同附件一至附件五为本合同不可分割的组成部分，与合同正文有同等效力。

第三十四条　对本合同条款的任何修改及补充，需由双方代表签署书面文件，该文件作为本合同不可分割的组成部分，与合同有同等效力。

甲方：武汉市××公司 地址： 法人代表： 电话： 传真： 甲方代表（签章）： ______年___月___日	乙方：武汉市××学院 地址： 法人代表： 电话： 传真： 乙方代表（签章）： ______年___月___日

第九章　商务谈判礼仪

本章重难点

1. 了解商务谈判礼仪的含义和特点；
2. 掌握商务谈判礼仪的作用和原则；
3. 熟悉谈判人员个人基本礼仪；
4. 了解国际商务谈判中的文化差异，学会成功谈判。

引入案例

1960年，周恩来总理赴印度新德里就中印边界问题进行磋商、谈判，努力在不违背原则的前提下与印方达成和解。其间，周恩来召开记者招待会，从容应对西方和印度记者的种种刁难。当时一名西方女记者忽然提出一个非常私人化的问题，她说："据我所知，您今年已经62岁了，比我的父亲还要大8岁，可是，为什么您依然神采奕奕，记忆非凡，显得这样年轻、英俊？"这个问题使得紧张的会场气氛松弛下来，人们在笑声中等待周恩来的应对。周恩来略做思考，回答道："我是东方人，我是按照东方人的生活习惯和生活方式生活的，所以依然这么健康。"会场顿时响起经久不息的掌声和喝彩声。

第一节　商务谈判礼仪概述

商务谈判礼仪是指商务人员在从事商务活动的过程中（即履行以买卖方式使商品流通或提供某种服务获取报酬职能的过程中）应使用的礼仪规范。在今天的商业社会里，由于竞争的加剧，行业内部以及相近行业间在产品和服务方面趋同性不断增强，使公司与公司之间所提供的产品和服务并无太大差别，这样就使服务态度和商务谈判礼仪成为影响客户选择产品和服务的至关重要的因素。

一、商务谈判礼仪含义

礼仪是指人们在人际交往中为了互相尊重而约定俗成、共同认可的行为规范、准则和程序，它是礼貌、礼节、仪表和仪式的总称。

所谓商务谈判礼仪，是指人们在从事商品流通的各种经济行为中应当遵循的一系列行为规范。商务谈判礼仪与一般的人际交往礼仪不同，它体现在商务活动的各个环节之中。

二、商务谈判礼仪的基本特征

随着知识经济和信息技术的快速发展，经济全球化增强，现代商务环境的变化越来越大，商务交流的手段越来越多，商务谈判礼仪也出现了一些不同于以往的新特点。

（一）规范性

规范性是指待人接物的标准做法。商务谈判礼仪的规范性是一种舆论约束，它与法律约束不同，法律约束具有强制性。不遵守商务谈判礼仪，后果可能不会致命，但却有可能会让你在商务场合被人笑话，甚至影响谈判的结果。例如如何称呼客户、如何接打电话、如何做介绍、如何交换名片、如何就餐都有一定的规范性。

（二）普遍性

当今社会是商业的社会，各种商务活动已渗透到社会的每一个角落，可以说，只要是有人类生活的地方，就存在着各种各样的商务活动，只要是有人类生活的地方，就存在着各种各样的商务谈判礼仪规范。

（三）差异性

“十里不同风，百里不同俗。”在不同的文化背景下，所产生的礼仪文化也不尽相同。商务谈判礼仪的主要内容源自于传统礼仪，因此具有差异性的基本特征。

在商务交际场合，我们要根据对象的不同，采用不同的礼仪规则。如“见面问候致意”的形式，在不同地方就不一样，有脱帽点头致意的，有拥抱的，有双手合十的，有手抚胸口的，更多的是握手致意。这些礼仪形式的差异均是由不同地方的风俗决定的，具有约定俗成的影响力。再如在宴请客人时，不同民族有不同的习惯，我们必须尊重民族习惯，如西方人不吃动物内脏；除了民族禁忌之外，还要注意宗教禁忌，比如穆斯林禁忌动物的血，佛教禁忌荤腥、韭菜等。

（四）技巧性

商务谈判礼仪强调操作性，这种操作是讲究技巧的，这种技巧体现在商务活动的一言一行、一举一动中。比如招待客人喝饮料，就有两种问法，一是“请问您想喝点什么？”二是“您喝……还是……？”第一种问法是开放式的，给客人选择的空间是无限的，这种方式可能会产生一种后果，客人的选择超出你的能力范围时会带来尴尬和不便；第二种是封闭式的，就是一种技巧性比较强的方式，可以有效地避免上述情况的出现。

（五）发展性

礼仪规范不是一成不变的。随着时代的发展，科学技术的进步，商务谈判礼仪也在传统的基础上不断推陈出新，体现着时代的要求与精神。20世纪七八十年代，人们一般通过电报、信件等传递各种商务信息，而在今天，人们常用的则是电子邮件、电视、电话等这些随着时代进步而产生的新生事物。

现代社会，礼仪是一个人学识、修养、风度的外在表现，它不仅体现一个人对他人和社会的尊重程度、文明程度，同时也反映了一个国家、一个民族的文明程度。

案例窗口

一口痰"吐掉"一项合作

某医疗器械厂与外商达成了引进"大输液管"生产线的协议，第二天就要签字了。可当这个厂的厂长陪同外商参观车间时，习惯性地向墙角吐了一口痰，然后用鞋底去擦。这一幕让外商彻夜难眠，他让翻译给那位厂长送去一封信："恕我直言，一个厂长的卫生习惯可以反映一个工厂的管理素质。况且，我们今后要生产的是用来治病的输液皮管。贵国有句谚语：人命关天！请原谅我的不辞而别……"一项已基本谈成的项目，就这样被"吐"掉了。

三、商务谈判礼仪的作用

自古以来，我国素有"礼仪之邦"的美称，崇尚礼仪是我国人民的传统美德。随着我国现代经济的高速发展，礼仪已渗透到社会生活的方方面面。尤其在商务活动中，礼仪发挥着越来越重要的作用。

（一）规范行为

礼仪最基本的功能就是规范各种行为。在商务交往中，人们相互影响、相互作用、相互合作，如果不遵循一定的规范，双方就缺乏协作的基础。在众多的商务规范中，礼仪规范可以使人明白应该怎样做，不应该怎样做，哪些可以做，哪些不可以做，有利于确定自我形象，尊重他人，赢得友谊。

（二）传递信息

礼仪是一种信息，通过这种信息可以表达出尊敬、友善、真诚等感情，使别人感到温暖。在商务活动中，恰当的礼仪可以获得对方的好感、信任，进而有助于事业的发展。

（三）增进感情

在商务活动中，随着交往的深入，双方可能都会产生一定的情绪体验。它表现为两种情感状态：一种是情感共鸣，另一种是情感排斥。礼仪容易使双方互相吸引，增进感情，导致良好的人际关系的建立和发展。反之，如果不讲礼仪，粗俗不堪，那么就容易产生情感排斥，造成人际关系紧张，给对方造成不好的印象。

（四）树立形象

一个人讲究礼仪，就会在众人面前树立良好的个人形象；一个组织的成员讲究礼仪，就会为自己的组织树立良好的形象，赢得公众的赞赏。现代市场竞争除了产品竞争外，更体现在形象竞争。一个具有良好信誉和形象的公司或企业，就容易获得社会各方的信任和支持，就可在激烈的竞争中处于不败之地。所以，商务人员时刻注重礼仪，既是个人和组织良好素质的体现，也是树立和巩固良好形象的需要。

四、商务谈判礼仪的原则

任何事物都有自己的规则，商务谈判礼仪也不例外，凝结在商务谈判礼仪规范背后的共同理念和宗旨就是商务谈判礼仪的原则，是我们在操作每一项商务谈判礼仪规则的时候应该遵守的共同法则，同时也是衡量我们在不同场合、不同文化背景下的礼仪正确、得体的标准。同样的礼仪在不同的场合会带来不同的结果，同样的场合却因人的不同而有不同的含义，所以，如何在纷繁复杂、瞬息万变的商场环境中立于不败之地，就需要掌握商务谈判礼仪的基本原则。

（一）“尊敬”原则

尊敬是礼仪的情感基础。在我们的现实社会中，人与人是平等的，尊重长辈，关心客户，这不但不是自我卑下的行为，反而是一种至高无上的礼仪，说明一个人具有良好的个人素质。“敬人者恒敬之，爱人者恒爱之”，“人敬我一尺，我敬人一丈。”“礼”的良性循环就是借助这样的机制而得以生生不已的。对人尊敬和友善，这是处理人际关系的一项重要原则。

（二）“真诚”原则

商务人员的礼仪主要是为了树立良好的个人和组织形象，所以礼仪对于商务活动的目的来说，不仅仅在于其形式和手段层面上的意义，同时更应注重从事商务、讲求礼仪的长远效益。只有恪守真诚原则，着眼于将来，通过长期潜移默化的影响，才能获得最终的利益。也就是说商务人员与企业要爱惜其形象与声誉，就不应仅追求礼仪外在形式的完美，更应将其视为商务人员情感的真诚流露与表现。

（三）“谦和”原则

“谦”就是谦虚，“和”就是和善、随和。谦和不仅是一种美德，更是社交成功的重要条件。谦和，在社交场上表现为平易近人、热情大方、善于与人相处、乐于听取他人的意见，显示出虚怀若谷的胸襟，因而对周围的人具有很强的吸引力，有着较强的调整人际关系的能力。

（四）“宽容”原则

“宽”即宽待，“容”即相容。宽容就是心胸坦荡、豁达大度，能设身处地地为他人着想，谅解他人的过失，不计较个人得失，有很强的容纳意识和自控能力。中国传统文化历来重视并提倡宽容的道德原则，并把宽以待人视为一种为人处世的基本美德。从事商务活动，也要求宽以待人，在人际纷争问题上保持豁达大度的品格或态度，正确对待和处理好各种关系与纷争，争取到更长远的利益。

（五）“适度”原则

人际交往中要注意各种不同情况下的社交距离，也就是要善于把握住沟通时的感情尺度。在人际交往中，沟通和理解是建立良好人际关系的重要条件，但如果不善于把握沟通时的感情尺度，即人际交往缺乏适度的距离，结果会适得其反。例如在一般交往中，既要彬彬有礼，又不能低三下四；既要热情大方，又不能轻浮谄谀。所谓适度，就是要注意感情适度、谈吐适度、举止适度。只有这样才能真正赢得对方的尊重，达到沟通的目的。

总之，掌握并遵行礼仪原则，在人际交往、商务活动中就有可能成为待人诚恳、彬彬有礼之辈，并受到他人的尊敬和尊重。

第二节 商务谈判的基本礼仪

一、商务谈判的仪表礼仪

仪表是谈判者形象的重要方面，主要是指人的形貌外表，包括人的身材、发型、容貌和服饰等方面，谈判者的仪表反映了谈判者的精神面貌和礼仪素养，显示了谈判者在谈判中所充任的角色，对商务谈判的成功有着不容忽视的作用。

在商务谈判中，谈判者的仪表对谈判是否成功有一定的影响，谈判者的仪表不但能够影响双方相互间的形象和印象，影响谈判的节奏和谈判的效率，同时还能够影响周围人的态度和商务谈判的成败。商务谈判中，特别是初次谈判，最初印象的形成主要是通过谈判对象的外部因素和信息。

(一)商务谈判的服饰礼仪

在商务谈判中，服饰的颜色、样式及搭配合适与否，对谈判人员的精神面貌，给对方的印象和感觉等方面都有一定的影响，因此，在现代商务谈判中，服饰的社会功能越来越受到重视。

服饰是谈判者一定素质的体现。服饰在一定程度上体现出一个谈判者的文化修养和审美情趣。以服饰色彩为例，灰色象征文雅、随和，黑色象征庄重大方，蓝色象征淡雅宁静，白色象征纯洁圣洁。

服饰是谈判者角色形象的反映。服饰能够在一定程度上反映出一个谈判者在谈判中所充当的角色，通过服装的色彩、款式、质料的选择、搭配和装束的匹配，可以塑造人的角色形象。在谈判中西装是普遍认可的服装，主谈人的服装一般稳重、讲究、略显保守，最好是高档的西装；专业人员的着装一般应优雅、大方、考究，宜穿中高档的西装；协谈人员的着装一般为洒脱、干练、灵活，可穿便装和夹克衫；女性人员的着装应庄严、雅致，可穿西服套装。

服饰是谈判者谈判风格的显露。人们对一个人的“第一印象”往往来自于他的服装，而服装也确实影响着人的感觉、情绪、印象以及交往结果。在商务谈判中，服饰的颜色、款式对谈判者的情绪和行为也会产生一定影响，甚至成为谈判的技术手段之一，用以动员谈判对象向自己靠拢。

1. 谈判人员服饰选择的基本原则

(1)庄重质朴、大方得体。

在商务谈判中，谈判者应根据自己的特点选择合适的着装。在商务谈判场合，着装一般选择灰色或者褐色，有时也可选择黑色，因为这些颜色给人一种坚实、端庄、严肃的感觉。

(2)符合角色，体现个性。

为了能更好地塑造谈判者的个人形象，谈判者的衣着打扮应该有一定的个性，要针对自身的具体条件，包括性别、年龄、体型、性格和充任的角色，确定服装的式样和色彩的搭配。如色彩的选择：老成持重者宜选蓝灰基调，严肃冷峻者宜选黑褐基调，文静内向者宜选淡雅平稳色系。

(3)与年龄、体型相协调。

穿着要与年龄协调，根据年龄选择服饰，以反映和表现自身的特质。其次穿着也要与体型协调，身材有高低之分，体型有胖瘦之别，肤色有深浅之差，穿着理应因人而异，以强调和改善形体，扬长避短，取得最佳效果。

(4)与环境和场合相适应。

首先，服饰要与自然环境相协调，衣服的面料、款式和色彩随季节的变化进行搭配组合，以适应时令的变化；其次，服饰要与社会环境协调，选择大方、色彩淡雅的服饰，以适应群体的心理需要；再次，服饰要与谈判场合相协调，男性宜选择庄重、料厚质好的西装等，女性宜选用款式典雅的西装裙等，切忌穿牛仔裤、短裤或超短裙，以适应谈判的气氛要求。

2. 商务男士服装礼仪

男士服装一直都处于比较稳定的状态，对男士服装的要求不高。一般来讲男士的着装只要穿着得体就行。因此，男士在选择服装时既注重款式和色彩，又要注重服装的质地和面料。

西装是男性谈判者在正式场合着装的优先选择，也是男性谈判者必备的礼服。在选择西装时应注意以下几方面：

西装的面料质地要好，首选毛料；色彩应该选择庄重、正统的西装，以深色为佳；应选择无图案，大小合身，宽松适度，熨烫平整。

正规西装配的衬衫应是白色或浅色的，没有花纹或带有不太明显的条子、细格子花纹的衬衫。衬衫要合体，主要是指合体的领子。大小合适的衬衫应是衬衫领子纽扣扣上以后还能自由插进自己的食指。

领带是男性谈判者穿西装时最重要的饰物。领带的色彩必须和西装颜色一致，才能给人视觉均衡的感觉。素色衬衫易和各种领带搭配，但花衬衫和条纹衬衫应属于休闲衬衫，所以不适合打领带。

穿西装一定要配穿皮鞋，黑色皮鞋最适宜与西装套装搭配，袜子的颜色应与皮鞋的颜色相近，或者是皮鞋颜色和西装颜色的过渡色。

此外，一定要注意西装穿着的禁忌：

(1)禁忌袖口商标不除。一般在名牌西装上衣的左袖上都有一个商标，有些西装还有一个纯羊毛标志，在穿着之前必须先去除。

(2)禁忌内穿多件羊毛衫。只能穿一件薄型V领的素色羊毛衫，适合穿衬衫打领带。

(3)禁忌颜色过于杂乱。穿着西装要讲求"三色原则"，即全身的颜色不能多于三种，其中同一色系中深浅不同的颜色算一种颜色。

(4)禁忌三个部位不同色，即穿西装时为了体现男士的风度，必须使皮鞋、皮带、公文包这三种饰品同色。

(5)禁忌腰部挂东西，如手机、钥匙等。

(6)禁忌白色袜子。重要场合，白色袜子和尼龙丝袜不和西装搭配。

此外，西装的选择还应区分场合。正式的商务场合应选择穿着单色、深色西装，蓝色为首选，其次为灰色，面料最好是纯毛的；普通的社交场合可以选择休闲西装，对于面料和颜色的要求也都相对较低。

3. 商务女士服装礼仪

着装是女性在谈判中遇到的首要问题，女性在春秋季以西装、西装套裙为佳，尤其是在较为重要、正式的场合。套裙应该成套穿着，要注意颜色少、款式新，不适宜穿着色彩亮度过高的裙装。套裙应选择那些质地滑润、平整、匀称、光洁、挺括的上乘面料，并且弹性好、不起褶皱，图案以简洁为最佳，可以选择格子、条纹和圆点等图案。商界女士的着装要注意不可以露、不可以透、内衣不可以外现，长袖衫的下摆需掖进裙子或裤腰；穿裙装时，袜口不能暴露在外，穿裙子时一定要穿长筒丝袜，袜子的颜色不可太鲜艳，一般以肉色、黑色和浅色透明丝袜为宜。

商界女士着裙装、套装应配以皮鞋或不露脚趾的皮凉鞋，不能赤足穿鞋，鞋袜不得有破损。女士的正装鞋是高跟或半高跟浅口皮鞋，袜子的颜色以肉色为佳，不能穿带图案和网眼的袜子，应注意袜口不能露出裙摆。

女士有时为了衬托自己的服装，体现出自己的个性，就需要佩戴各类装饰品。通常，佩戴装饰品也是个性化的体现，因此，有时很难完全具体地讲述饰品的选择和佩戴。但在商务谈判中，一般应注意如下问题：

如果是白天参加谈判，选择的饰品不要过于夸张，避免给人张扬的感觉。选择的饰品应与自己的肤色、服装、气质和环境相适宜。选择的饰品与季节性的服装相配合。

女士出席各种社交与商务场合时，无论是出于美观还是方便，都应携带一个手袋，可以烘托出职业女性的干练与柔美。手袋的颜色应与服装色调协调，二者颜色相同是最理想的搭配。

手袋的颜色最好选择中性色，比如黑色、白色等，这样的手袋可以搭配任何颜色的服装。商务谈判人员在出席各种商务场合时，男女都可在公文包或手袋中放置一些必备品，以备急用。

在公务套装中不可以出现多余的纽扣，上衣背后的腰带，颜色怪异的缝线，前胸口袋里的方巾等物件。

4. 商务谈判的仪容礼仪

(1)讲究卫生。讲究卫生是一个社会公德问题，也是交际中对对方尊重的表示。谈判工作者应勤洗澡、常刷牙、修剪指甲，应经常梳理头发，保持衣服整洁，保持口味和体味的清新。咳嗽、打喷嚏时，应用手帕捂住口鼻，面向一旁，避免发出大声，并道“对不起”。

(2)女士化妆规范。适度化妆，是对对方尊重的重要标志。在商务谈判活动中，化妆要淡而美，切不可浓妆艳抹。嘴唇勿用太鲜艳的口红，避免过于刺目；眼睛四周不能描得太黑太深，可适当用棕色顺着结构加以过渡，不要露出过分修饰的痕迹；眉毛要精心修整，虚实结合，自然对称。尤其不可使用浓香型化妆品，要选择与自身的气质相配的香水。

在商务谈判中，女性切忌在众人面前化妆，这是没有教养、不懂礼貌的表现。

案例窗口

中国某企业与德国某公司洽谈某种产品的出口业务。按照礼节，中方提前10分钟到达会议室。德国客人到达后，中方人员全体起立，鼓掌欢迎。德方谈判人员男士个个西装革履，女士个个都身穿职业装；反观中方人员，只有经理和翻译身穿西装，其他人员有穿夹克衫的，有穿牛仔服的，更有甚者穿着工作服。现场没有见到德方人员脸上出现期待的笑容，反而显示出一丝的不快。更令人不解的是，预定一上午的谈判日程，在半个小时内就草草结束，德方人员匆匆而去。

二、商务谈判的仪态礼仪

仪态是人们在外观上可以观察到的活动及在活动中身体各部分呈现的姿态，包括站、坐、行及目光、微笑、手势等。仪态是无声的语言，从一个人的表情、姿态、手势就可以大致判断出他的学识、能力、性格等。因此，在商务谈判中，不要以为打扮得合适、得体就万事大吉了，还有很多彰显你内涵和修养的方式，仪态就是其中重要的部分。

(一)站姿

站姿是人体的静态造型动作，是其他人体动态造型的基础和起点。在出席各种商务场合时，谈判者的站姿会首先引起别人的注意，优美挺拔的站姿能显示出个人的自信、气质和风度，给他人留下美好的印象。

正确站姿的要点是挺拔、直立。具体要求头正，双目平视，嘴唇微闭，下颌微收，双肩放松、稍向下沉，身体有向上的感觉，呼吸自然、躯干挺直，收腹，挺胸，立腰，双臂自然下垂于两侧，手指并拢并自然弯曲，双腿并拢立直，膝、两脚跟靠紧，脚尖分开呈45°，身体重心放在两脚中间。男性的双腿可以分开，但两脚之间的距离最多与肩齐。

正确的站姿会给人挺拔、大方、精力充沛的感觉。站立要避免身体东倒西歪，重心不稳；双腿交叉站立，随意抖动或晃动，双脚叉开过大或随意乱动；倚墙靠壁，耸肩；双手叉在腰间或环抱在胸前，盛气凌人。

(二)坐姿

端庄典雅的坐姿可以展现商务谈判人员的气质和良好的教养。入座时要轻而稳，走到座位前，转身后轻轻地坐下，双肩平正放松，两臂自然弯曲放在腿上，也可放在椅子或是沙发扶手上，以自然得体为宜。女士双膝并拢，男士两膝间可分开一定的距离，但不要超过肩宽。入座后，应至少坐满椅子的2/3。谈话时应根据交谈者方位；上身可以略倾向对方，但上身仍保持挺直。女子入座时，若是裙装，应用手将裙子稍稍拢一下，再慢慢坐下，避免坐下后再拽拉衣裙。正式场合一般从椅子的左边入座，离座时也要从椅子左边离开。

各种坐姿的要求：

正坐：两腿并拢，上身坐正，小腿应与地面垂直。女士应双手叠放，置于腿上；男士应将双手放在膝上，双腿微分，两膝之间的距离保持在一拳到一拳半之间。

侧坐：首先坐正。男士小腿与地面垂直，上身倾斜，向左或向右，左肘或右肘支撑在扶手上；女士应双膝靠紧，上身挺直，两脚脚尖同时向左或向右，双手叠放在左腿或者右腿上。

交叉式坐姿：两腿向前伸，一腿置于另一腿上，在踝关节处交叉成前交叉坐式。也可以小腿后屈，前脚掌着地，在踝关节处交叉成后交叉式。

（三）行姿

正确的走姿，能体现一个人的风度和韵味。从一个人的走姿可以了解到其精神状态、基本素质和生活节奏。走路时的要点是：

右脚完全着地，左脚跟抬起一半左右，身体重心完全移到右脚上，左脚脚跟抬起，左脚脚尖完全离地，重心往前移，左脚脚跟着地。然后再回到第一步的姿势。

走路时应当身体直立、收腹直腰、两眼平视前方，双臂自然下垂，在身体两侧自然摆动，脚尖微向外或向正前方伸出，跨步均匀，两脚之间相距约一只脚到一只半脚长，步伐稳健，步履自然，要有节奏感。起步时，身体微向前倾，身体重心落于前脚掌，行走中身体的重心要随着移动的脚步不断向前过渡，而不要让重心停留在后脚，并注意在前脚着地和后脚离地时伸直膝部。男步稍大，步伐应矫健、有力、潇洒、豪迈，展示阳刚之美。女步略小，步伐应轻捷、娴雅、飘逸，体现阴柔之美。

（四）表情

表情是指谈判者的面部情态。主要是通过面部的眼、嘴、眉、鼻动作和脸色的变化来表达谈判者的内在意识。表情在商务活动中起着十分重要的作用。

1. 目光

当商务谈判人员初次与别人相识或者不很熟悉时，特别是面对异性，应使自己的目光完全在许可的范围之内，否则会很失礼。目光的最大许可范围是以额头为上限，以对方上衣的第二颗纽扣为下限，左右以两肩为限，表示对对方的关注。

眼睛是心灵的窗户，是人深层心理情感的一种自然表现。目光的表现形式是多种多样的：炯炯有神的目光，体现出对事情的坚定和执着；呆滞的目光，体现着对生活的厌倦；明澈坦荡的目光，体现的是为人正直、心胸开阔。在商务活动中，恰到好处的目光是：友善坦荡、真诚热情、炯炯有神。

双方在交谈中，应注视对方的眼睛或脸部，以示尊重别人，但是，当双方缄默无语时，不要长时间注视对方的脸，以免造成对方的尴尬。

在与多人进行交谈时，要经常用目光与听众进行沟通，不要只与一个人交谈，冷落其他人。在公共场合，注视的位置是以两眼为上限，以唇部为底线，构成的一个倒三角，这种目光带有一定的情感色彩，亲切友好。不要总是回避对方的目光，这样会使对方误认为你心里有鬼或者在说谎。

2. 微笑

微笑是最富有吸引力的面部表情。微笑可以消除冷漠，温暖人心，使人际关系变得友善、和谐、融洽。微笑能使人对自己以及自己的生活充满信心，特别是在遇到挫折和不幸时，微笑能给人战胜自己的力量，重新找回生活的乐趣。微笑不仅是脸上的表情，真正的微笑、受人欢迎的微笑是发自内心的，笑得自然真切。爱心使人友好，理解使人宽容，微笑只有充满爱心和理解，才能感染他人。充满自信的人，才能在各种不同的场合对不同关系的人保持微笑。亲切、温馨的微笑能使不同文化、不同国度的人快速缩短彼此的心理距离，创造一个良好的沟通氛围，但不要失去庄重和尊严。

在商务活动中，要力戒憨笑、傻笑等不成熟的笑容；要力戒奸笑、冷笑、皮笑肉不笑等不诚恳的笑容；要力戒大笑、狂笑等不稳重的笑容。

（五）风度

风度，是人们在一定程度上的思想修养和文化涵养的外在表现，它的美是通过人的外在行为显现出来的。风度也是一种魅力。风度美是一种综合的美、完善的美，这种美应是身体各部分器官相互协调的整体表现，同时也包括了一个人内在素质与仪态的和谐。

风度是模仿不来的，风度往往是一个人独有的个性化标志。风度是因为具有了一定的实力才显现出来的。风度来自良好的道德修养和丰富的文化内涵。一个人要拥有翩翩的风度，应该注重培养，在谈判活动中，要做到“五要”。

一要有饱满的精神状态。一个人精力充沛，自信而富有活力，就能在商务活动中激发对方的交往欲望，活跃现场气氛。如果一个人精神萎靡不振，给人敷衍的感觉，即使对方有交往的欲望或诚意，也会因一方的原因而终止。

二要有诚恳的待人态度。谈判者与谈判对手坐在一起的时候，要让对方感觉到你是一名亲切、温和的人，诚恳的人。在与对方交往的过程中，端庄而不矜持冷漠，谦逊而不矫揉造作，诚恳待人。

三要有健康的性格特征。性格是表现人对现实的态度和行为方面比较稳定的心理特征，往往会通过行为表现出来。要加强性格的修养，做到大方而不失理，自重而不自傲，豪放而不粗俗，自强而不偏执，谦虚而不虚伪，直爽活泼而不幼稚轻佻。

四要有幽默文雅的谈吐。幽默不仅能显示人的智慧，而且在紧张的谈判环境中能够创造轻松、风趣、和谐的氛围。但幽默并不代表庸俗，庸俗是没有修养的表现，在商务谈判中要避免庸俗。

五要有得体的仪态和表情。谈判者的仪态表情，是沟通当事人情感的交流手段，是风度的具体表现。需要谈判者刻意追求，但要自然地显示出来，没有生硬的矫揉造作，没有刻意的模仿，仿佛是漫不经心，但都是精心追求的结果。优美的风度令人向往和羡慕，美好的风度来自优秀的品格，有了优秀的品格，才有照人的风度。

对谈判者来讲，在商务活动中应有良好的风度，要求做到：

心平气和。在谈判桌上，每一名成功的谈判者均应做到心平气和、处变不惊、不急不躁、冷静处事。如果对方向我方提出不合理的要求，不要觉得对方缺乏合作的诚意而生怒气；在谈判中始终保持心平气和，是一名高明的谈判者所应保持的风度。

取得双赢。谈判往往是利益之争，商务谈判中，参加谈判的都希望在谈判中最大限度地维护或者争取自身的利益。如果对方对我方所提出的合理要求不予接受，不要因此失去耐心而变得烦躁。在事关我方利益的问题上，应据理力争，不能轻言放弃。最终从本质上来讲，真正成功的谈判，应当以各方的妥协即双赢或多赢来结束。

商务谈判不是以“你死我活”为目标，而是应当兼顾各方利益，各有所得，实现双赢。在商务谈判中，如果只顾己方目标的实现，而忽略对方利益的存在，是没有风度的，最终也不会真正赢得谈判的胜利。

礼遇对手。在谈判期间，一定要礼遇自己的谈判对手。在事关我方利益的原则性问题上，既要据理力争，不轻言放弃，又要做到不出言伤害对方、埋怨责怪对方或用不礼貌的语言讽刺挖苦对方。在商务谈判中要将人和事分开，明确双方之间的利益关系，正确地处理己方谈判人员与谈判对手之间的关系。在谈判之外，对手可以成为朋友；在谈判之中，朋友也会成为对手。二者要区别对待，不要混为一谈。在谈判过程中，不论身处何种环境，都不可意气用事，言谈举止粗鲁放肆、不懂得尊重谈判对手，也是没有风度的表现。谈判者要时刻表现出自信、沉着和冷静。

谈判既是双方组织实力的较量，也是双方谈判人员心理的较量。谁在谈判中更沉着、冷静，谁就可能在谈判中获得更多的胜利。

三、商务谈判的见面礼仪

见面礼仪是指谈判者见面之际应该遵守的主要礼仪，具体表现为称呼、问候、握手、介绍。

(一)称呼

称呼是指人们在日常商务交往应酬之中采用的彼此之间的称谓语，也是当面招呼对方，以表明彼此关系的名称。在商务活动中，当人们听到恰当的称呼时，便能从心里产生亲近感，使人与人之间的交际变得顺利、愉快。现代商务活动中，称谓语一般有五种：

1. 通称

通称也叫一般称，是在商务场合最简单、最常用的称呼，特别是对初次见面的客户常用的一种称呼。这种称呼不区分听话人的职务、职业、年龄，如先生、太太、女士等。

2. 姓名称

在商务活动中，姓名称是对于一些年龄、职务相仿的人常用的称呼。按照国际惯例，在正规社交场合一般用全称。

3. 职务称

这是一种以被称呼人担当的职务来作为称呼语的称呼，如经理、局长、厂长、院长、书记等。

4. 职业称

这是一种以被称呼人所从事的职业来作为称呼语的称呼，如老师、律师、医生、服务员等。

5. 亲属称

亲属是指与自己有着直接或间接血缘关系的人。对亲属的称呼已经形成规范，如父亲、祖父、表兄、堂弟等。

(二)问候

问候也称问好或者打招呼，主要表现在向他人问好，表示敬意。最普遍、最常用的招呼词是说一声：“您好！”在迎送客人时较为多见的问候是招手致意。

1. 问候的内容

人们在问候他人时所使用的问候语具体内容多有不同。一般来讲，问候语的内容有明显的地域性特征。在一般情况下，问候语大致可以分以下几类：

(1)问好型。在见面时直接问候谈判对方，主要用语为“您好”、“早上好”、“下午好”、“晚上好”或者“大家好”。这些问候语言简意赅，既不失礼貌，又可避免走题。比较适合在一天中首次见面或一次活动中初次遇到的时候使用，也是最为正式，适用范围最广的问候。

(2)寒暄型。是人们在日常生活中问候他人时的一些用语，例如“吃饭没有?”“最近忙些什么?”等。对于这些问候语，一般可以不做实质性的答复。较适合熟人之间的应用，这些问候语在不同文化背景下的交际时要慎用。

(3)交谈型。谈判者在问候他人时直接从一个话题开始，问候对方的同时希望就此交谈下去，较适用于公务场合。

2. 问候的顺序

一般来讲问候有一个约定俗成的顺序。年轻的先向年长的打招呼，下级先向上级打招呼，男性先向女性打招呼等。

两人见面时，双方均应主动问候对方，没有必要非等待对方首先问候不可。在正常情况下，标准的做法是所谓“位低者先行”，也就是职级或地位较低的一方，应首先问候职级或地位较高的一方。

当一个人与多人见面时，问候的顺序一定要遵照“先长后幼，先女后男，先疏后亲”的原则。

3. 问候的态度

在问候他人时，自己的态度一定要热情而友好，做到话到、眼到、心到。只有这样，才能表现出自己的问候是真心实意的。

4. 问候时注意的事项

他人向自己致意时，必须还礼答谢。在公共场所切忌大声地呼名唤姓。招手时一般把手伸向空中并且左右摆动。与人打招呼时，不要把手插在衣袋里或叼着烟卷。女性应主动微笑点头致意。

(三)握手

握手是人们在日常的社会交往中常见的礼节。握手既可以作为见面、告辞、和解时的礼节，也可以作为一种祝贺、感谢或相互鼓励的表示。

见面行握手礼时，主人、身份高者、年长者和女士一般应先伸手，以免对方尴尬；朋友平辈间以先伸手为有礼；祝贺、谅解、宽慰对方时以主动伸手为有礼。行握手礼时，上身稍前倾，立正，目视对方，微笑，说问候语或者敬语，要摘帽、脱手套，握手时不要左手插在裤袋里，无特殊原因不用左手握手；正常情况下是双方伸手握一下即可，时间不宜超过3秒，长时间握手表示亲热，双手握住对方的手以示尊敬。

握手应注意不要戴手套握手，只有女士在社交活动中才可以戴着薄纱手套与别人握手；不要戴墨镜握手；不要以手插兜握手；掌心不要向下，如果伸手时掌心向下，通常会给人以居高临下之感；不要滥用双手，只有亲朋好友见面时才可以使用双手；与女士握手时男士不要先伸手，应等待女士首先伸出手。

(四)鞠躬礼

鞠躬礼源自中国，现在作为日常见面礼节已不多见，但盛行于日本、韩国和朝鲜，是那里的常礼。行鞠躬礼时应立正，脱帽，微笑，目光正视，上身前倾15°～30°。平辈应还礼，长辈和上级欠身点头即算还礼。

(五)介绍

介绍是商务活动中相互了解的基本方式，常见的有以下几种方式：

1. 自我介绍

自我介绍是在没有他人介绍的情况下，自己将自己介绍给他人，以便使对方认识自己。在正式自我介绍时，介绍的内容包括自己的单位、部门、职务和姓名。介绍应注意掌握好时机，在向别人介绍自己时，一定要在有必要的时候进行，否则会劳而无功。并且还要掌握好时间，一般来说，在干扰少时，对方有兴趣时，初次见面时，比较适合进行自我介绍。介绍时简明扼要，避免夸夸其谈。内容应有所区别，介绍自己时，应当根据具体的情况而在内容上有所不同。

2. 居中介绍

居中介绍是指由介绍人作为第三者，为彼此不相识的双方相互进行介绍。居中介绍在陌生人之间架起了相互了解的桥梁。居中介绍，首先要了解双方是否有结识的愿望，经双方同意后再进行介绍。介绍顺序是先把年纪轻的介绍给年长的；先把职位低的介绍给职位高的；先把宾客介绍给主人；先把男士介绍给女士。

3. 集体介绍

集体介绍是为他人介绍的一种特殊情况。它指的是由介绍者为两个集体之间或者个人与集体之间所做的介绍。

介绍集体时，在顺序上也有尊卑先后之别。在一般情况下，集体介绍同样应当遵守“尊者优先了解情况”规则。比如说，替两个团体进行介绍时，通常应当首先介绍东道主一方，随后方可介绍来访者一方。至于具体介绍的内容则有两种：一是只作整体介绍。即只介绍双方集体的情况，而不具体涉及个人情况。二是介绍个人情况。在介绍集体时涉及个人情况，一般讲究“双方对等”，即在遵守“尊者优先了解情况”规则的同时，对双方的个人情况均应予以介绍，在具体介绍各方的个人情况时，则应当由尊而卑，依次进行。

在宴会、舞会上，由于来宾较多，这时不必逐一进行介绍，主人只须介绍坐在自己旁边的客人相互认识即可，其余客人可自动与邻座聊天，不必等主人来介绍。

（六）名片的使用

名片是商务人员重要的交际工具，是个人身份的代表。对方将自己重要的信息毫无保留地交给你，是对你的充分信任和尊重，对待名片应像对其主人一样尊重和爱惜。

1. 递送名片

将本人的名片递交给他人时，通常要注意以下礼仪问题：

(1)有备而至。参加商务活动，应当有意识地准备好自己的名片，并且将其置于易于取拿之处，以备不时之需。最好的方法，是将名片装入专用的名片盒、名片夹或名片包之内，然后放入自己的上衣口袋或随身携带的包、袋。

(2)讲究时机。递送名片要善于把握时机。一般来说，递送名片多在初次见面进行自我介绍以后进行。但是并不是说做过自我介绍之后就一定要递送自己的名片。将自己的名片递送给对方，不但具有希望对方进一步了解自己的意思，还包含对对方表示尊重、希望与对方结交、保持与对方的联络的意思。递送名片给自己的熟人，通常发生于本人的单位、地址或联络方式发生变更之后。

(3)递送顺序。两人交换名片时，应当遵守“尊者优先了解情况”规则，双方之中地位或职级较低者应当首先把自己的名片递交给地位或职级较高者。一人将本人的名片递送给多人时，应当由尊而卑依次而行，或者由近而远依次而行，不讲任何顺序是错误的。应双手呈递名片，态度应恭敬，使对方感到你对他很尊敬。起身站立，主动走近对方，以双手或右手递上名片，将名片正面面对对方。

2. 接受名片

接受他人递送过来的名片时，也应认真遵守相关的礼仪规范。

认真接受，在接受他人名片时的态度是否认真，往往会同是否尊重对方直接联系在一起。接受他人名片时，要表现出自己的认真和友好之意，就必须注意以下几点：起身站立；迎向对方；用双手或右手捧接，要在胸部以上的位置收下，由名片的下方恭敬接过并且收到胸前，并认真拜读；口头道谢。当他人将名片递送给自己，尤其是当对方首先递上名片时，应立即口头向对方表示谢意。同时，为了表示对对方的尊重，接过对方递过来的名片后，一定要先看，再通读一遍，及时了解对方的具体情况，如果有不明白的地方，可以及时请教。接过名片之后，先通读他人的名片，然后将名片收好。待对方走后，应该在名片上记下初次见面的时间等，便于记忆。

收到对方名片后，也应当将自己的名片递上去。如果没有随身携带名片，可以直说，或者告诉对方以后再补上名片。一般情况下，如果想得到对方的名片，但对方却并未给你，这种情况下不要直接向对方索要名片，而是应以比较委婉的方式向对方索要名片。索取他人的名片，比较常见的方式有：主动递上自己的名片；建议对方互换名片；采用暗示的方法索要名片，如："今后怎样称呼您！"

案例窗口

小郑刚参加工作不久，公司举办了一次大型的产品发布会，要求国内很多知名企业人士参加。小郑被安排在接待工作岗位上。接待当天，小郑早早来到机场，当等到来参加发布会的人时，他便开口说："您好！是来参加发布会的吗？您的单位及姓名，以便我们安排好就餐与住宿问题。"小郑有条不紊地做好了记录。后来在会场，小郑帮客人引路，小郑一直小心翼翼，虽然自己一向走路很快，但是他放慢步伐，很注意与客人的距离不能太远，一路带着客人，电梯上下，小郑也是走在前面，做好带路工作。原本心想很简单的事情，却几次被上司批评。

四、商务谈判的洽谈礼仪

谈判是商务活动的重要组成部分。商务谈判中参加的各方都希望在谈判过程中获得谈判对手的礼遇。端庄的仪表仪容，礼貌的言谈举止，周到、合适的礼节，是使谈判过程得以顺利进行的重要因素之一。因此，每一名谈判者都应当掌握和讲究洽谈礼仪，以便使商务谈判顺利进行并取得成功。

(一)迎见礼仪

商务谈判中，作为东道主应在约定的时间前到达约定的地点，迎接对方。在迎接时，迎接的地点可以选在大楼的门口，也可以选择在谈判室的门口。进入谈判室，主人应该和对方的谈判代表一一握手，应该请客人先落座，或者双方同时落座，切忌主人首先落座。双方落座后，非谈判人员应该退出谈判室，任何人不得随意进出，以免影响谈判的进行。

落座是指谈判双方进入谈判会场后就座的姿态和形态。如何落座，可以在一定程度上反映出谈判者的地位和信心，反映出一个谈判集体的团结力和控制力。

一般来讲，谈判是在双方当事人之间进行的，因此落座的方式主要有：

(1)横向式座席。如图9—1所示。

(2)纵向式座席。如图9—2所示。

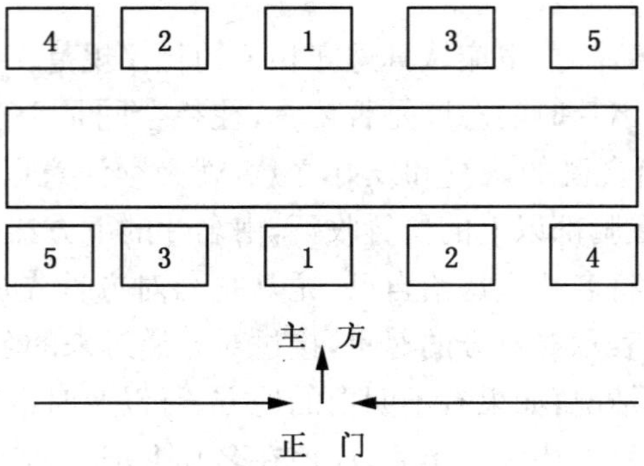

图 9—1 横向式座席

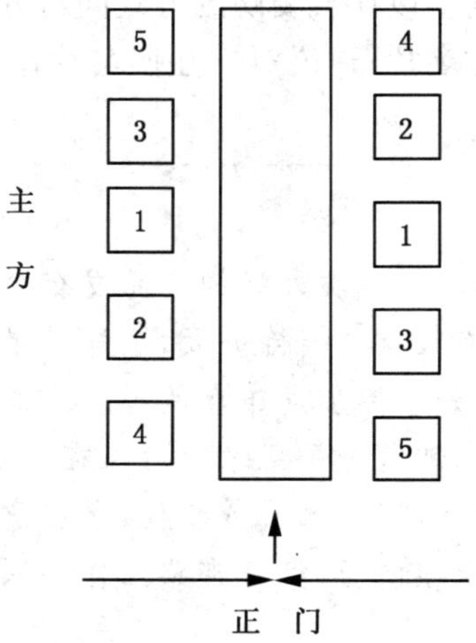

图 9—2 纵向式座席

(3)并行式座席。如图 9—3 所示。

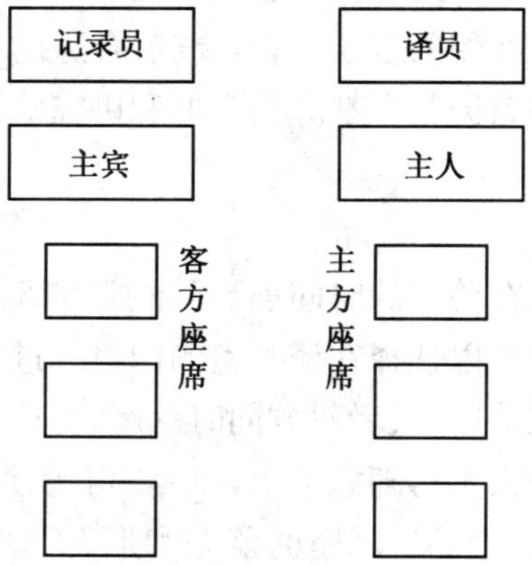

图 9—3 并行式座席

(4)侧翼式座席。如图 9—4 所示。

正式谈判,落座的形式比较正规。落座的基本要求是强调参加谈判双方或各方的平衡,双

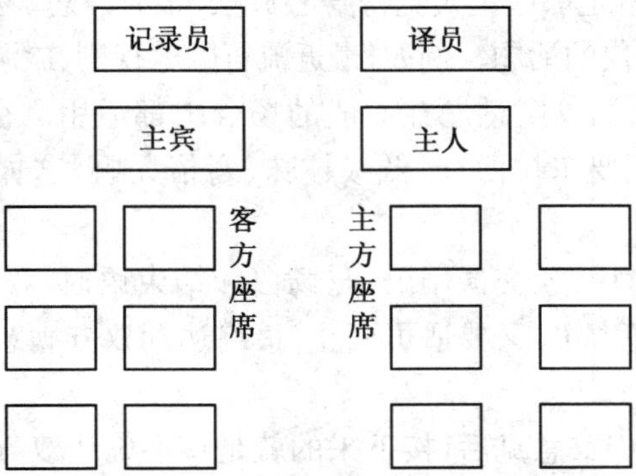

图 9—4　侧翼式座席

方出席谈判的代表身份或者是职位要对等，代表的数量也要基本对等。落座的一般要求是，前后排关系中，前排落座的为尊、为高、为强，第二排次之，第三排更次；在同一排中，中间者为尊、为大，两侧次之；两侧同位者，右者为大、为长、为尊，而左者为小、为次、为偏。双方在谈判时，主方应位于背门一侧，或门的左侧，客方应位于面门的一侧，或门的右侧；如果需要翻译和记录人员，应将他们安排在主人或主宾的侧后边。落座后应浅坐并且面部应正对对方，以表示对谈判对方的尊重、均等认真、严谨，同时也表示谈判可以较快地展开。若为小范围的谈判，则可以像会见一样，只设沙发，不设长条桌，可以相对或曲角的形式落座，以轻松的气氛进入谈判。

落座在一定程度上反映谈判者的地位和信心，如果把握不好，有可能影响谈判的进程。因此要求商务谈判人员注意落座的忌讳，主要有：谈判双方的落座位置不对等，对方处于优势地位，己方处于劣势地位；己方的代表，尤其是主谈人的安排不均衡，处于从属的座席位置，己方主谈人员与其他成员的位置安排不合理，不能显示出主谈人的权威地位，并影响谈判中的沟通；双方落座过远，容易表现出冷淡、疏远、拒绝的心态；落座后面部侧对对方，或过分浅坐。

（二）谈吐礼仪

商务谈判中，双方的洽谈是严肃的商务活动，言谈举止要更加注意，在进行介绍时不得傲慢无礼，应以轻松自然的方式进行介绍，在需要了解对方的情况时，应使用礼貌用语。

在商务谈判中，谈判者要注意谈吐的礼仪，使洽谈的内容更易为对方理解和接受。在寒暄时可以选择一些能够引起对方共鸣或者中性的话题进行，如天气、体育运动等，切忌打探对方的隐私，这样可以起到创造良好谈判气氛的作用。在进行交谈时，双方要保持一定的距离，不要太远或者太近，一般应保持在半米左右，如果是坐着的应该以双方之间的桌宽为准。双方在陈述自己观点和表明自己态度时，应该保持位置的基本不变。商务谈判中如果发生了争执，要避免逼近对方和有意拉大与对方之间的距离。

在商务谈判中，要善于准确把握谈判的语气和语速，这既是商务谈判成功的需要，也是谈判中应该遵循的礼仪。不能用威胁性语气与语言讲话。最好是用询问性的语气讲话，谈判中说话的速度要平稳，语速以中速为宜，在控制语速时，应该是快而不失去节奏，慢而流畅，并且注意观察对方的反应，以便及时做出调整。

商务谈判中言谈要文明、准确，商务谈判必须讲究语言文明，言谈要体现出自身良好的个人修养、和蔼的态度，使对方解除戒备心理，产生愿意接近的愿望。

要使用普通话，选择话题要注意：

(1)选择有品位的话题。这类话题的内容涉及文学、艺术、历史或者其他专业方向的知识。

(2)轻松愉快的话题。就是那些让人觉得身心放松、很有意思、易于应付、易于参与、可以发挥、不感觉疲劳、感到轻松愉快的话题。例如，最近流行的电视剧、旅游、体育比赛、音乐歌曲等。

(3)大家喜闻乐道的话题，这类话题在一般的场合中都适用。在选择轻松愉快的话题时，应该顺其自然，把握分寸，不要东拉西扯、低级趣味、庸俗无聊，这样有失体面。例如，2008年奥运会在国内的火炬传递。

商务谈判中在选择寒暄用语、交谈用语、开场白和结束语时，要文明礼貌，不卑不亢、充满自信，不骄傲自大，既要据理力争，又要适可而止，最终达到双方满意的结果。

(三)签字礼仪

商务谈判中，双方达成一致意见后，接下来的就是签字确认双方达成的协议，应认真组织，给予充分准备。

1. 准备待签文本

为了做到事情的万无一失，在商务谈判的进行过程中或商务谈判结束后，双方应指定专门的人员按照达成的协议做好待签文本的定稿、翻译、校对、印刷、装订等工作。双方一旦在文本上签字就具有法律效力，双方就要执行具有法律约束力的合同，因此，对待文本的准备工作应当郑重严肃。在准备文本的过程中要保证翻译准确，构成合同的文件都要逐一进行核对，应按照合同当事人的数量打印协议文本，要保证每个当事人一份。如果有必要，还要按照当事人的多少为每个当事人准备副本。国际商务活动中，在与外商签订相应协议或合同时，应按照国际惯例，待签文本应同时使用宾主双方的母语。

通常，等待签署的文本应装订成册，并以仿真皮或其他高档质地的材料作封面，以示郑重。待签文本的规格一般为大八开，务必使用高档纸张，务必印刷精美。主方应为协议文本的准备工作提供准确、周到、快速、精美的服务。

2. 签字场地布置

通常签字场地有以下几种情况：常设专用的，临时以会议厅、会客室来代替等。在布置签字场所时总的原则是：庄重、典雅、整洁、大方。陈设上除了必要的签字用桌椅外，其他一切陈设皆不需要，比较正规的签字桌应为长桌，铺设的台呢最好为深绿色。

按照仪式礼仪的规范要求，签字桌应当横放。在签字桌后，可摆放适量的座椅。签署双边性协议时，可放置两张座椅，供签字人同时就座。如果签署多边性协议时，可以只放一张座椅，供各方签字人轮流就座签字。也可为每位签字人准备一张座椅，供他们同时就座签字。

签字桌上，应事先放置好待签协议文本、签字笔、吸墨器等签字时所用的文具。商务活动中，如果是与外商签订国际商务合同，必须在签字桌上插放有关各方国家的国旗。国旗的插放顺序和位置，必须依照礼宾序列进行。例如，签署双边性协议时，有关各方的国旗必须插放在该方签字人座椅的正前方。如签署多边性协议时，各方的国旗应按照一定的礼宾顺序插在各方签字人的身后。

3. 签字人员

在举行正式签字仪式之前，各方应将确定好的参加签字仪式的人员，向其有关方面通报。尤其是客方一定要将自己一方出席签字仪式的人数提前通报主方，以方便主方安排。签字人可以是最高负责人，但要注意，不论是谁出席，双方签字人的身份应该对等。参加签字的有关各方，事先还要安排一名熟悉签字仪式程序的人，并商定好签字的有关细节程序。出席签字仪式的陪同人员，基本上是各方参加谈判的全体人员。礼貌的做法强调，各方人数最好基本相等。为了突出对各方的重视，各方也可对等邀请更高一层的领导人出席签字仪式。

签字仪式的礼仪性极强，出席签字仪式人员的穿着也有具体要求。按照规定，签字人、助签人以及随员，在出席签字仪式时，应当穿着具有礼服性质的深色西装套装、西装套裙，要求配白色衬衫与深色皮鞋。

签字仪式上的礼仪、接待人员，可以穿自己的工作制服，或者是旗袍一类的礼仪性服装。

签字人员应注重仪表仪态，举止要落落大方，自然得体。

签字结束后，可以举行庆祝仪式。

第三节　国际商务谈判礼仪

案例窗口

某位美国商人单身一人到巴西去谈生意，在当地请了个助手兼翻译。谈判进行得相当艰苦，几经努力，双方最终达成了协议，这时美国商人兴奋得跳起来，习惯地用拇指和食指合成一个圈，并伸出其余三指，也就是"OK"的意思，对谈判的结果表示满意；然而，在场的巴西人全都目瞪口呆地望着他，男士们甚至流露出愤怒的神色，场面显得异常尴尬。

分析：无论在什么场合，手势动作都要非常谨慎地使用。因为手势动作虽然表意十分丰富，在语言表达不顺畅的时候，能辅助我们表情达意，但是，由于国家、民族、风俗习惯的不同，同一种手势却会有不同的含义。正如美国人在表示满意、赞赏时喜欢用"OK"的手势，可是在南美，尤其是巴西，如果做此手势，女性会认为你在勾引她，而男性则认为你在侮辱他，马上会做出戒备的姿态。

一、国际商务谈判中的文化差异

文化背景的不同，对谈判的理解也不同，反映在谈判的方式、方法、技巧及风格上也大相径庭，甚至进入谈判正题的切入点也不同。了解和掌握这方面的知识有助于顺利进行商务谈判，把可能变成现实。

一个民族所使用的语言与该民族所拥有的文化之间存在着密切联系，在跨文化交流中，不同文化之间的差异对于谈判语言有明显的制约关系。美国人的大部分信息是通过明确而具体的语言或文字传递的，美方谈判者力求说话清楚，会直接阐述自己的观点。中国人非语言交流和间接的表达方式是传递和理解信息的重要因素，如用体态、眼神、音调、环境等非言语因素来进行沟通。要理解话语的含义，领会字里行间的言外之意是必要的。中国人说话间接隐晦，而且经常使用沉默这一非言语行为，对某一问题即使有看法，或者有不同意见时，往往用沉默来代替，以此表示礼貌和对对方的尊重。中国人在商务谈判过程中是特别有耐心的，自古以来就奉行"和气生财"的古训，尽量避免产生谈判摩擦，用语礼貌含蓄，追求长久的友谊和合作。

谈判人员以非语言的更含蓄的方式发出或接受大量的信息，这些信息较语言信息更为重要，并且这些信息多是无意识地发出的。因此，当谈判者发出不同的非语言信息时，不同文化背景的人容易误解这些信息，而本身还意识不到所发生的错误。中国人经常用沉默表示认可，或者表示对某个问题有看法，或者不同意某项条款，以此表示礼貌和尊重对方，这对沉默持有消极看法的美国人来说，自然很难接受，他们把沉默看作拒绝。一般情况下，"笑"被看作高兴，而中国人有时会用“笑”表示无奈、不认可。中国人的习惯动作往往是摇头或摆手，有时中方谈判者喜欢做这一动作，却因不解其含义而步入了不伦不类的误区。中国人说“对不起”的同时会微微一笑表示歉意；美国人则可能误认为“笑”表示歉意是虚假的。因此，若没有敏锐的跨文化交流意识，便会感到困惑，乃至产生误解。

二、各国商人谈判的风格与特点

谈判风格是谈判者在谈判中表现出的态度、行为及其内在的性格等。因国家、民族、地域、价值观、宗教信仰和文化背景的不同，形成了差异极大的谈判风格。谈判者只有了解不同对手的谈判风格，才能在谈判中有的放矢，采取恰当的谈判策略，取得商务谈判的成功。

(一)俄罗斯人的谈判风格与特点

俄罗斯在地理位置上与我国比较接近，中俄贸易比较频繁。而且，两国有较长的边境线，双方贸易的历史悠久，特别是最近几年贸易活动增加，双方合资合作的领域不断扩大。因此，研究俄罗斯人的谈判风格与特点具有较大的现实意义。

苏联是一个实行高度计划经济的国家。任何企业或个人都没有商品进出口自主权，所有的进出口计划都由专门部门来决定，中间要经过众多的环节。实行严格的计划体制，束缚了个性能力的发挥。并且这种体制要求经办人员对所购进商品的适用性、可靠性和质量进行审查，并要对所做出的决策承担全部责任，就造成苏联人缺乏创新精神，易于墨守成规。

苏联解体后，俄罗斯实行了市场经济，贸易政策发生了巨大的变化，企业有了进出口商品的自主权，对外贸易大幅增长。政府采取各种优惠政策，吸引国外投资者。尽管在体制上有了较大的变革，但还没有完全形成正常的经营秩序和健全的管理体制。形成俄罗斯人如下的谈判特点：

1. 墨守成规，办事效率低。

最近几年，俄罗斯的经济有了较大的变化。但在商务谈判中，部分俄罗斯人还没有摆脱计划经济体制的影响，在进行谈判时，他们还是喜欢按计划办事。如果对方的让步符合他们预定的具体目标，则容易达成协议；如果与预定目标不一致，他们则很难让步。就是他们明知自己的要求不切合实际，也不妥协让步。

无论如何，俄罗斯人是一个强有力的谈判对手。尽管他们有时处于劣势，但是他们还是有办法迫使对方让步，而不是他们让步。另外，在俄罗斯由于谈判人员要对所经办的商品质量和技术等决策负全部责任，因此导致他们在谈判中异常谨慎。并且俄罗斯人谈判还往往要带上各种专家，这就不可避免地减慢了谈判的节奏。

2. 注重技术性谈判

由于技术引进项目通常都比较复杂，对方报价通常水分较大，为了尽可能以较低的价格购买最有用的技术，他们特别重视技术内容和索赔条款等细节的谈判。在谈判中索取的资料也比较全面，确保引进的技术具有先进性和实用性。因此，在与俄罗斯人进行谈判时，要做好充分的准备。为了能及时准确地对技术进行阐述，在谈判人员中还要配备技术方面的专家。与俄罗斯人谈判，要十分注意合同的用语，语言要精练准确，对合同中的索赔条款也要十分慎重。

3. 注重礼仪

俄罗斯人历来以热情、豪放、耿直、勇敢而著称于世。在交际场合，俄罗斯人和初次会面的人习惯行握手礼。但对于熟悉的人，尤其是久别重逢的，他们则大多要与对方热情拥抱。在社交生活中，特别注重个人的仪表风度，站立时保持身体挺直。在等候人的时候，不论时间长短，都不会蹲在地上或席地而坐。并且，他们在社交场合还忌讳剔牙等不雅动作。因此与俄罗斯人谈判要注重自己的言谈举止，尊重对方，创造良好的谈判气氛。

4. 较强的讨价还价能力

俄罗斯人十分善于与他人做生意。善于寻找生意伙伴，善于讨价还价。通常能够使用较少的资金，引进更好的技术。俄罗斯人常常采用招标的方式进行国际贸易，采取离间手段，让投标者之间竞相压价，最后从中渔利。

(二)美国人的谈判风格与特点

美国人生性开朗、自信果断，重视实际，往往以事情的成败论英雄。结合美国的经济与文化，形成了美国人的谈判特点。主要表现在以下方面：

1. 干脆利落

美国人在商务谈判中，精力充沛，比较直接坦率。他们的喜怒哀乐多数通过他们的言谈举止表现出来，不论是表明自己的观点，还是表达对对方的态度都是比较直接的。如果他们不接受对方提出的建议，会毫不隐讳地坦言相告，唯恐引起对方误会。因此，美国人对中国人和日本人在谈判中的表达方式存在明显的不适应。

2. 注重实际利益，讲究工作效率

由于美国经济发达，生活、工作各方面的节奏快，十分珍惜时间，在商务谈判过程中，时间观念特别强。并经常抱怨其他国家的人缺乏时间观念，缺乏工作效率。

美国人在谈判中，十分注重效率，提出的具体条件和报价往往比较客观，做生意时主要考虑生意所能带来的实际利益，而不是生意人之间的私人交情。美国人将友谊与生意区分得十分清楚。美国人注重实际利益，还表现在合同的履约率比较高，因为他们一旦签订了合同，就十分重视合同的法律约束力。

美国是一个法制比较健全的国家。执业律师比较多，据有关资料披露：平均 450 名美国人中就有 1 名职业律师，美国人习惯于用法律的方法来解决矛盾纠纷，他们这种法律观念在商务活动中也表现得十分突出。美国人认为，商务活动中最重要的是经济利益。为了保证自己的利益，最上乘的方法就是依靠法律解决商务活动中的纠纷。因此在商务活动中就表现出美国人对合同的条款特别认真，并且特别重视合同违约赔偿的条款订立。一旦双方发生合同纠纷，就按合同中的约定来处理。因此，美国人在商务谈判中对合同及其条款的讨论比较细致，能够合理地解决各种问题。

(三)日本人的谈判风格与特点

日本是资源匮乏、人口密集的岛国。日本人普遍具有民族危机感，讲究团队和协作。日本人的文化受中西方文化的影响，其谈判特点主要表现在以下几个方面：

1. 讲究礼仪

日本是一个注重礼仪的社会，日本人所做的一切，都要受严格礼仪的约束。

2. 等级观念较强

日本人讲究自己的身份、地位等，甚至同等职位的人，都具有不同的地位和身份。因此，商务谈判中，一定要注意自己的地位、身份，以及对方的地位和身份。对于不同身份、地位的人给予的礼遇不同，要适当处理。

3. 团队意识较强

一般的谈判人员往往进行辩论、讨价还价，最后由主谈出面稍做让步，以达到谈判的目的。但要注意，在日本，妇女的地位比较低，在一些重要的场合，往往禁止妇女参加。因此，正式谈判最好不要女性参加，以免引起日方的怀疑或不满；谈判人员的职位、职级应比日方高些，这样可以赢得谈判的主动。

4. 非常讲究面子

无论在什么情况下，日本人都非常注意留有面子，或者不让对方丢面子。在商务谈判中表现比较突出的是：日本人即使对对方的一些提议或者方案有不同想法，在一般情况下也很少直接地进行拒绝或反驳，而是通过婉转的方式来陈述自己的观点。

5. 谈判非常有耐心

日本人一般不率先表达自己的观点和意见，而是耐心等待，静观事态的发展。时间对于他们来说不是最重要的。但是时间对于欧美人来讲就不一样了，时间就是效率，就是金钱，因此欧美人认为用一个星期能解决的问题，而实际用了两个星期，就是拖延。但对日本人来讲，经过精细准备，有条不紊地进行。有时为了一笔理想的交易，日本人可以毫无怨言地等待几个月，只要能达到他们预期的目标，或取得更好的结果就行。

（四）法国人的谈判风格与特点

法国人性格开朗、热情，工作态度认真，十分勤劳，善于享受。同时法国还是一个讲究等级制度和社会地位的国家。因此，法国人的谈判特点如下：

1. 奉行个人主义、珍惜人际关系

法国人在重视关系的同时又奉行个人主义。尽管他们不喜欢直接表达自己的观点，却很容易发生争执，如果有不同意见，在谈判过程中他们会坦率地提出。并且法国还是社会等级制度最为明显的国家。

一些谈判专家认为，如果与法国公司的负责人或谈判人员建立了良好的关系，也就意味着建立了牢固的生意关系。还会发现法国人是容易共事的伙伴。在商务活动中，在适当的情况下，可以与法国人聊聊其他话题，如新闻、经济和娱乐等方面的，更能融洽双方的关系，创造良好的会谈气氛。

2. 偏爱横向谈判

在谈判中法国人喜欢先勾画出一个大致的轮廓，再达成原则协议，最后再确定协议中的具体内容。法国人具体的做法是：签署一个具有交易大概内容的协议，在执行的过程中如果对他们有利就执行，如果对他们不利就毁约，或者要求重新修改或签订。

3. 注重个人力量，有特别的时间观念

法国的公司管理者在管理工作中具有独裁的风格。需要管理者有很强的能力，甚至需要知道每一个问题的解决办法。重视个人的力量，集体决策的情况较少。这与法国组织机构明确、简单有关。实行个人负责制，个人权力较大。在商务谈判中，许多情况由个人决策负责，谈判的效率也较高。在法国访问时需要严格遵守约定的商务会面时间，特别是准备出售产品的时候更是这样。法国人严格区分工作时间与休息时间，在法国8月是度假的季节，全国的职员基本都在休假，这时候想做生意是徒劳的。

（五）德国人的谈判风格与特点

在德国互相了解是交流的首要目标，德国人为自己表达思想的能力感到自豪。他们通常用直接的、坦白的甚至是直言不讳的语言来进行交流。

1. 自信、办事效率高

德国是世界上经济实力最强的国家之一，他们的工业发达，生产效率高，产品质量好。企业的技术标准十分精确具体，德国人一直引以为豪。因此，在购买其他国家的产品时，往往把本国产品作为参照标准。不盲目轻信对方的承诺。德国人在办事效率上享有较高的声誉，他们信奉“马上解决”，所以，在德国人的办公桌上，看不到搁置很久、悬而未决的文件。

他们严守合同信誉，一旦达成协议，很少出现毁约行为，因此合同履约率很高，多数德国人更喜欢符合实际的初始报价，不喜欢“先高后低”策略。

2. 谈判态度严谨

德国人相对来说还是比较保守的，他们一般不会当众表露他们的感情，并很少使用手势。不鼓励使用面部表情，尽量避免打断别人说话。

总之，德国人的谈判风格是审慎、稳重。他们追求严密的组织、充分的准备、清晰的论述、鲜明的主题。因此德国人谈判前会花费大量的时间和精力，详细研究与谈判有关的情况。

（六）阿拉伯人的谈判风格与特点

1. 宗教信仰

在阿拉伯国家，商业活动一般由扩大了的家族来指挥。在这些国家中，人们看重对家庭和朋友所承担的义务，相互之间提供帮助、扶持和救济，家族关系在社会经济生活中占有重要地位。

阿拉伯人信奉伊斯兰教，宗教禁忌特别多，酒既不能饮，也不能作为礼品馈赠。阿拉伯世界凝聚力的核心是阿拉伯语和伊斯兰教。虽然谈判人员对这些不一定要精通和信奉，但当与阿拉伯国家谈判时，做基本了解是十分必要的。例如，遇到斋月，阿拉伯人在太阳落山之前，不吃也不喝。商务谈判人员要做到入乡随俗，尽量避免接触食物和茶。在那里男人必须小心，不能损害当地妇女的声誉。男士不要对女士热情微笑，相互之间不能站得太近，谈话内容更应注意，仅限于一些表面性的问题。

2. 热情好客

阿拉伯人十分好客，不论谁来访，都会十分热情地接待。因此，商务谈判经常被一些突然来访的客人打断，主人会抛下谈判对手，与新来的人谈天说地。所以，与他们谈判，必须要有耐心适应这种习惯，学会见机行事，才能获得阿拉伯人的信赖。这是良好的开端，也是达成交易的关键。在阿拉伯国家，如果被邀请到一个商务人士家里做客，登门的时候不需要带礼物，并且要吃很多东西，以表示对主人的感激之情。

3. 时间观念不强

阿拉伯人认为，人际关系远比时间重要。所以，他们会让谈判对手等待，而去接见没有事先预约的来访者或者处理家事。阿拉伯人不太讲究时间观念，经常会随意中断或拖延谈判，阿拉伯人的决策过程也较长。在阿拉伯国家，不要试图做一个在特定时间内必须完成某件事的规定，并且在制定工作计划进度表时，一定要具有灵活性。这样延误几天或者几星期都不会给己方造成严重的后果。在海湾地区，耐心是个重要的美德。

4. 重视个人关系

阿拉伯人不喜欢同人面对面地争吵，也不喜欢一见面就急忙谈生意。在他们看来，一见面就谈生意是不礼貌的。他们希望花点时间谈谈其他问题，一般要占 15 分钟或更多的时间，因此最好把开始谈生意的主动权交给阿拉伯人。

在语言交流方面，应尽量选择具有逃避性和间接性的语言。通常来讲，阿拉伯人不喜欢直接说“不”，在他们看来，用间接的方式来说不愉快的事情，更加有礼貌一些。另外，在阿拉伯国家说“是的”并不总是表示肯定，除非他说得很有力量或者重复了好几遍。

(七)拉美人的谈判风格与特点

拉丁美洲是指美国以南的地区,包括墨西哥、中美洲和南美洲一共24个国家。它们曾接受拉丁语系的西班牙和葡萄牙的殖民统治,所以称为拉丁美洲。拉美各国历史上政治比较混乱,政变频繁,因此经济落后,贫富分化明显,生产的商品缺乏国际竞争力。

1. 文化差异大

拉丁美洲虽然与北美洲同处一个大陆,但人们的观念和行为方式却差别极大。拉美人一般不会轻易让步,具有执着、不妥协的性格特点,反映在谈判中就是不轻易让步。拉美人不喜欢妥协,妥协意味着失败、放弃,意味着牺牲个人的尊严和荣誉。在谈判中,他们坚信自己的观点就是正确的,反而要求对方全盘接受,主动让步很少。不过,他们一般不愿意直接阐述自己的观点,往往采用迂回曲折的方式进行说明。

2. 坚持平等互利原则

与拉美人做生意,要表现出对他们风俗习惯、信仰的尊重与理解,努力争取他们的信任。一定要坚持平等互利的原则。拉美人也不愿意和女性谈判,认为与女性谈判有损男子汉的体面。如果确实需要与女性谈判,会开出很高的条件,甚至会给对方出一些难题。

3. 外贸管制

在中南美国家,由于经济发展所致,各国政府存在差别较大的进出口和外汇管制,而且一些国家对进口证审查很严,一些国家对外汇进出入国境有繁杂的规定和手续。所以,与中南美国家做生意,在签订合同时,一定要进行认真的调查研究,相关合同条款一定要写清楚,以免发生事后纠纷。

4. 往往不能按期履行合同

拉美人不太重视合同,经常是签约之后又要求修改合同,合同履约率不高。特别是不能如期付款。另外,这些国家经济发展速度不平衡,国内经常出现高通货膨胀率。所以,在对其出口交易中,力争用美元支付。

拉美地区国家较多,不同国家谈判人员特点也不相同。如阿根廷人喜欢握手,巴西人好娱乐、重感情;智利、巴拉圭和哥伦比亚人做生意比较保守等。

总的来讲,只要不干预这些国家的社会问题,耐心适应这些国家的商人做生意的节奏,并同拉美人建立良好的个人关系,就可以保证谈判的成功。

国际商务谈判是国际商务活动的重要组成部分,在国际商务活动中占据相当大的比重。通过本节的学习,主要了解各个国家商务谈判的风格,能够在国际商务谈判过程中灵活应用。了解各国商务谈判中的禁忌,避免引起不必要的失误。

本章小结

商务谈判礼仪一方面可以规范自己的行为,表现出良好的素质修养;另一方面可以更好地向对方表达尊敬、友好和友善,增进双方的信任和友谊。因此要求商务谈判人员应从自身的形象做起,在商务活动中给人留下良好的第一印象。本章从商务谈判人员礼仪的角度,介绍了一名合格的商务谈判人员应该具备的知识和素养。

商务谈判礼仪是商务谈判的重要组成部分,是每个参与谈判的谈判者必须遵守的规则。主座谈判时,要做好接待和迎送工作,布置好谈判室及安排好谈判的座次。出席商务谈判的人员要做到仪容整洁,服饰规范,言谈举止文明得体。

在商务谈判过程中，由于谈判人员所处的地区、国家、民族以及文化背景不同，在谈判中的特点不同，有时可能会产生误会甚至摩擦，导致商务谈判的失败，因此掌握商务谈判礼仪的相关内容特别重要。

关键词

商务礼仪 仪容 仪表 仪态 洽谈 签字 差异

课后习题

1. 请你结合生活实践谈谈什么是商务谈判礼仪。

2. 一个举止优雅、风度翩翩的谈判者，能给谈判对方留下良好的印象，有助于谈判的成功。谈判者的举止风度包括哪些方面？

3. 谈判礼仪中对男女服饰的穿着有很多要求，你都知道有哪些基本要求？

4. 中国古代礼仪中是非常讲究坐姿、走姿和站姿礼仪的，商务礼仪也尤为重要，你知道哪些一般的谈判坐姿、走姿和站姿的礼仪要求吗？

5. 在国际商务谈判中由于谈判人员所处的地区、国家、民族以及文化背景不同，形成不同的谈判文化和谈判礼仪，请谈谈日本和美国的谈判风格和特点。

案例分析

1. 小张是刘经理的秘书，一天，她收到一封邀请刘经理去参加一个宴会的邀请函，邀请函中明确要求出席宴会时着装为礼服。小张把邀请函交给了经理，并且为经理安排了车辆，却没有注意着装要求，刘经理也没有细看邀请函。当刘经理着便装出现在宴会厅时，感到十分尴尬，因为所有参加宴会的人都穿着正装，只有他一人身着便装。

问题：小张和刘经理应该从中得到什么教训？

2. 小王参加工作不久，在一家公司做销售工作。多日来，通过发传真、写电子邮件等，终于找到一家对他们公司产品感兴趣的大公司，该公司同意与小王见面洽谈合作的事情。小王也十分重视这次机会，特意穿上笔挺的西装、锃亮的皮鞋和一双刚买的白色球袜来到对方公司。在与对方面谈时，小王由于是初次，不免有些紧张，坐在椅子上双腿不停地晃动，手指也不时在腿上敲击。面谈结束后，对方只是淡淡地说："以后再联系吧。"面对失败，小王百思不得其解，后来请经理向对方询问原因，对方说："你们员工的素质还有待提高。"

案例讨论：

在本次面谈中，小王的表现在哪些方面还有待提高？

参考文献

1. 李品媛:《现代商务谈判》[M]. 东北财经大学出版社 2007 年版。

2. 李爽:《商务谈判》[M]. 清华大学出版社 2007 年版。

3. 周延波:《商务谈判》[M]. 科学出版社 2006 年版。

4. 陈福明,王红蕾:《商务谈判》[M]. 北京大学出版社 2006 年版。

5. 周海涛:商务谈判成功技巧[M]. 中国纺织出版社 2006 年版。

6. 李伟:《商务谈判》[M]. 科学出版社 2006 年版。

7. 杜海灵,许彩霞:《商务谈判实务(第 2 版)》[M]. 清华大学出版社 2014 年版。

8. 郭秀君:《商务谈判》[M]. 背景大学出版社 2011 年版。

9. 唯高:《讨价还价实用方法与技巧》[M]. 中国华侨出版社 2000 年版。

10.(美)罗伯特·怀特沙特:《脸部语言》[M]. 天津百花文艺出版社 2001 年版。

11. 玛格丽特·A.尼尔,托马斯·Z.利斯:《优势谈判心理学》[M]. 新世界出版社 2016 年版。

12. 代桂勇,秦泗美:《商务谈判》[M]. 山东科学出版社 2010 年版。

13. 陈岩:《国际商务谈判学》[M]. 中国纺织出版社 2010 年版。

14. 冯砚,丁立:《商务谈判》[M]. 中国商务出版社 2010 年版。

15. 龚荒:《商务谈判——理论、策略、实训》[M]. 清华大学出版社、北京交通大学出版社 2010 年版。

16. 樊律廷:《商务谈判》[M]. 东北财经大学出版社 2011 年版。

17. 朱春燕:《商务谈判案例》[M]. 清华大学出版社 2011 年版。

18. 常桦,凡禹:《不懂谈判就当不好经理》[M]. 北京工业大学出版社 2008 年版。

19. 莫林虎:《商务交流》[M]. 中国人民大学出版社 2008 年版。

20.(美)罗宾·沃克:《商务沟通技巧》[M]. 电子工业出版社 2011 年版。

21. 张国良:《商务谈判与沟通》[M]. 机械工业出版社 2015 年版。

22. 韩光军,周宏:《现代推销学》[M]. 首都经贸学大学出版社 2012 年版。

23. Laura P. Hartman. *Perspectives in Business Ethics*[R],Burr Ridge,IL:Mc Graw-Hiee/Trwin,2002.

24. Philip Proctors. *A Well-Bread Sale*[J].Selling Power,1999.

25. 温秀珍:《商务谈判的语言技巧》[J],中外管理,2004。

26. 陈敦德:《新中国外交谈判》[M],中国青年出版社 2007 年版。